U0948026

河北省重点学科技术经济及管理资助出版

河北省资源型城市可持续发展问题研究

索贵彬　著

中国财富出版社

图书在版编目（CIP）数据

河北省资源型城市可持续发展问题研究／索贵彬著．—北京：中国财富出版社，2014.3

ISBN 978－7－5047－5087－7

Ⅰ.①河…　Ⅱ.①索…　Ⅲ.①城市经济—经济可持续发展—研究—河北省
Ⅳ.①F299.272.2

中国版本图书馆 CIP 数据核字（2014）第 005152 号

策划编辑　寇俊玲　　**责任印制**　何崇杭
责任编辑　张小玲　谷秀莉　　**责任校对**　梁　凡

出版发行　中国财富出版社
社　　址　北京市丰台区南四环西路 188 号 5 区 20 楼　　**邮政编码**　100070
电　　话　010－52227568（发行部）　　010－52227588 转 307（总编室）
010－68589540（读者服务部）　　010－52227588 转 305（质检部）
网　　址　http：//www.cfpress.com.cn
经　　销　新华书店
印　　刷　北京京都六环印刷厂
书　　号　ISBN 978－7－5047－5087－7/F·2075
开　　本　710mm×1000mm　1/16　　**版　　次**　2014 年 3 月第 1 版
印　　张　14.5　　**印　　次**　2014 年 3 月第 1 次印刷
字　　数　253 千字　　**定　　价**　48.00 元

前　言

基于生态理论的循环经济，是可持续发展战略的重要实现方式，是资源型城市经济发展方式转型的战略选择。本书首先建立了资源型城市循环经济系统的概念模型，分析资源型城市循环经济系统的要素、结构、功能和环境，对资源型城市发展循环经济，实现可持续发展进行了循环经济系统的结构规划和功能规划，该系统包括绿色产业系统、管理支持系统、微观支持系统和宏观支持系统等子系统。其次对河北省资源型城市循环经济进行了系统设计，该系统模仿自然生态系统来研究资源型城市的可持续发展，它全面体现了可持续发展战略的区域形态。系统设计是资源型城市循环经济系统有效运行的关键，具体内容包括：资源型城市第一产业、第二产业和第三产业循环经济系统设计，资源型城市循环经济系统的核心企业选择、产业生态链网设计、技术支撑和系统集成研究等方面。再次对河北省资源型城市循环经济系统的运行机制进行研究，从公众对于可持续发展理念的认同、法律规范企业发展方向、企业实施循环经济的主体和政府的严格执法利益协调 4 个方面加以研究，并给出相应措施和建议，最后对河北省城市生态系统健康状况评价系统开发工作进行阐述，重点对系统分析、系统设计和系统实施等阶段工作进行分析并给出具体方案。

本书的创新之处：

第一，将资源型城市循环经济系统视为开放的复杂大系统，应用生态学和现代系统科学理论和方法，对资源型城市循环经济系统进行规划和设计。

第二，在研究视角上，本书首次将循环经济系统规划、技术支撑和运行机制联系起来，结合资源型城市实际，提出资源型城市循环经济发展模式、循环经济系统设计、系统集成和产业生态链网设计。

第三，本书基于资源型城市的实际，对构建具有资源型城市特色的、符合循环经济“3R”原则的以生态—技术为主体的技术体系进行研究，提出循环经济模式下资源型城市技术体系的发展策略。

第四，对资源型城市循环经济系统运行机制进行研究，并从公众、法律、企业和政府 4 个方面给出相应措施和建议。

索贵彬

2014 年 1 月

目 录

1 绪 论

资源型城市的可持续发展问题是区域经济发展中的一个重要问题，同时也是一个世界性难题。2004 年 9 月 17 日，在刚刚结束的资源枯竭型城市经济转型与可持续发展研讨会上，国家发展和改革委员会研究员肖金成、王青云共同调查发现，我国资源型城市共 118 座，总人口 1. 54 亿人，其中市区非农业人口 3400 万人，职工 1250 万人。尽管有学者对资源型城市的数量意见不一，但大家都有这样的共识：资源型城市经济结构单一，矿产资源日渐枯竭，经济发展日益落后，生态破坏和环境污染日益严重，人民生活和就业日益困难。肖金成研究员进一步分析指出："资源型城市对资源具有很强的依赖性，资源总有枯竭的一天。资源型城市要实现可持续发展就必须推进经济结构转型。"

尽管我国早在"九五"计划中就明确提出经济增长方式要从粗放型向集约型转变，但收效甚微。我国一些资源型城市对"粗放型增长模式"有着十分强烈的路径依赖，这些资源型城市，其丰裕的自然资源并未成为其经济发展的有利条件，反而制约了这些城市的发展，从一定程度上证实了"荷兰病"和"资源诅咒"命题的成立。随着资源的不断耗竭，世界上很多依赖资源而建立的城市正在走向衰退。为了寻求新的经济增长点，进而带动经济可持续发展，各国都在努力探寻转型之路。2013 年 1 月 23 日，国务院发出关于《循环经济发展战略及近期行动计划的通知》（国发〔2013〕5 号）（以下简称《通知》），《通知》明确指出，发展循环经济是我国的一项重大战略决策，是落实党的十八大推进生态文明建设战略部署的重大举措，是加快转变经济发展方式，建设资源节约型、环境友好型社会，实现可持续发展的必然选择。在全球经济一体化进程日益加快和新经济浪潮快速蔓延的大背景下，河北省资源型城市经济转型与发展面临着新的机遇和挑战。河北省的资源型城市中，传统经济发展模式导致了资源、环境和生态等一系列问题，严重制约着资源型城市的可持续发展。而基于生态理论的循环经济，是可持续发展战略的重要实现方式。发展循环经济，是河北省资源型城市实现经济发展方式转型的战略选择。本书试图应用生态学的理论和方法对河北省资源型城市的可持续发展问题进行初步探讨，进而为河北省资源型城市实施转型战略和实现可持续发展提供借鉴和参考。

本书将首先建立资源型城市循环经济系统的概念模型，分析资源型城市循环经济系统的要素、结构、功能和环境，对河北省资源型城市循环经济系统进行功能和结构等方面的系统规划，该系统包括绿色产业系统、管理支持系统、微观支持系统和宏观支持系统等子系统。其次，对河北省资源型城市循环经济系统进行系统设计，具体内容包括：资源型城市第一产业、第二产业和第三产业循环经济系统设计，资源型城市循环经济系统的核心企业选择，产业生态链网设计，技术支撑和系统集成研究等方面。再次，对河北省资源型城市循环经济系统的运行机制进行研究，从公众对于可持续发展理念的认同、法律规范企业发展方向、企业实施循环经济的主体和政府的严格执法利益协调 4 个方面加以研究，并给出相应措施和建议。最后，对河北省城市生态系统健康状况评价系统开发工作进行阐述，重点对系统分析、系统设计和系统实施等阶段工作进行分析并给出具体方案。

1.1 河北省资源型城市发展现状

1.1.1 资源型城市界定的标准和范围

资源型城市是因为自然资源开发而兴建或发展起来的，且资源型产业在工业中占有较大份额的城市。国家计委宏观经济研究院 2002 年的研究成果《我国资源型城市的界定与分类》对资源型城市的界定提出了 4 个指标：采掘业产值占工业总产值的比重在 10% 以上；采掘业规模，县级市应超过 1 亿元，地级市应超过 2 亿元；采掘业从业人员占城镇从业人员的比重在 5% 以上；采掘业从业人员规模，县级市超过 1 万人，地级市超过 2 万人。根据这个标准，河北省资源型城市共 5 座，即唐山、邯郸、邢台、武安、迁安。从资源种类看，除迁安为黑色冶金城市外，其余皆是煤炭城市。

1.1.2 河北省资源型城市发展现状

新中国成立以后特别是改革开放30多年以来，河北省基本上是以矿产资源为依托逐渐完成工业化进程的。钢铁、煤炭、水泥、玻璃等仍然是河北省支柱性产业，河北省规划的“十大”支柱产业一般为矿产品加工产业或与矿产有密切关联的产业。资源型产业也是河北省工业产值和利税的主要来源。据统计，1990年以来河北省采掘业对工业的贡献度平均为8.61%，对国民经济的支撑度平均为6.43%，河北省资源型产业占全省工业利税总额一半以上，成为河北省经济发展和社会进步的重要支撑。

资源型产业比重大是河北省资源型城市的突出特征之一。近几年来，河北省资源型城市在调结构、转方式方面做出了很大努力，也取得了一定成绩。唐山是传统的重工业城市，钢铁、煤炭是该市的传统支柱产业。2012年，唐山市钢铁产业增加值占规模以上工业的34.2%，比2007年下降12.8%。装备制造业占规模以上工业的比重由2007年的6.5%提高到14.1%，成为第二大支柱产业。服务业、高新技术产业增加值年均分别增长12.2%和20%。邯郸市近5年来把结构调整作为主攻方向，加快构建现代产业体系，2012年装备制造业增加值占规模以上工业的比重由4.7%提高到8.5%，成为继钢铁、煤炭之后的第三大主导行业，第三产业增加值突破千亿元大关。

1.1.3 河北省资源型城市存在的问题

1. 资源优势逐步丧失，开采成本逐渐上升

资源型城市一直面临着可持续发展问题，资源型城市矿产开采在工业产值中占较大比重，随着不可再生资源被不断开采，资源生产地区逐步变为资源枯竭地区，其区位优势不断下降，资源优势正在萎缩。同时由于开采成本不断上升，甚至出现了采矿不如买矿的现实情况。河北省的铁矿石品位大概在20%~30%，而进口矿石的品位一般都在50%以上。目前邯郸钢铁集团进口的铁矿石已达其总需求的70%，唐山钢铁集团所需的铁矿石也有50%需要进口。因此，如何维系资源型城市的可持续发展是必须面对的问题。

2. 资源型城市环境污染严重，环境灾害相对突出，矿山环境治理日益紧迫

资源型城市除了一般城市所具有的“三废”污染之外，还存在特殊的生态环境问题，如矿物废渣压占土地资源、矿区的地面崩塌、水资源的污染，以及矿区城市空气污浊、可吸入颗粒物严重超标等问题。河北省是矿产资源大省，长期以来高强度的矿产资源开发，造成矿山生态环境严重恶化。据统计，2007 年全省因矿山开采占用的土地面积达 3.4 万公顷，造成水土流失严重的面积达 1 万多公顷。塌陷的大坑、纵横的地裂缝、随意堆放的矿渣等，成为许多矿山、矿区留给人们的最深印象。

在河北省武安市，据调查统计，全市因采矿破坏土地 2 万余亩；露天采坑、废渣及矿山建筑垃圾占用荒地和山坡地 2 万余亩；地裂破坏植被约 1 万亩。总破坏面积达 6 万余亩，且破坏面积每年仍以 150 多亩的速度递增，因采矿引发的各种地质灾害隐患点有 77 处，其中造成地表塌陷 30 余处。矿区山体开裂，地面塌陷时有发生，采矿产生的废渣、尾矿、废旧建筑大面积压占、破坏土地。矿井停产后，大量的矿山环境治理及土地复垦开发成为资源型城市环境治理的难题。

3. 资源型城市转型困难，新兴产业亟待发展

由于资源衰退，可采出量急剧减少，开采成本增加，唐山、邯郸、邢台等资源型城市产业结构偏重于资源型产业，产业结构单一，矿区环境恶化，煤炭沉陷区等问题日益突出。如果新兴产业规模小，则难以解决因资源开采下降而带来的大量工人失业、城市产业转型等问题，如果新兴产业发展缓慢，城市经济发展就会逐步陷入衰退的困境。

4. 河北省资源型城市中国有老企业技术装备落后，产业升级缓慢

河北省资源型城市既面临着资源型产业转型，又面临着老工业基地改造振兴的双重压力。作为老工业城市的唐山、邯郸等城市，承担着较高的指令性计划和较重的财税任务，这些城市错过了资金积累和产业技术升级的时机，导致技术装备落后，产业升级缓慢。在河北省老工业基地中，20 世纪 70 年代及以前技术水平的装备占总装备的比例达 40%，具有当代国际水平的装备占比不足 7%，严重影响了城市的产业发展后劲和产品的升级换代。

5. 资源型城市社会保障工作滞后，社会就业压力大

随着资源型城市的经济结构调整和产业转型，老工业基地和资源型城市的社会就业压力加大，社会保障工作亟待完善。同时，由于城市化进程加快，农民向非农产业转移更增加了就业需求，社会就业压力进一步加大。

1.2 国内外相关研究现状分析与评价

1.2.1 关于资源型城市概念的界定

资源型城市是重要的城市类型，一般指依托于矿产资源、森林资源等自然资源，并以资源的开采和初加工为支柱产业的具有专业性职能的城市，相近的概念有矿业城市、工矿城市等。资源型城市的数量在我们国家城市总量上占有很大的比重，资源型城市是工业化社会的产物，其对我国的工业化进程甚至国家安全都作出了很大的贡献。

对于资源型城市的概念，到现在为止，学术界的看法不一，还没有一个能为大家普遍接受的说法，但其中的核心观念都是基本相同的。关于资源型城市的概念，主要有以下两种分类。

1. 定性的角度

从定性角度对资源型城市下的定义主要包括以下几个：①王青云（2003）在研究、总结已有成果的基础上，从发生学和功能学两个方面来界定资源型城市。从发生学角度看，资源型城市一定是因自然资源的开采而兴起或发展壮大的城市，作为一种特殊类型的城市，其主导产业是围绕资源开发而建立的采掘业和初级加工业；从功能学角度看，资源型城市是指向社会提供矿产品及其初加工产品等资源型产品的一类城市。②从城市的产业比重角度定义，认为资源型城市是这样一种类型城市，城市的发展对资源型产业具有绝对的依赖性，资源型产品在城市工业中占有较大比重。③从城市的发展规律和城市职能定位的角度进行定义，认为资源型城市就是按照城市职能分类的一种类型，这种城市伴随着资源开发而兴起；或者是其他类型的城市，在其发展过程中因为资源的发现和开发而再度繁荣。

2. 定量的角度

2004 年 8 月，在“资源枯竭型城市经济转型与可持续发展研讨会”上，专家们把主体资源产业产值比重占工业产值比重在 5% ~15% 、主体资源产业从业人员占全部职工比重在 15% ~30% 的这两个指标作为资源型城市的主要衡量标准。

综合各种观点，以下关于资源型城市的定义可以得到大家一致认可：

①资源型城市中的“资源”的含义主要是能源、矿产、森林、水电、旅游等不可再生性自然资源，特指自然资源。②资源型城市的主要特点是自然资源的开采与利用，并以此作为支柱产业。③为了使资源型城市的定义更为准确、科学和合理，目前最适宜采用的是以定性与定量相结合的方式来界定资源型城市。

吉林大学邱松在其博士论文中对以上概念进行了整理，并给出了资源型城市的定义：资源型城市是随着能源、矿产、森林、水电、旅游等当地不可再生性自然资源的开发利用而兴起，或者普通类型城市在发展过程中因资源的发现和开发而繁荣或再度繁荣，并且因采掘这些资源形成的相关产业在地区社会经济中占有主导地位的，具有专门化职能的城市。这种城市在一段时期内是一种依靠某种资源的开发而支持整个城市经济发展的特殊型城市，对资源的依赖性很强，产业的结构非常单一，主要是向社会提供矿产品及其初加工品等资源型产品。一般来讲，资源产业产值和资源产业从业人员的数量在工业总产值和全部从业人员中占有很大比重。

1.2.2 产业生命周期与资源枯竭型城市

产业生命周期理论是在产品生命周期理论基础上发展而来的。1966 年 Vernon 提出了产品生命周期理论，随后 William J. Abernathy 和 James M. Utterback 等以产品的主导设计为主线将产品的发展划分成流动、过渡和确定 3 个阶段，进一步发展了产品生命周期理论。在此基础之上，1982 年，Gort 和 Klepper 通过对 46 个产品最多长达 73 年的时间序列数据进行分析，按产业中的厂商数目进行划分，建立了产业经济学意义上的第一个产业生命周期模型。

产业生命周期曲线忽略了具体的产品型号、质量、规格等差异，仅仅从整个产业的角度考虑问题。产业生命周期可以将成熟期划分为成熟前期和成熟后期。在成熟前期，几乎所有产业都具有类似 S 形的生长曲线，而在成熟后期则大致分为两种类型：第一种类型是产业长期处于成熟期，从而形成稳定型的行业，见图 1－1 中的曲线 1；第二种类型是产业较快地进入衰退期，从而形成迅速衰退的行业，见图 1－1 中的曲线 2。

对于资源型城市而言，其发展历程基本符合产业生命周期理论，因此同样要经历产生、成长、成熟、衰退的整个生命周期。资源型城市源于其自身

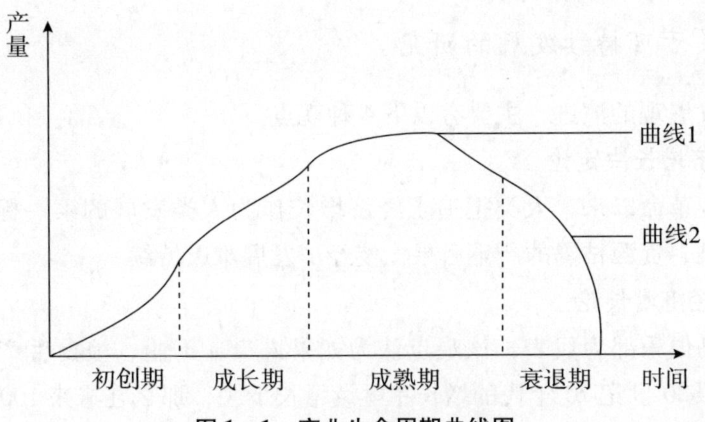

图 1－1 产业生命周期曲线图

内部所具有的丰富的自然资源，无论是因资源的被发现而建城，还是建城后探明有资源的存在，其核心都是“资源”二字。随着以资源开采为主导产业的发展，城市逐步进入发展的黄金时期，主要表现为经济总量迅速增长，城市人口增加，居民收入稳定增长，等等。但是，随着资源的不断被开采，甚至是被无度和破坏性地开采，该城市的资源陷入枯竭状态，并且在发展经济过程中由于忽视对环境的影响和破坏，整个城市的发展陷入一个瓶颈期，接着，便进入资源枯竭型城市的时期。

邱松博士根据 2006 年国务院振兴东北地区等老工业基地领导小组办公室工业组对资源枯竭型城市的界定原则和界定标准，同时参考相关学者的意见，将资源枯竭型城市定义如下：资源枯竭型城市是指城市的现有工业及采掘业规模显著下降，资源采出量占已探明可开采储量的 60% 以上，已采掘年限占设计年限的 75% 以上，资源储量已经萎缩，失业率高、下岗人数多，资源主导型产业已经发展到晚期、末期，城市的社会功能、经济功能、文化功能等已经开始全面衰落的资源型城市。

资源型城市的可持续发展问题一直以来都是一个世界性难题。如何让资源型城市在进入成熟期时形成稳定型的行业，沿着图 1－1 中曲线 1 的方向发展，或面临资源枯竭时延续其生命周期，使其生命周期曲线类似于产业生命周期理论在衰退期时重新向上弯折，出现新的经济增长点，实现经济转型，保证城市的可持续发展，是摆在我们面前的十分艰巨而且紧迫的任务。

1.2.3 关于可持续发展的研究

关于发展观的演进，主要有以下4种观点。

1. 经济增长决定论

自工业革命以来，人类把追求经济增长作为人类发展的第一标志。造成了环境污染、资源枯竭的严重后果，使经济发展难以持续。

2. 零经济增长论

以罗马俱乐部为代表，该观点认为如果人口、工业、粮食生产以及资源利用等按照20世纪70年代的增长率继续增长下去，那么在未来100年内地球上的经济增长将达到极限，而避免这种前景的最好办法是限制增长，乃至“零增长”。

3. 经济—技术发展决定论

以H. Khan和J. L. Simon为代表，认为虽然自18世纪60年代第一次工业革命以来，人口、资源和环境的发展趋势给技术、工业化和经济增长带来了一些问题，但人类能力的发展也是无限的。

4. 可持续发展论

时间跨度长达20年的3次全球范围内环境与发展的重要活动是人类寻求正确发展道路的集中体现：1972年6月5日至16日，联合国在瑞典首都斯德哥尔摩首次召开了人类环境会议，会议成果有《只有一个地球》、《联合国人类环境宣言》，并将每年的6月5日定为世界环境日；1987年，联合国在名为《我们共同的未来》的报告中提出了“可持续发展”概念，要求人类处理好人口、资源、环境和发展之间的关系，应在不损害他人和后代利益的情况下追求经济发展；1992年，在巴西里约热内卢召开“全球峰会”，可持续发展战略理念被广泛接受。

1.2.4 关于循环经济的研究

国外的循环经济思想可以追溯到20世纪60年代的环保运动，面对工业化进程中的生态和环境问题，一些学者开始反思，并试图构建可实现经济—社会—自然协同发展的新模式，其中具有代表性的观点主要有以下几种。

1. 鲍尔丁的“循环经济”思想

1966年，鲍尔丁在《未来宇宙飞船地球经济学》一文中，用飞行在太空里的宇宙飞船类比人类寄居的地球，认为地球资源的供给是有限的，人类只有依赖具有闭路循环特征的经济发展模式，实现资源的高效利用、循环利用，才能维系人类赖以生存的自然资源的存量。

2. 巴里·康芒纳的“生态经济”思想

1974 年，巴里·康芒纳出版了《封闭的循环——自然、人和技术》一书，提出“控制等于失控”的观点，重点强调源头控制的减物质化，并提出用生态学思想重构生产消费方式，指导经济和政治事务的观点。

3. 霍肯的“商业生态学”模式

霍肯提出仿照生态系统的可恢复机制设计一个以“废物循环”为主的可恢复型经济模式。该模式覆盖生产和消费两大领域，遵循废物等于食物、绿色能源、系统责任三大原则。

国外学者关于循环经济思想的研究从可持续发展、生态经济、资源利用等方面展开，并侧重以下几个问题。①自然资本短缺。②预防胜于控制。学者们对“源头预防”已达成共识，认为“源头预防”与“减量化”要胜过“末端治理”。③强调系统设计。康芒纳、霍肯、布朗和戴维森等人都积极倡导经济发展模式要效仿大自然的生态系统，并注意到全过程控制和多层次管理的必要性。

1.2.5 关于系统科学理论的研究

系统科学着眼于世界的复杂性，确立系统观点即复杂性方法论原则，归纳整体和部分、系统与环境之间的相互关系，为解决现代复杂问题提供了有效的思维方式和新方法。系统理论主要研究系统构成、演化、发展的一般规律。现代复杂系统理论的发展使我们对系统自然演化的前提条件、动力根据、诱因途径、组织形式和发展前途等已能够加以较为具体的刻画，从而建立起真正的关于系统演化的科学。对系统各种各样的演变规律加以认识、研究和把握，已经成为现代管理科学的方法论基础。

1.2.6 关于产业集聚和生态工业园区的研究

产业集聚是各种生产要素集中于某一地理区域，形成相互关联的产业网络，从而共享资源，降低成本，实现规模效应和外部经济，最终达到优势外溢的经济现象。亚当·斯密最早从分工的角度描述了集聚现象的存在。1909

年，阿尔弗雷德·韦伯在其《工业区位论》中首次提出了集聚和集聚效应两个概念，将聚集原因分为特殊原因（地理）和一般原因（节约成本）。马歇尔在1920年的《经济学原理》中提出外部经济的概念，认为有3种力量确定了产业集聚的正外部性：劳动力市场共享、中间产品投入、技术外溢。20世纪90年代，保罗·克鲁格曼和迈克尔·波特对于产业集聚的研究，使产业集聚摆脱了经济地理学的范畴，成为主流经济学关注的热点问题之一。从20世纪80年代中后期开始，我国学者开始对产业集聚现象进行研究。以北京大学的王缉慈、盖文启为代表，着眼于企业的地方集聚与区域发展的关联机制，结合我国当前区域发展与区域研究的现实，指出产业集聚是我国目前区域发展战略的理性选择。

生态工业园主要是一个实践范畴，Suren Erkman在他的《工业生态学》一书中提出，只有借助于生态学的有关原理组建生态工业园，才能实现工业化社会的可持续发展。生态工业园是生态学理论在实践中最成功的应用方式。

1.2.7 关于循环经济支撑技术体系的研究

技术体系是支撑循环经济的物质基础，国外学者对该问题的研究经历了从“末端治理技术”到“清洁技术”再到“绿色技术”的认识转变。1994年，E. Braw和D. Wield在“绿色技术”的基础上提出了“环境友善技术”概念。我国学者孙启宏和段宁（2005）通过广泛调查，制定出以“良性干扰技术”“生态工业链接技术”“3R技术”为主要内容的循环经济支撑技术体系。周宏春和刘燕华（2002）在所著的《循环经济学》一书中对循环经济技术研发的重要领域进行了归类。吴易明（2004）认为循环经济发展的支撑技术包括：消除污染物的环境工程技术、进行废弃物再利用的资源化技术、生产过程无废低耗的清洁生产技术和绿色产品的设计技术。

1.3 研究内容

1.3.1 本书主要研究内容

本书立足资源型城市的实际，对资源型城市的循环经济进行系统规划和系统设计，并对其运行机制进行研究。主要研究内容如下。

1. 第 1 部分：资源型城市循环经济系统的概念、结构及功能分析

首先定义资源型城市循环经济系统的概念并建立概念模型；然后分析资源型城市循环经济系统的内涵和特征；最后对资源型城市循环经济系统的要素、结构和功能进行分析。

2. 第 2 部分：河北省资源型城市循环经济系统规划

资源型城市循环经济系统是模仿自然生态系统来研究资源型城市的发展，它全面体现了可持续发展战略的区域形态，其中系统规划是资源型城市循环经济系统有效运行的关键。在本部分，主要对河北省资源型城市循环经济系统的功能和结构进行了规划。河北省资源型城市循环经济系统包括绿色产业系统、管理支持系统、微观支持系统和宏观支持系统等子系统。

3. 第 3 部分：河北省资源型城市循环经济系统设计

系统设计是资源型城市循环经济系统有效运行的关键，具体内容包括：资源型城市第一产业、第二产业和第三产业循环经济系统设计，资源型城市循环经济系统的核心企业选择、产业生态链网设计和系统集成研究等内容。

4. 第 4 部分：河北省资源型城市循环经济系统运行机制研究

本部分首先分析了资源型城市循环经济系统的运行规律、调控原理和运行原则，然后从公众对于可持续发展理念的认同、法律规范企业发展方向、企业实施循环经济的主体和政府的严格执法利益协调 4 个方面加以研究，并给出了相应措施和建议。

5. 第 5 部分：河北省资源型城市循环经济支撑技术体系研究

以实现可持续发展为目标，以循环经济为发展模式，基于资源型城市的产业特点，构建符合循环经济“5R”原则的循环经济支撑技术体系。

6. 第 6 部分：河北省城市生态系统健康状况评价系统开发

对生态系统健康状况评价系统的研究开发工作进行阐述，重点对系统分析、系统设计和系统实施等阶段工作进行分析并给出具体方案。

1.3.2 本书的创新之处

第一，将资源型城市循环经济系统视为开放的复杂大系统，应用生态学和现代系统科学理论和方法，采用切克兰德系统分析程序和方法，对资源型城市循环经济系统进行规划和设计。

第二，在研究视角上，本书首次将循环经济系统规划、技术支撑和运行机制联系起来，结合资源型城市实际，提出资源型城市循环经济发展模式、循环经济系统设计方法、系统集成和产业生态链网设计方法。

第三，本书基于资源型城市的历史、地理、资源、环境、经济、社会和产业等特点，对构建具有资源型城市特色的，符合循环经济“3R”原则的，以减量化技术、再使用技术和再循环技术等生态—技术为主体的技术体系进行研究，提出循环经济模式下资源型城市技术体系的发展策略。

第四，对资源型城市循环经济系统运行机制进行研究，并从公众、法律、企业和政府4个方面给出了相应措施和建议。

1.4 基本思路与研究方法

本书研究思路与研究方法见图1－2。

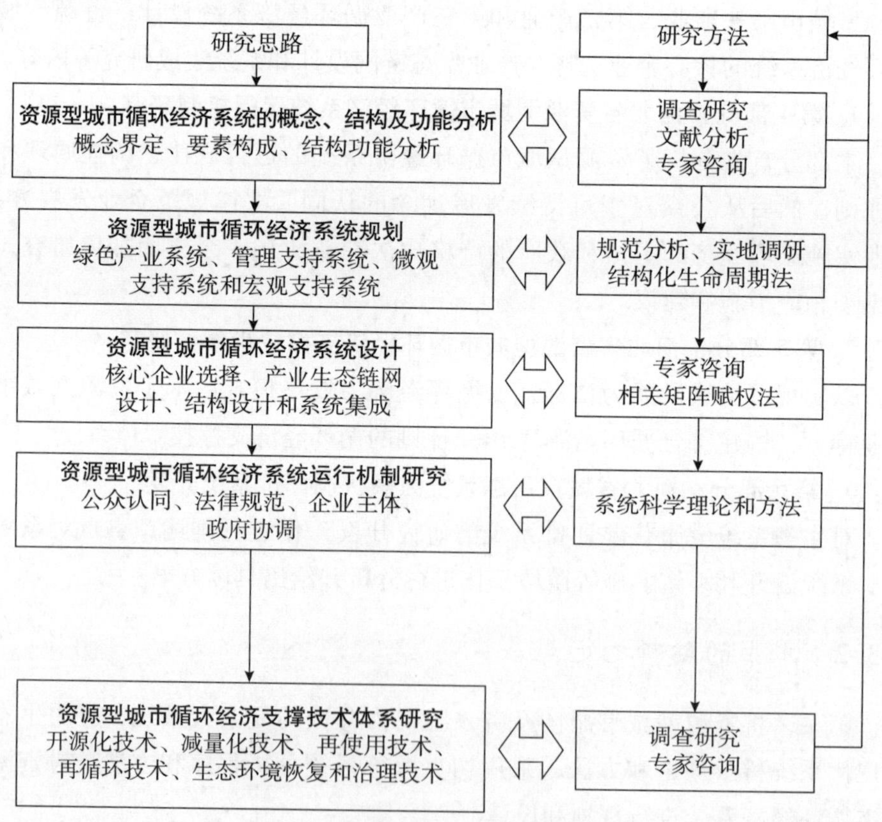

图1－2 本书研究思路与研究方法

2 可持续发展的理论依据——生态学

用生态学的原理来设计和管理资源型城市建设、产业规划、自然资源与环境保护是建设生态文明、实现资源型城市可持续发展必须遵循的原则。早在2000多年以前，老子就提到“人法地，地法天，天法道，道法自然”，而人、地、天正是自然界3个不可或缺的要素，这3个要素都要受自然规律的支配，所以必须尊重自然，顺从自然。生态学在解决资源、环境、可持续发展等重大问题上具有重要作用，被称为“自然与社会的桥梁”。目前，联合国组织及各国政府已把生态学的基本原则看做社会可持续发展的理论基础。本章将对生态学的基础知识、主要理论以及生态学对当今社会科学技术、政治、经济的影响作简单介绍。

2.1 生态学基础知识

早在公元前370—公元前285年古希腊时期，亚里士多德（Aristotle）的学生提奥夫拉斯塔（Theophrastus）在随亚历山大东征时，从欧洲东部往东到印度的途中就注意到各地植物种类分布与气候和土壤的关系，这是西方最早的生态学思想。在我国古代，据史料记载，《周礼·地管篇》载有“以土会之法，辨五地之物生”，即是什么土壤就种什么作物。北魏贾思勰的《齐民要术》载有“凡栽一切树木，欲记其阴阳，不令转易”，晋朝嵇含的《南方草木状》载有“柘宜山石，柞宜山阜，楮宜洞谷，柳宜下田，竹宜高平之地”，这些是我国有关生态学的最早的描述。

生态学（Ecology）一词最早是由德国生物学家海克尔（E. Haeckel）于1869年在他所著的《有机体普通形态学原理》一书中提出的。他对生态学作了如下定义：生态学是研究生物与环境之间如何交互作用的科学。在这里，生物是指独立的、能够自主生存的生命体，如动物、植物和微生物等；环境是指特定生物的栖息空间，以及直接和间接影响生物生存和发展的各种因素的总和。生态学（Ecology）英文词首和经济学（Economics）英文词首是相同的，均来自希腊文，表示家庭居处或环境的意思，可见，生态学与经济学、家庭、环境等有着密切的关系。现代生态学研究对象，按生物组织水平划分，主要有个体、种群、群落、生态系统、景观，甚至全球。研究范围也从纯自然现象研究扩展到自然—经济—社会复合系统。

生物自从在地球上出现以来就与自然环境有着密不可分的关系，长期以来形成了相互依存、相互制约的关系。地球上的生物十分庞杂，其中包括动物2000万种以上，植物30多万种，微生物10多万种。这些生物通过新陈代谢不断与环境进行着物质的交换、能量的传递和信息的交流，从而引起环境与生物自身的变化。生物在长期的进化中对环境具有依附性和适应性，但生物也不是被动地适应环境，其也具有本身独特的遗传特性。生物受到环境的影响，反过来又作用于环境。

2.1.1 生态学基本概念

生态学的主要概念如下。

1. 个体

个体是生命世界的基本单位，有生长、生殖、代谢等生命现象，可直接利用环境中的资源生活。在自然环境中，生物通常不会单独生活。图2-1是黄斑椿象成虫个体。

图2-1 黄斑椿象成虫个体

2. 种群

一个生物物种在一定的范围内所有个体的总和称为生物种群。在自然界中，种群是物种存在的基本单位，是生物群落或生态系统的基本组成部分。

种群具有以下4个特征。①数量特征。种群由多个个体组成，其数量大小受4个参数（出生率、死亡率、迁入率和迁出率）的影响。②空间特征。种群均占据一定的空间。③遗传特征。④系统特征。种群是一个自组织、自调节的系统。

同一物种在一起生活所产生的有利作用，称为集群效应。集群的生态学意义主要有以下5个方面：①集群有利于提高捕食效率；②集群可以共同防御敌害；③集群有利于改变小生境；④集群有利于提高学习效率；⑤集群能够促进繁殖。图2－2是黄斑椿象幼体种群。

图2－2　黄斑椿象幼体种群

3. 群落

群落是指在特定的时间、空间或环境下，具有一定的生物种类组成、外貌结构（包括形态结构和营养结构），各种生物之间、生物与环境之间彼此影响、相互作用，并具有特定功能的生物集合体。也可以说，一个生态系统中具有生命的部分即生物群落，它包括植物、动物、微生物等各个物种的种群。生物群落中根据各个物种在群落中的作用来划分群落成员类型，包括优势种与建群种、亚优势种、伴生种和偶见种。群落中对群落的结构和群落环境的形成起主要作用的种称为优势种，它们通常是那些个体数量多、覆盖度大、生物量高、生命力强的种，即优势度较大的种。群落不同的层次可以有各自的优势种，其中，优势层的优势种称为建群种。比如森林群落中，乔木层、灌木层、草本层常有各层的优势种，而乔木层的优势种即为建群种。亚优势种指个体数量与作用都次于优势种，但在决定群落性质和控制群落环境方面仍起着一定作用的植物种。伴生种为群落的常见物种，它与优势种相伴存在，但不起主要作用。偶见种指那些在群落中出现频率很低的物种，多半数量稀少，这些物种随着生存环境的缩小濒临灭绝，应加强保护。

不同种群之间相互作用所形成的关系可以是间接的，也可以是直接的。这种影响可能是有害的，也可能是有利的。相互作用类型可以分为三大类。①中性作用，即种群之间没有相互作用。事实上，生物与生物之间是普遍联系的，这里说的没有相互作用是相对的。②正相互作用，按其作用程度分为偏利共生、原始协作和互利共生3类。③负相互作用，包括竞争、捕食、寄生和偏害等。图2－3为一种生物群落。

图2－3 生物群落

4. **生态系统**

生态系统是20世纪60年代发展起来的重要的生态学分支学科之一。生态系统（Ecosystem）指在一定时间和空间范围内，各生物成分和非生物成分，通过能量流动、物质循环与信息传递而相互作用、相互依存形成的生态学的结构与功能单位。生态系统集中研究生态系统的构成要素、结构、功能，生态系统的演化、平衡与稳定性及调节，以及生态系统的保护与恢复重建等问题。目前，人类所生活的生物圈内有无数大小不等的生态系统。图2－4为生态系统图1。

图2－4 生态系统图1

2.1.2 生态系统概述

生态系统是当代生态学中最重要的概念之一。生态系统包括生物群落及其无机环境，它强调的是系统中各个成员的相互作用，所以几乎是无所不包的生态网络。事物普遍联系法则本是辩证唯物主义哲学的第一个基本原理，从这个意义上讲，生态学又是一种哲学。近年来，无论是国内还是国外，又把自然生态系统进一步扩展为包括经济系统和社会系统在内的复合生态系统。地球上大部分自然生态系统都有维持稳定、持久、物种间协调共存等特点，这是长期进化的结果。向自然生态系统寻找这些建立持续性的机理，是研究生态系统规律的主要目的。

1. 生态系统的组成与结构

生态系统的基本组成包括非生物环境、生产者、消费者和分解者4个部分，见图2-5。

图2-5 生态系统图2

（1）非生物环境。非生物环境是生态系统的生命支持系统，提供生物生存所必需的物质与能量。主要包括：各种化学因素、气候因子（如太阳辐射、温度、降雨等）和其他非生物因子（如潮汐、洋流、地表径流、土壤等）。

（2）生产者。生产者是指能利用简单的无机物质制造有机物质的自养生物，主要包括所有绿色植物、单细胞藻类和少数化能合成细菌等自养微生物。这些自养生物第一次把太阳能以生物化学能的形式固定到生物有机体的过程被叫做初级生产，对应初级生产的自养生物叫做初级生产者。初级生产者通过光合作用为自身生存、生长和繁殖提供营养和能量，而且它所制造的有机物是异养生物唯一的食物和能量来源，是生态系统中最基础和最关键的组成成分。

（3）消费者。与生产者相比，消费者是指那些不能直接利用无机物质制造有机物质，只能直接或间接地依赖于生产者所制造的有机物质生存的生物体，因此被称做异养生物。在生态系统中，消费者的种类比较多，包括植食动物、杂食动物和寄生生物。消费者将生产者所制造的物质和存储的能量转化为自身物质与能量的过程称为次级生产。这种次级生产对调节生态系统的物种多样性，实现种群平衡起到了重要作用。

（4）分解者。分解者也被称为“还原者”，其功能是将动植物的残体、粪便和各种复杂的有机化合物分解为简单的无机物，并把它们释放到环境中去，供生产者重新吸收和利用。在一个处于平衡态的生态系统中，大约有90%的初级生产是经过分解者的分解后再循环使用的，分解者对生态系统的物质循环和能量流动具有非常重要的意义。

2. 食物链和食物网

食物链是生态系统中各种生物按其食物关系排列的链形顺序结构。水体生态系统中的食物链如浮游植物—浮游动物—草食性鱼类—肉食性鱼类。食物链的起始端是生产者，是食物的最初来源，食物链的末端是该系统的最高级生物种类。实际上食物链是闭合的。

在一个生态系统中，食物关系往往很复杂，各种食物链相互交错，形成所谓的食物网。能量的流动，物质的迁移和转化，就是通过食物链或食物网进行的，见图2-6。食物网越复杂，生态系统可能越稳定。任何一个食物网中，都存在一个或几个关键生物类群，称作关键种。

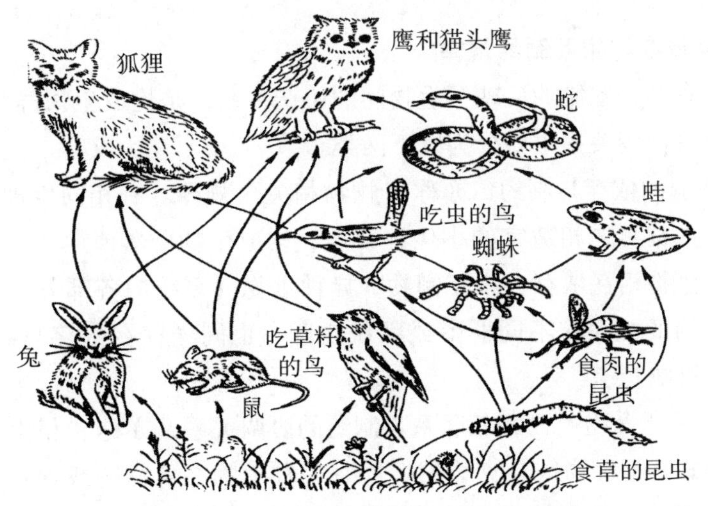

图2-6　一个简化的草原生态系统食物网

资料来源：祝廷成，钟章成，等．植物生态学［M］．北京：高等教育出版社，1988.

3. 生态系统中的能量流动、物质循环和信息传递

（1）能量流动。自然生态系统首先接收来源于太阳辐射的能量，太阳辐射能依靠绿色植物生产者的光合作用进行吸收、固定，再经过动物消费者与微生物分解者的不断转化，归还于自然环境之中，从而形成了能量在生态系统中的变化过程，即能量流动。能量传递与转化服从热力学第一定律和热力学第二定律。

林德曼效率：美国学者 Lindenman 在对湖泊生态系统进行的研究中发现，每一营养级上，其净生产量为前一级生产水平的 10% 左右，其余 90% 在转化过程中被损失掉了，即营养级之间的生态效率（LE）约为 1/10。这一规律被认为是重要的生态学规律。

（2）物质循环。物质循环指物质在生态系统中经过食物链或营养级的不断被吸收、储存、释放、再吸收利用和再释放的过程。物质在生态系统中存在于各种环境，在物质转移循环中既有生物的生理与生化过程，又有一般的物理与化学作用，因此，物质循环又称作生物地球化学循环。

（3）信息传递。一般将可以传播的消息、情报、指令、数据与信号等称作信息。信息传递指信息在生态系统的生物之间、生物与环境之间进行的信息流通。生物之间、生物与环境之间通过信息传递而发生联系，进行沟通。

2.1.3 生态系统规律

1. 相互依存与相互制约规律

相互依存与相互制约反映了生物间的协调关系，是构成生物群落的基础。生物间的这种协调关系主要分为以下两类。

（1）普遍的依存与制约，亦称“物物相关”规律。有相同生理、生态特性的生物，占据与之相适宜的小生存环境，构成生物群落或生态系统。系统中不仅同种生物相互依存、相互制约，异种生物（系统内各部分）间也存在着依存与制约的关系；不同群落或系统之间，也同样存在依存与制约关系，亦可说彼此影响。

（2）通过“食物”而相互联系与制约的协调关系，亦称“相生相克”规律，具体形式就是食物链和食物网。即每一种生物在食物链或食物网中都占据一定的位置，并具有特定的作用。各生物物种之间相互依赖、彼此制约、协同进化。被食者为捕食者提供生存条件，同时又为捕食者控制；反过来，

捕食者又受制于被食者，彼此相生相克，使整个体系（或群落）成为协调的整体。

2. 物质循环与再生规律

生态系统中，植物、动物、微生物和非生物成分，借助能量的不停流动，一方面不断地从自然界摄取物质并合成新的物质，另一方面又随时分解为原来的简单物质，即所谓的“再生”，重新被植物所吸收，进行着永不停顿的物质循环。

3. 物质输入输出的动态平衡规律

物质的输入输出规律又称协调稳定规律，它涉及生物、环境和生态系统 3 个方面。当一个生态系统不受人类活动干扰时，生物与环境之间的输入与输出是相互对立的关系，生物体进行输入时，环境必然进行输出，反之亦然。生物体一方面从环境摄取物质，另一方面又向环境排放物质，以补偿环境的损失（这里的物质输入和输出，包含着量和质两个指标）。

4. 相互适应与补偿的协同进化规律

生物与环境之间，存在着作用与反作用的过程。或者说，生物给环境以影响，反过来环境也会影响生物。例如，生物在土壤形成过程中的作用。

5. 环境资源的有效极限规律

任何生态系统中作为生物赖以生存的各种环境资源，在质量、数量、空间和时间等方面都有其一定的限度，不能无限制地供给，因而其生物生产力通常都有一个大致的上限。也因此，每一个生态系统对任何的外来干扰都有一定的忍耐极限；当外来干扰超过这一极限时，生态系统就会被损伤、破坏，以至瓦解。例如，草场的退化、森林的过度采伐和过量捕捞等。

2.2 生态学主要理论

2.2.1 生态位理论

1. 生态位概念

生态位理论是生态学最重要的基础理论之一。生态位指群落中每一个生物物种对特定位置的占据，包括基础生态位和现实生态位。其中基础生态位是指在没有竞争和捕食条件下的有机体所占有的生态位空间；而现实生态位是指当有竞争和捕食出现时有机体所占有的生态位空间。

2. 生态位的重叠、竞争与分离理论

1934 年，高斯提出了生物位理论中的排斥竞争原理，揭示了生态位重叠与分离的基本规律。高斯在草履虫竞争实验中发现：①在同一生存环境中，不存在两个生态位完全相同的物种；②在一个稳定的群落中，没有任何两个物种是直接竞争者，不同或相似物种必然进行某种空间、时间、营养或年龄等生态位的分异和分离，以达到有序的平衡；③群落是一个相互起作用的、生态位分化的种群系统。由此可知，群落中的种群在其生态位上对群落的空间、时间、资源进行互补非直接竞争的利用。也就是说，两个生物不会发生百分之百的生态位重叠，但通常生态位之间会发生部分重叠。

3. 生态位的扩充与压缩理论

生态位是由多维因子构成的资源环境空间，某一物种生态位的扩充就是对另一物种生态位的入侵，竞争结果导致劣势物种在竞争中被淘汰而释放出所占有的资源空间，同时优势物种的生态位得到了扩充。物种间生态位的竞争是在资源有限或竞争激烈的条件下发生的，由于生物有机体具有互利共生的特质，因此，物种间生态位的扩充不一定是替代关系。随着有机体的发育，它们能改变原有的生态位，通过拓展生态位，创造新的生态位，实现互利共生。因此，互利共生是特定区域内种群之间最为理想的生态关系。

2.2.2 互利共生理论

不同物种种群之间的相互作用所形成的关系可以分为三大类：中性作用、正相互作用和负相互作用。其中正相互作用具体包括以下几种。

（1）偏利共生。仅对一方有利，对另一方无害的称为偏利共生。如兰花生长在乔木的枝上，使自己更易获得阳光和从潮湿的空气中吸收营养。

（2）原始协作。可以认为是共生的另一种类型，其主要特征为两种群相互作用，双方获利，但协作是松散的。分离后，双方仍能独立生存。如某些鸟类啄食有蹄类身上的体外寄生虫，而当食肉动物来临之际，又能为其报警，这对共同防御天敌十分有利。

（3）互利共生。对双方都有利称为互利共生。世界上大部分的生物是依赖于互利共生的。如草地和森林优势植物的根多与真菌共生形成菌根，多数有花植物依赖昆虫传粉。

2.2.3 生态平衡理论

1. 生态平衡内涵及特征

生态平衡是指生态系统在一定时间内，各组分通过相互制约、转化、补偿与反馈等相互作用，而处于最优化结构与功能的协调状态，表现出较高的生产力与稳定性，能量与物质的输入与输出接近相等，信息传递流畅。

生态平衡的特征体现在系统整体的结构、功能和收支等方面。

（1）结构平衡。生物与生物之间、生物与环境之间、环境各组分之间，保持相对稳定的合理的结构，维护和保障物质的正常畅通。

（2）功能平衡。由植物、动物、微生物所组成的生产—消费—分解过程，以及系统与外部环境、生物圈之间的物质交换与循环能保持正常实现。

（3）收支平衡。生态系统是开放系统，它不断与外部环境进行着物质和能量的交换，只有输入与输出趋于平衡，才能保持正常运行。

2. 生态阈限和生态危机

（1）生态阈限。生态系统自我调节功能是有一定限度的，只有在某一限度内可以调节自然界或人类施加的干扰，这个限度就叫做“生态阈限”。当外界压力超过阈值时，生态系统的自我调节功能就会受到损害，甚至失去作用，从而引起生态失调，甚至造成生态系统的崩溃。具体表现为生态系统的营养结构被破坏、有机体的数量减少、生物量下降、能量流动和物质循环受阻等，甚至发生生态危机。

（2）生态危机。生态危机是指由于人类盲目地活动，导致局部地区甚至整个生物圈结构和功能失衡，从而威胁到人类的生存。为了正确处理人和自然的关系，必须有保持生态系统结构和功能的稳定是人类生存和发展的基础这一认识。因此，人类的活动除了要讲究经济效益和社会效益外，还必须特别注意生态效益和生态后果，以便在改造自然的同时能基本保持生物圈的稳定和平衡。

2.2.4 生态系统健康理论

生态系统健康研究是20世纪90年代出现的一个崭新领域，生态系统健康概念提出的前提是把生态系统看做一个完整的有机体。学术界普遍认同“健康”是生态系统最佳状态的一种评价方式，保持生态系统健康是发挥生态系统正常功能的最基本条件。目前对于生态系统健康的概念，比较公认的是通过生态系统的活力、组织结构和恢复力 3 个特征来进行定义。

据美国《科学》杂志显示，地球环境变化的主要表现如下：

（1）工业革命以来大气的二氧化碳浓度提高了 30%；

（2）人工固氮的总量已经超过了天然固氮总量；

（3）人类利用的地表淡水，已经超过可用总量的 1/2；

（4）近两千年来，地球上大概有 1/4 的鸟类物种已经灭绝；

（5）有 1/3 到 1/2 的陆地面积已经被人类活动所改变；

（6）接近 2/3 的海洋渔业资源已经过捕或耗尽。

2.3 生态学发展产生的影响

2.3.1 生态学对科学技术发展产生的影响

生态学对科学技术发展的影响，可以概括为科学技术的生态化趋势，主要表现在两个方面。

第一，现代科技革命。现代科技革命主要集中在 3 个领域：第一个领域是促进农业高产、优质、高效，进一步用生态学原理组织农业生产，发展生态技术和生物技术，解决农业增产、良种培育、病虫害防治问题，改善农业生态环境，促进农业可持续发展；第二个领域是提高能源利用效率，开发新能源，如太阳能、风能和潮汐能等；第三个领域是通过绿色技术来提高资源利用率和经济效益。

第二，自然科学与社会科学的综合化趋势。涌现出一些跨学科的新型学科，如生态哲学、生态经济学、生态伦理学、生态文学、生态信息学、生态技术学、生态工业学、生态农业学等。

科学技术的生态化趋势是 21 世纪科技发展的主流和方向。

2.3.2 生态学对政治产生的影响

地缘政治的绿化。1992 年里约环境与发展大会明确可持续发展为全球共同走向 21 世纪的发展战略，世界《21 世纪议程》和中国《21 世纪议程》的制定都把人口、资源、环境和发展作为一个大系统来进行综合考虑。生态环境问题与军事安全、政治安全、经济安全等构成了国家安全体系。我国于1999年1月制定了《全国生态环境建设规划》，我国国家生态安全体系包括4个基本要素：一是国土安全；二是水安全；三是环境安全；四是生物物种安全。

2.3.3 生态学对经济产生的影响

生态学对经济的影响可以概括为传统经济学的生态化趋势。这种趋势主要表现在以下几个方面。

1. 经济发展的指导思想发生变化

过去的经济活动不考虑生态环境的基础作用和它对经济活动的承载能力，也不考虑经济活动对生态环境造成的后果，这是造成生态危机的一个重要的原因，这种经济活动在国际上被称为“牧童经济”。经济学家鲍尔丁首次提出，必须由“牧童经济”向“太空经济”转变。经济发展的指导思想应由单纯追求经济总量增长的指导思想转变为基于生态学原理的同时兼顾经济效益、社会效益和生态效益的经济发展的指导思想。经济发展的模式应由传统经济的线性增长模式转变为生态经济或循环经济的闭环发展模式。

2. 形成了一系列新的经济学原则，即生态经济学原则

重要的生态经济学原则如下：①社会发展要与生态环境相适应、协调，社会生产力结构要与自然结构相适应的原则；②建立“全面发展”、“可持续发展”的发展概念；③对资源的开发利用，要实行补偿的原则；④实行资源有价，对生态环境进行计量的原则；⑤对重大经济建设项目进行生态论证的原则。

3. 出现了新的产业模式和消费模式

（1）生态工业。生态工业是用生态学原理对工业生产进行生态设计，以使工业生产过程及其产品能够适应保护生态环境的要求。生态工业与传统工业相比，有以下几个特点。其一，以人类可持续发展为目标，把生态保护纳入生产之中，促进“社会—经济—自然”系统的良性循环。其二，生态工业的技术体系不仅包括生产技术，也包括消费技术和分解技术。生态工业的技术体系应是基于“3R”原则的包括减量化技术、再使用技术和再循环技术在内的绿色技术体系。其三，生态工业的生产是真正的高科技生产。

（2）生态农业。生态农业是继石油农业之后的新型的现代化农业模式。

石油农业因大量使用石油能源和化肥农药而得名。

（3）绿色消费。它的内涵主要有两个方面。一是以提高生活质量为中心的适度消费，追求物质上节俭、精神上丰富的节约型生活方式。二是崇尚对绿色产品的生产和消费，既符合人体健康又有利于生态环境建设的消费方式。

3 资源型城市循环经济系统的概念、结构及功能分析

3.1 生态学、循环经济与可持续发展

国家计委宏观经济研究院2002年的研究成果《我国资源型城市的界定与分类》指出：2000年，我国有资源型城市118个，占全国城市总数的18%。其中，煤炭城市有63个，占53%；森林城市有21个，占18%；有色冶金城市有12个，石油城市有9个，黑色冶金城市有8个，其他城市有5个，分别占10%，8%，7%和4%。118个资源型城市土地总面积为96万平方千米，其中市区面积为9.9万平方千米，涉及总人口1.54亿人。这些城市为经济建设作出了突出贡献，但近些年随着我国2/3的矿山进入中老年期，1/4的资源型城市面临资源枯竭的问题，资源型城市在经济、社会和生态环境等方面的矛盾开始集中出现。

3.1.1 可持续发展观的概念与内涵

时间跨度长达20年的3次全球范围内环境与发展的重要活动是人类寻求正确发展道路的集中体现：1972年6月5日—6月16日，联合国在瑞典首都斯德哥尔摩首次召开了人类环境会议，会议成果有《只有一个地球》、《联合国人类环境宣言》，并将每年的6月5日定为世界环境日。1987年，联合国世界环境与发展委员会向联合国提交了题为“我们共同的未来”的报告，就世界环境与人类发展的关键问题作了全面和系统的评价，明确提出了可持续发展的思想。1992年，联合国在巴西里约热内卢召开了环境与发展大会，183个国家和70个国际组织及非政府组织的代表参加了会议，会议通过了有关环境与发展的《里约热内卢宣言》、《21世纪议程》，在世界范围内第一次把可

持续发展由理论推向行动。

1. 可持续发展的定义

可持续发展可以从多种角度进行定义。其中，以刘培哲教授等对可持续发展的定义比较全面又比较简洁，其中有对象、有目标，有时间范畴、有空间范畴，有调控手段、有概念模型。因此，这里采用刘培哲教授等对可持续发展的定义。刘培哲教授将可持续发展定义为："可持续发展就是综合调控经济—社会—自然三维结构的复合系统（简称 ESN 系统），以期实现世世代代的经济繁荣、社会公平和生态安全。"

2. 可持续发展的内涵

（1）可持续发展以经济增长为前提，为实现国家富强和满足民众的基本需求提供永续的经济支撑。这里，经济增长不仅仅包括数量或经济总量的增长，还包括经济优先、经济结构优化和经济质量改善。

（2）可持续发展以保护自然为基础，与资源和环境的承载能力相协调。

（3）可持续发展以改善和提高人的生活质量为目的，与社会进步相适应。

3.1.2 循环经济是实现可持续发展的唯一有效途径

1. 循环经济的概念

所谓循环经济，是以生态学理论为指导，以物质的循环利用为特征，以环境友好为方式，充分利用自然资源和环境容量资源，重构经济活动生态化的经济再生产过程。其本质是生态经济，即实现废弃物资源化，以最小的资源消耗和环境代价实现经济利益的最大化。

2. 循环经济理念的产生与可持续发展观念的形成并驾齐驱

（1）二者的形成过程。

循环经济理念是在资源循环利用实践过程中产生的，可持续发展观念则是在对传统发展模式的反思过程中提出来的，二者相伴形成，并驾齐驱。二者的形成过程比较见表 3－1。

表 3－1　　循环经济与可持续发展思想形成过程比较

形成过程	循环经济	可持续发展
20 世纪 60—70 年代中后期	废物资源回收利用，以末端治理为特征	对传统发展模式进行反思，以《增长的极限》为代表

续表

形成过程	循环经济	可持续发展
20 世纪 70 年代中后期—80 年代中期	从末端治理转向资源利用的全过程控制期。以清洁生产为特征	可持续发展观念的酝酿和提出期，以《我们共同的未来》为代表
20 世纪 80 年代中期—90 年代中期	提出循环经济概念，制定相关法律法规。以产业层面的实践即建立生态工业为特征	制定可持续发展战略期，以全球《21 世纪议程》为代表

（2）二者在理论上的融合。

第一，从可持续发展出发。可持续发展理念实际上是对整个人类社会处理人口、资源、环境与经济发展关系的一个总体指导思想。它包括资源环境生态的可持续、经济的可持续和社会的可持续等内涵，但最基本的还是资源环境生态的可持续发展。从资源角度来看，资源环境生态可统称为资源，即资源可持续利用是人类社会经济可持续发展的基础。而资源可持续利用无外乎尽量提高资源利用率，减少资源使用量，尽量对资源进行循环利用，尽量减少污染物的排放量，尽量保护生态资源，而这些正是循环经济的核心思想和操作原则。

第二，从循环经济出发。循环经济因环境污染与资源危机而提出，从废物回收利用到推行清洁生产、建立工业生态链，并进而扩展到国民经济与社会整体的协调发展层面，其目标是实现资源的合理利用和社会的可持续发展。资源合理利用无外乎减少资源利用量，促进资源循环利用。减少资源利用量意味着少投入多产出，而资源的循环利用则意味着资源可利用量的增加和进入环境的废弃物的减少，这种低投入、高产出、低排放的发展模式正是可持续发展所要求的经济发展模式。

3. 循环经济是实现可持续发展的唯一有效途径

（1）资源与环境的双重危机是传统经济发展模式的必然结果。

传统经济发展模式有两大特点：第一，传统经济是物质单向流动的开放式经济，其运作模式可表示为“资源—产品—废弃物排放”；第二，传统经济的评判标准是经济增长速度，评判指标是 GNP、GDP 等单一性的数量指标，而 GNP、GDP 中并没有包含用于生产产品的资源的全部价值，也没有扣除生产活动对环境的影响所造成的损失，同时，还将由环境破坏换来的收益算作收入的一部分。二者相辅相成，形成了所谓“四高一低”的线性经济发展模式，即“高开采、高消耗、高产出、低利用、高排放”的发展模式。

其结果是资源日益枯竭，环境污染日益严重，而环境污染又导致生态受损，进一步加深了资源危机。

可见，传统经济发展模式是导致资源与环境双重危机的根源，资源与环境的双重危机严重影响着经济社会的可持续发展。

（2）推行循环经济是实现可持续发展的必然要求。

循环经济发展模式也有两大特点。第一，循环经济是物质反复循环流动的闭环式经济，其运作模式可简化为“资源—产品—再生资源”。第二，循环经济的评判标准是资源减量化、资源再利用、废物再循环和废物无害化，评判指标是绿色 GNP、绿色 GDP 等。这些指标不仅要包含用于生产产品资源的全部价值，还要扣除生产活动造成的环境影响所带来的损失。

循环经济发展模式与传统经济发展模式的最大不同如下。后者将经济系统与环境系统割裂开来，经济发展不顾环境系统的承载力肆意膨胀，最终因资源耗竭而无以为继，人们生活质量的提高也因环境恶化而落空。前者将经济系统与环境系统紧密联系起来，经济发展将环境视为内生变量，以不破坏环境承载力为基准，同时，经济发展不以单纯追求数量增长为目的，而是数量和质量并举，因而必须提高资源利用率，减少资源消耗量。

可见，循环经济发展模式能极大地缓解资源危机和环境危机，从而也将消解经济发展和环境保护的尖锐矛盾，进而促进人类社会可持续发展。

3.1.3 生态学是循环经济的理论依据

生态学（Ecology）一词最早由德国生物学家海克尔（E. Haeckel）于1869 年提出，他把生态学定义为“自然界的经济学”。目前，生态学的研究范围已由纯自然现象研究扩展到自然—经济—社会复合系统的研究。所谓循环经济，是以生态学理论为指导，以物质的循环利用为特征的经济模式。目前，联合国组织及各国政府已把生态学的基本原则看做是实施循环经济，实现社会可持续发展的理论基础。生态学在解决资源、环境、可持续发展等重大问题上具有重要作用，被称为“自然与社会的桥梁”。用生态学的原理来设计和管理城市建设、产业规划、自然资源与环境保护，符合中华民族的传统思想，是建设生态文明、实现城市可持续发展必须遵循的原则。

图3-1是自然生态系统物质循环示意图，图3-2是人类模仿自然生态系统食物链而建立的工业生态链示意图，图3-3是区域循环经济支撑技术体系图。

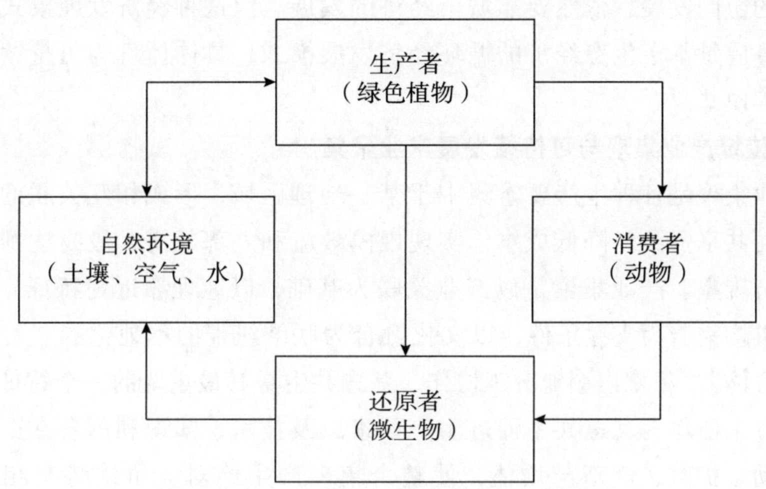

图3-1　自然生态系统物质循环示意图

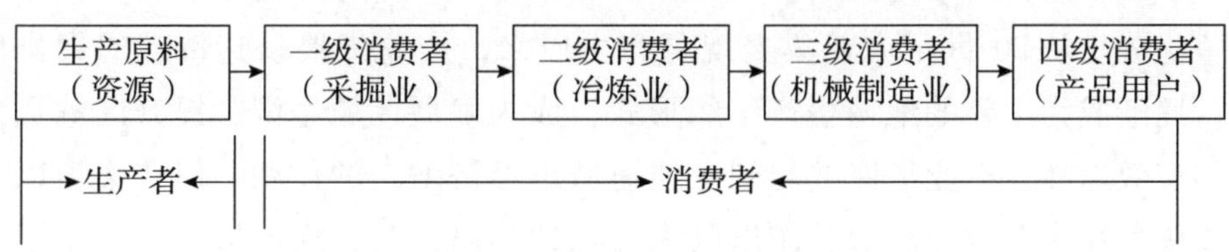

图3-2　工业生态链示意图

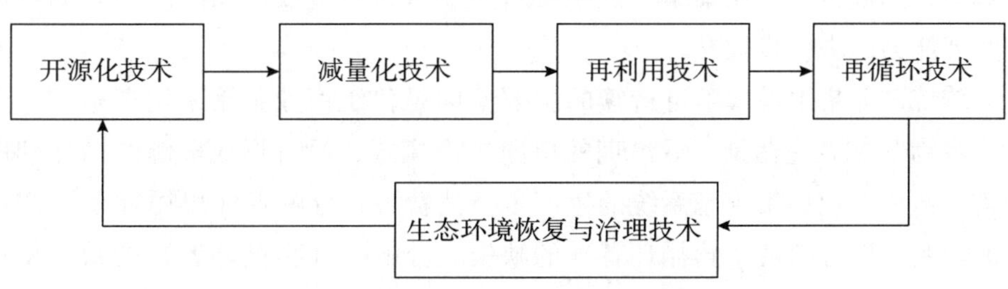

图3-3　区域循环经济支撑技术体系图

3.1.4 循环经济的实现模式——可持续发展产业集聚

城市生态系统包括经济、社会、自然3个复合系统，其中经济子系统是命脉。要解决城市问题，建设城市生态文明，实现城市经济、社会和自然复合系统的协同发展，依然要靠城市经济的发展。但这种经济发展模式应是可持续的，应是基于生态经济的循环经济发展模式，具体体现为可持续发展的产业聚集模式。

1. 传统产业集聚与可持续发展产业聚集

产业集聚是各种生产要素集中于某一地理区域，形成相互关联的产业网络，从而共享资源，降低成本，实现规模效应和外部经济，最终达到优势外溢的经济现象。产业集聚是以产业关联为基础，以地理靠近为特征，以设施配套、机构完善为支撑条件，以文化融合为联结纽带的本地化的“社会地域生产综合体”。集聚内企业分工协作、互惠共生是其最重要的一个特征。集聚内企业分工协作、互惠共生促进生产要素以及技术、知识和信息在产业链中顺畅流动、扩散、创新与增值，使整个集聚产生绝对竞争优势与相对竞争优势。

产业集聚作为经济发展的一种重要组织形式，具有其他组织所不具备的竞争优势。从20世纪产业集聚现象产生以来，产业集聚以其特有的聚集优势，逐渐成为主要的地域生产组织形式，成为发展区域经济、提升区域竞争力的有效途径。产业集聚虽起到了加速城市经济增长的作用，但在集聚以其聚集优势在为区域经济增长作出巨大贡献的同时，其大规模生产也产生了对区域自然环境的巨大的干涉能力，造成了资源短缺、环境污染及生态破坏等负效应，因此传统产业集聚一般很难自发形成可持续发展力，进而影响可持续发展能力的进一步提升。

传统产业集聚模式不可持续的主要原因是传统产业集聚采用“资源—产品—废物”或者先污染、后治理的单向生产模式，没有形成资源的循环利用通道，造成产业集聚生态系统的生产者、消费者、分解者（再循环者）产业链的中断，即分解者（再循环者）的缺失。分解者（再循环者）的缺失使资源的循环通道无法形成，最终导致了许多自然资源的短缺与枯竭，并酿成了灾害性的环境污染后果。同时又大量排放废物，严重污染生态环境，破坏生态平衡，使人类赖以生存的空气、水和粮食都受到了不同程度的污染，酿成一系列危及人类生存与发展的灾害。

与传统模式的产业集聚相比较，可持续发展的集聚模式是在人类深刻的反思和坚实的科学基础之上确立起来的。它把生态学“普遍联系”的系统整体观念作为发展产业集聚的指导思想，以生态学、环境科学、系统科学等学科的基本原理和集聚经济的经济学理念为依据并将它们有机结合，在自然系统承载能力以内对特定空间上的集聚产业系统、自然系统与社会系统之间进行耦合优化，以实现特定区位上经济、社会、生态环境三者之间的整体协调与和谐发展。正是由于生态化的产业集聚过程，从而使生态化的产业集聚成为产业集聚可持续发展的必然趋势和新型模式。

王崇锋博士在《生态城市产业聚集问题研究》一书中指出：可持续发展产业集聚是指，利用产业生态学理论，从生产和消费模式做起，以系统创新的方法，努力实现产业集聚生态化，通过物质和能量的多层次分级利用，废弃物再循环、再利用等手段，向循环经济模式过渡，以提高资源的利用率并减少环境污染，实现外部“生态成本”的内部化，从而达到城市经济的高效率运行和可持续发展的产业集聚模式。

2. 可持续发展产业聚集的具体形式

可持续发展产业集聚具有自组织机理，可以从无序走向有序，从低序向高序进化。可持续发展产业集聚模式主要包括依托型可持续发展产业集聚、平等型可持续发展产业集聚、嵌套型可持续发展产业集聚和虚拟型可持续发展产业集聚4种模式。

（1）依托型可持续发展产业集聚。依托型可持续发展产业集聚是生态工业园中最基本和最为广泛存在的组织形式。这种网络组织形式的形成往往是因为生态工业园中存在一家或几家大型核心企业，许多中小型企业分别围绕这些核心企业进行运作，从而形成可持续发展产业集聚。例如，摩托罗拉公司落户天津开发区以后，先后吸引了40家相关的上下游中小企业进入该地区，一方面使原来本应作为废物处理掉的材料成为了其他企业的生产资源，企业在此过程中获得了经济效益，提高了资源使用效率，同时减少了废物排放对环境的影响，实现了环境保护。

根据生态工业园中核心企业数目的不同，依托型可持续发展产业集聚模式可以分为单中心依托型可持续发展产业集聚模式（见图3－4）和多中心依托型可持续发展产业集聚模式（见图3－5）。

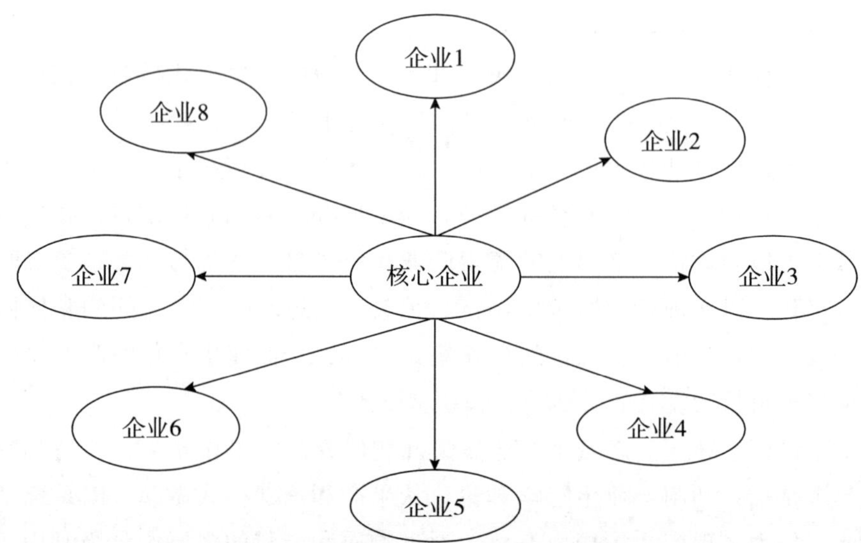

图 3－4 单中心依托型可持续发展产业集聚模式图

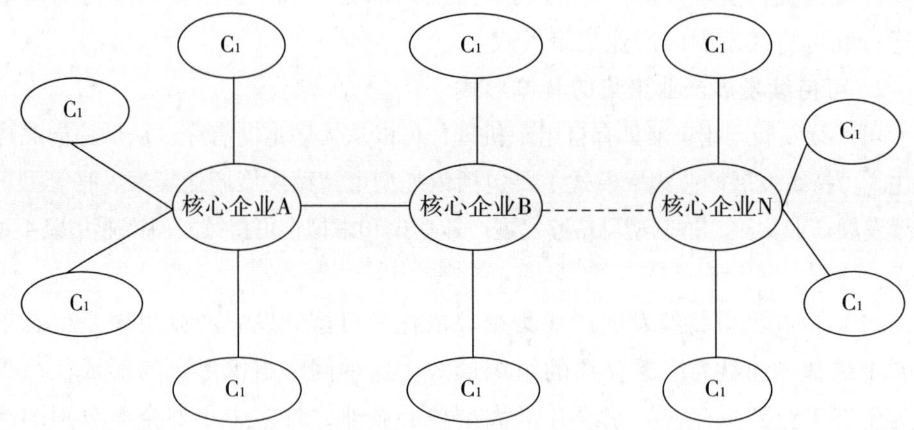

图 3－5 多中心依托型可持续发展产业集聚模式图

目前，单中心依托型可持续发展产业集聚在我国工业园中非常普遍，最为典型的企业有广西贵糖集团和鲁北化工企业集团。其中，广西贵糖集团有限公司（以下简称贵糖集团）是位于广西贵港市的一家大型制糖企业，由于制糖业是一种排污多、污染重的行业，为了解决这一问题，变废为宝，贵糖集团创建了一系列子公司或分公司来循环利用这些废物，从而减少污染和从中获益。其企业共生网络围绕制糖业贵糖集团建立了酿酒厂、纸浆厂、造纸厂、化肥厂、水泥厂、发电厂，并承包了大量蔗田等，其企业可持续发展产业集聚模式见图3-6。

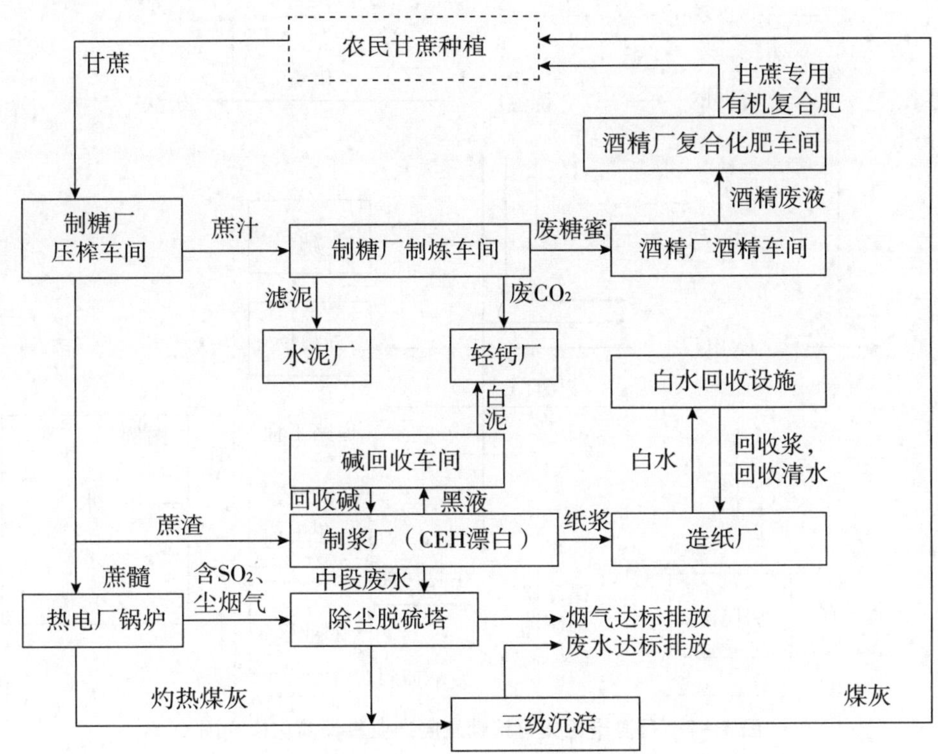

图3-6　广西贵糖集团的依托型可持续发展产业集聚模式图

资料来源：冯之浚．循环经济导论［M］．北京：人民出版社，2004.

所谓多中心依托型可持续发展产业集聚，是指在生态工业园中存在两家或更多的核心企业，围绕多家核心企业所建立的可持续发展产业集聚。多中心可持续发展产业集聚模式的出现大大降低了生态工业园内因某一环节中断而使园区整个集聚网络全部瘫痪的风险，提高了园区整体集聚网络的稳定性和安全性。多中心依托型可持续发展产业集聚模式的典型代表是丹麦卡伦堡工业共生体，见图3-7。该工业园最初是围绕丹麦最大的燃煤火力发电厂阿斯内斯发电厂发展起来的，随着规模的扩大，斯塔托伊尔炼油厂、诺和诺德制药公司、济普洛克石膏厂等大型企业也进入了该园区，逐渐成为园区内可持续发展产业集聚的核心企业，随着这些大型企业的加入，又有许多相关中小型企业跟随而来，通过在蒸汽、燃气、飞灰和水等方面的交换，形成了目前的错综复杂的多中心依托型工业共生网络。卡伦堡可持续发展产业集聚的简化模式见图 3－7。

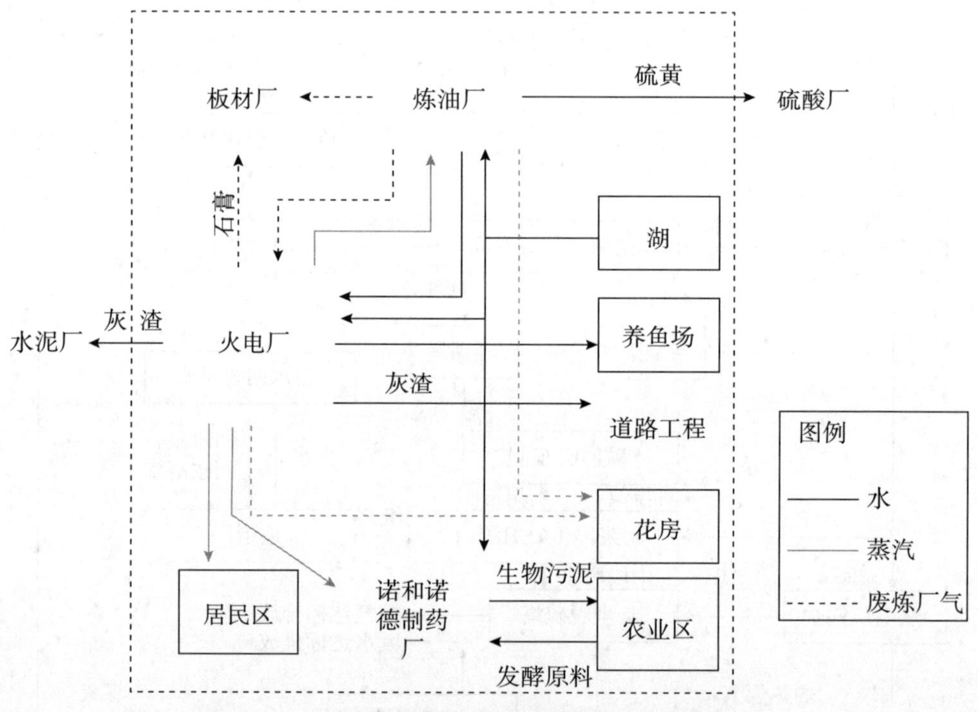

图 3－7 丹麦卡伦堡可持续发展产业集聚简化模式图

（2）平等型可持续发展产业集聚运作模式。平等型可持续发展产业集聚运作模式是指在生态工业园中，各个节点企业处于对等的地位，通过各节点之间物质、信息、资金和人才的相互交流，形成网络组织的自我调节，以维持组织的运行。其简易的结构模式见图 3－8。

在平等型可持续发展产业集聚中，一家企业会同时与多家企业进行资源的交流，企业之间不存在依附关系，在合作谈判过程中处于相对平等的地位，依靠市场调节机制来实现价值链的增值。参与平等型可持续发展产业集聚的企业一般为中小型企业，组织结构相对灵活。目前，在世界范围的工业园中，平等型可持续发展产业集聚普遍存在，特别是在一些高科技园区，如美国硅谷工业园，中国的台湾新竹工业园和北京中关村科技园，园区内的企业大都以平等型可持续发展产业集聚模式为主体架构来运作。世界上采用平等型可持续发展产业集聚模式最为成功的生态工业园是加拿大波恩赛德工业园，见图 3－9。

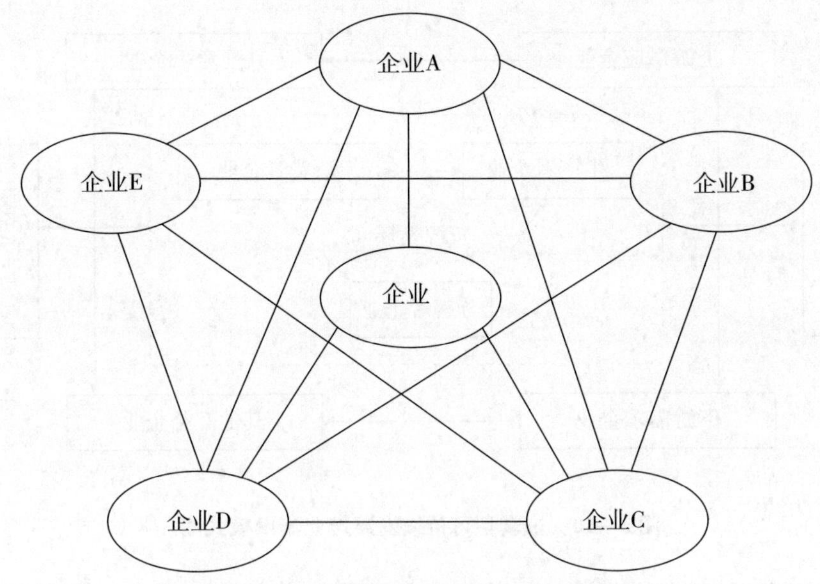

图 3-8 平等型可持续发展产业集聚模式图

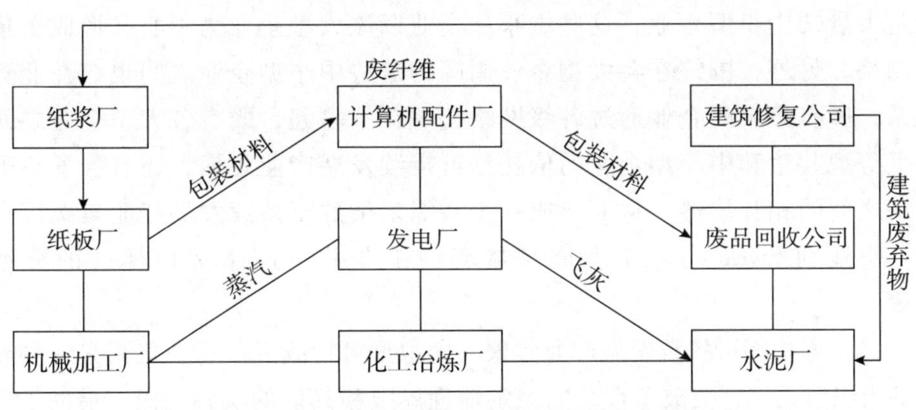

图 3-9 波恩赛德生态工业园产业集聚模式图

（3）嵌套型可持续发展产业集聚运作模式。随着世界各国生态工业园的不断发展，网络组织也在不断进化，一种介于依托型可持续发展产业集聚和平等型可持续发展产业集聚之间的新型组织结构——嵌套型可持续发展产业集聚在实践中开始出现。嵌套型可持续发展产业集聚是一种复杂的网络组织模式，是由多家大型企业和其吸附企业通过各种业务关系而形成的多级嵌套网络模式，其结构见图 3-10。

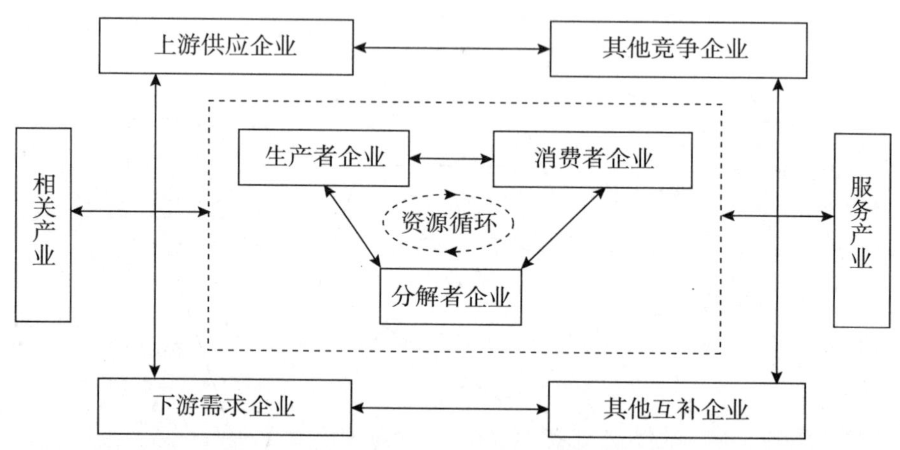

图 3-10 嵌套型可持续发展产业集聚模式图

在生态工业园内，多家大型企业之间通过副产品、信息、资金和人才等资源的交流建立集聚关系，形成主体集聚网络，同时，每家大型企业又吸附大量的中小型企业，这些中小型企业以该大型企业为中心又形成子集聚网络。另外，围绕在各大型企业周围的这些中小型企业之间也存在业务关系，所有集聚的企业通过各级网络交织在了一起，既有各大型企业之间的平等型共生和中小型企业的依托型可持续发展产业集聚，还有各子集聚网络之间的相互渗透，从而形成一个错综复杂的可持续发展产业集聚综合体。奥地利 Styria 生态工业园是嵌套型工业共生网络运作模式的典型代表。

（4）虚拟型可持续发展产业集聚。虚拟型可持续发展产业集聚是一种新颖的组织形式，它突破了传统的固定地理界限和具体的实物交流，借助于现代信息技术手段，建立开放式动态联盟，组建和运营的动力来自多样化、柔性化的市场需求，以市场价值的实现为目标，整个区域内的产业发展形成灵活的梯次结构，因此具有极强的适应性。美国布朗斯维尔生态工业园（见图 3-11）和北卡罗来纳州三角研究园是目前世界上采用虚拟型可持续发展产业集聚比较成功的代表性园区。

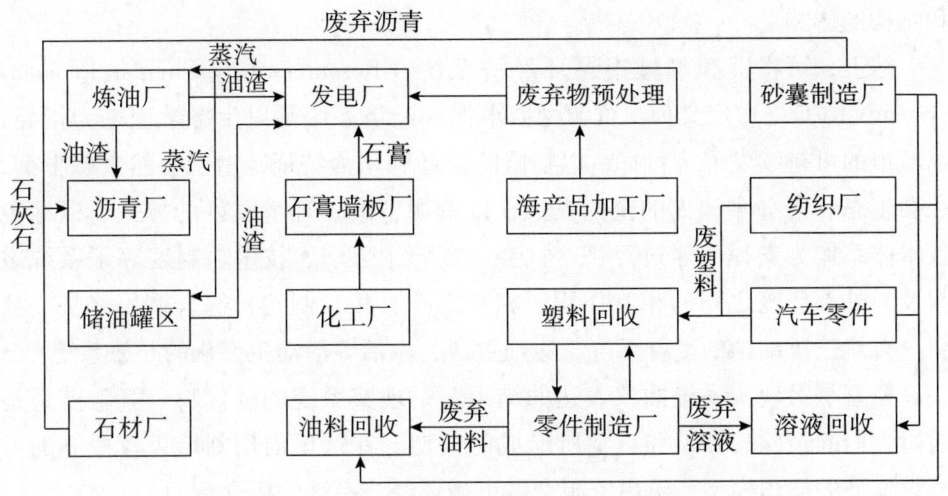

图3－11　布朗斯维尔生态工业园产业集聚图

资料来源：赵旭，陆莹莹．都市圈产业生态集聚模式［M］．上海：上海三联书店，2007.

3.2　资源型城市循环经济系统的概念及特征分析

3.2.1　资源型城市循环经济系统的概念

资源型城市循环经济系统包括3个关键词：资源型城市、循环经济和系统。资源型城市指依托于矿产资源、森林资源等自然资源，以资源的开采和初加工为支柱产业的具有专业性职能的城市。循环经济是一种经济发展模式，是以生态学理论为基础的，定位于自然—经济—社会—技术—制度的多元复杂系统中，按照自然生态系统物质循环和能量流动方式运行的经济发展模式，是将生态规律置于经济规律之中，变粗放型生产和消费模式为资源节约和环境友好型的经济发展模式。系统是由两个以上有机联系、相互作用的要素组成的，具有特定功能、结构和环境的整体。该定义有4个要点。一是系统及其要素。系统与其构成要素是一组相对的概念，取决于其所研究的具体对象及其范围。二是系统和环境。任一系统又是它所从属的一个更大系统（环境或超系统）的组成部分，系统与环境也是两个相对的概念。三是系统的结构。结构即组成系统的诸要素之间相互关联的方式。四是系统的功能。任何系统都应有其存在的作用与价值，有其运作的具体目的。系统的功能受到其环境和结构的影响。

综上，可将资源型城市循环经济系统（Resources City Circular Economy System，RCCES）定义为：资源型城市循环经济系统是以生态学理论为指导，以城市的可持续发展为目标，以物质的循环利用为特征，追求自然生态平衡、社会生态和谐有序和人的全面发展，以资源节约、环境友好的方式，以绿色技术体系作为支撑，通过经济、社会、资源、环境、技术、制度等子系统之间及与外部环境之间的相互作用、相互影响、相互制约，综合调控经济—社会—自然三维结构的复合系统，达到生产、生活等活动生态化的开放系统。

模型是对现实系统抽象表达的结果，是现实系统的替代物。概念模型是通过人们的经验、知识和直觉所形成的模型。在这里借用刘培哲教授等的可持续发展的概念模型，给出资源型城市循环经济系统的概念模型。

$$\begin{aligned} RCCES &= f(Y, W, Z) \\ &= f[Y(R, S, T, H), Z(R, S, T, H), W(R, W, T, H)] \end{aligned}$$

式中，RCCES 为资源型城市循环经济系统；Y 为经济子系统发展变量；W 为社会子系统发展变量；Z 为自然子系统发展变量；R 为资源利用指标，内含矿产资源、生物资源及其他环境资源等因子；S 为相应于 R 的资源存量指标，包括相应于 R 的因子；T 为社会响应指标，一般以投资形式回应于社会、经济和自然子系统；H 为社会人文指标，包括人口、就业、消费、卫生、教育及社会分配等因子。

3.2.2 资源型城市循环经济系统的内涵

资源型城市循环经济系统的概念具有丰富的内涵，主要体现在以下几个方面。

第一，从系统科学的角度看，资源型城市循环经济系统是一个结构合理、功能稳定、收支平衡，能够达到动态平衡的社会—经济—自然复合系统，它具备良好的生产、生活和净化功能，具备自组织、自调节等功能，以保证城市的持续、稳定、健康发展。

第二，资源型城市循环经济系统是一个耗散结构。普里高津教授于 1965 年提出耗散结构概念。耗散结构是一个远离平衡态的开放系统，通过不断地与外界交换物质和能量，在外界条件的变化到达一定阈值时，可能从原有的混沌无序的混乱状态，转变为一种在时间上、空间上或功能上的有序状态。

资源型城市循环经济系统具备耗散结构形式的5个条件是开放系统、远离平衡态、非线性相互作用、涨落导致有序、正反馈机制，它使得可以从一种有序状态进化到另一种有序状态，从而实现城市的可持续发展。

第三，资源型城市循环经济系统是一个符合生态文明原则的系统。生态文明被写入党的十七大、十八大报告，并成为中国21世纪发展的指导性原则。诸大建教授给生态文明下了一个有操作性意义的定义：生态文明就是用较少的自然消耗获得较大的社会福利。其中，自然消耗可以用生态足迹、能源消耗、二氧化碳排放等表示，社会福利则可以用客观指标如联合国的人类发展指数（由人均收入、人均预期寿命、人均教育水平等组成）或者主观指标如世界幸福网络测定的各个国家的主观满意指数等表示。资源型城市循环经济系统是一个符合生态文明原则的系统，其追求的目标是用较少的资源消耗获得较大的社会福利。

第四，资源型城市循环经济系统应以绿色技术体系为支撑。技术体系是支撑经济发展的物质基础。与传统技术体系支撑传统经济发展不同，循环经济的发展需要以符合循环经济“3R”原则的，以开源化技术、减量化技术、再使用技术、再循环技术和生态环境恢复和治理技术为主体的绿色技术体系作为支撑。

3.2.3 资源型城市循环经济系统的特征

从生态学的角度看，资源型城市循环经济系统与其他的人工生态系统一样，是一个由自然组分和人工组分组成的、具有多层次结构和功能的开放的复杂大系统。但是，与其他人工生态系统相比，资源型城市循环经济系统的物质循环、能量流动和信息传递的总量更大。资源型城市循环经济系统除了具备系统的整体性、关联性和环境适应性等一般特征以外，还具备其自身的一些特征。

1. 复杂性

RCCES是一个复杂性系统，它具备成思危教授所说的复杂性系统的5个特征。①RCCES各单元之间联系广泛而紧密，构成一个网络。因此，每一单元的变化都会受到其他单元变化的影响，并会引起其他单元的变化。②RCCES具有多层次、多功能的结构，每一层次均成为构筑其上一层次的单元，同时也有助于系统的某一功能的实现。③RCCES在发展过程中能够不断地学习并对其层次结构与功能结构进行重组及完善。④RCCES是开放的，它与环境有密切的联系，能与环境相互作用，并能不断向更好地适应环境的方向发展变化。⑤RCCES是动态的，它处于不断的发展变化之中，而且系统本身对未来的发展变化有一定的预测能力。

2. 开放性

开放性指RCCES与外界有物质、能量和信息的交换。RCCES的正常运行和功能实现需要以外界大量的物质和能源作为支撑。同时，RCCES运行中产生的产品、废弃物和污染物也需要外界进行处理。RCCES从外部引入物质、能源、信息、人力、技术等的同时，也向外部系统输出人力、信息、资金、技术等。因此，RCCES是一个开放系统，与系统外界存在着大量的物质、能量和信息的输入与输出，并不断影响着外部系统。

3. 整体性

RCCES是以生态学理论为基础，定位于“自然—经济—社会—技术—制度”的多元复合系统，RCCES模仿自然生态系统物质循环和能量流动方式，变粗放型生产和消费模式为资源节约和环境友好型的经济发展模式。RCCES在规划、建设和管理中，一方面要求兼顾社会、经济和环境三者的整体利益，协调发展，除此之外，还要满足不同地区、社会、后代的发展要求；另一方面，RCCES要求城市的基础设施系统、技术支撑系统、社会保障系统以及绿色产业系统之间具有整体性和协同性。

4. 公平性

RCCES的目标是实现城市的经济、社会和生态的可持续发展，以最少的资源消耗获得较大的社会福利。在RCCES的目标中应体现可持续发展的公平性，即RCCES的发展是既满足当代人需求而又不损害子孙后代满足其需求能力的、满足一个地区或一个国家的人群需求而又不损坏别的地区或别的国家人群满足其需求能力的发展。

5. 循环性

RCCES是以生态学理论为指导，以城市的可持续发展为目标，以物质的循环利用为特征的系统，是物质反复循环流动的闭环式经济系统，其运作模式可简化为“资源—产品—再生资源”。

3.2.4 资源型城市循环经济系统的层次性

RCCES的经济运行主要围绕资源的开采、加工和使用开展，资源型城市循环经济系统中的企业、产业、政府机构和科研院所等主体之间存在较强的关联性。资源型城市循环经济系统存在着企业层面、产业层面、城市或区域层面的循环经济层次体系。

1. 企业层面的循环经济

企业层面的循环经济也称杜邦化学公司模式。组织内物料循环是循环经济在微观层次的基本表现，其实质是组织内各工艺之间的物料循环。例如，下游工序的废物返回上游工序，作为原料重新利用；水在企业内的循环；其他消耗品、副产品等在企业内的循环。20 世纪 80 年代末，杜邦化学公司的研究人员把工厂当做试验新的循环经济理念的实验室，创造性地把循环经济三原则发展成为与化学工业相结合的“3R 制造法”，以达到少排放甚至零排放的环境保护目标。在企业层面，RCCES 要求企业在生产过程中要节约原材料和能源，淘汰有毒原材料，消减废弃物的数量和毒性。对产品，要求减少从原材料提炼到产品最终处置的全生命周期的不利影响。循环型企业通过在企业内部交换物流和能流，建立生态产品链，使得企业内部通过资源利用最大化、环境污染破坏最小化的集约型增长模式使企业获得效益。

2. 产业层面的循环经济

产业层面的循环经济也称卡伦堡生态工业园区模式。单个企业清洁生产和厂内循环具有一定的局限性，因为它可能会形成厂内无法消解的一部分废料和副产品，于是需要在更大的范围内实施循环经济，把不同的工厂联结起来形成共享资源和互换副产品的产业共生组合，使得这家工厂的废气、废热、废水、废物成为另一家工厂的原料和能源。产业层面的循环经济指下游工业的废物重返上游工业，重新处理。例如，机械工业的切屑返回冶金工业，重新进行熔炼，这样可以提高资源效率和环境效益。扩而大之，工厂的废物、余能，不送往上游工业而送往其他工业去加工利用，这也是企业之间的物质流动，同样属于产业层面循环的范畴。其实，这就是“生态工业园”的基本思想，即各企业在资源和能源方面形成互补的格局。如果园中各企业生产的都是不可能进入大循环的产品，如油漆、炸药、燃料等，那么，在各企业之间，在资源、能源方面形成互补就可以了。如果在生态工业园中有些企业生产的产品是可以进入城市或区域循环的，那么还应有相应的考虑，那就是在园中还应有对这些使用后的产品进行回收、加工和处理的企业。这样才能使工业物质循环更接近闭路循环。不仅对各企业的主产品要作上述考虑，而且对各种可以回收使用的消耗品和副产物也应做类似考虑。同时，还应考虑生态工业园中的部分企业如何消纳社会上的垃圾、废物和污染物的问题。

丹麦卡伦堡是目前世界上工业生态系统运行最为典型的代表。这个生态工业区的主体企业是发电厂、炼油厂、制药厂、石膏板生产厂。以这 4 家企业为核心通过贸易方式利用对方生产过程中产生的废弃物和副产品，不仅减少了废物产生量和处理的费用，还产生了较好的经济效益，形成了经济发展与环境保护的良性循环。

3. 城市或区域层面的循环经济

在城市和区域层面，循环型城市和区域通常以污染预防为出发点，以物质的循环利用和能量的梯级使用为特征，以经济、社会、环境的可持续发展为最终目标，最大限度地利用自然资源和能源，减少污染物排放。在城市或区域间的大循环层面，通过发展将废弃物资源化的静脉产业，如废旧物资回收利用、中水回用以及废热回用等，在更大的范围内建立产业间的物质交换（虚拟系统）。循环型城市和区域包括四大要素：产业体系、基础设施、人文生态和社会消费。第一，循环型城市和区域必须构建以工业共生和物质循环为特征的循环经济产业体系；第二，循环型城市和区域必须建设包括资源循环利用保护体系、清洁能源体系、绿色公共交通体系在内的基础设施。第三，循环型城市和区域必须致力于科学规划、景观绿化和建筑绿化的人文生态建设。第四，循环型城市和区域必须努力倡导绿色生活、绿色消费。

3.3 资源型城市循环经济系统的要素、结构和功能分析

系统是由两个以上有机联系、相互作用的要素所组成的，具有特定功能、结构和环境的整体。相应地，资源型城市循环经济系统作为一个复杂的人造系统，其具备系统的一般属性和特点。

3.3.1 资源型城市循环经济系统的构成要素

基于生态学视角，现代生态学研究对象，按生物组织水平划分，主要研究个体、种群、群落、生态系统、景观，甚至全球。生态系统指在一定时间和空间范围内，各生物成分和非生物成分，通过能量流动、物质循环与信息传递而相互作用、相互依存形成的生态学的结构与功能单位。其研究对象为

生物个体、种群与群落，具有自然等级性或生态等级。生物种群由不同个体组成，而生物群落又是由不同种群构成的。这些生态等级，虽然都以个体为基本成分，但在每一等级都有其特定的组成与结构功能特征。资源型城市循环经济系统是以生态学理论为指导，以城市的可持续发展为目标，以物质的循环利用为特征的人造系统，其构成要素包括以下几个。

1. 个体

RCCES 中的基本单位，包括各个企业、政府机关的各个单位、各种社会团体、各高等院校、各个科研部门、各金融部门等。

2. 种群

RCCES 中同种个体的总和称为种群，表现为相同行业的企业所构成的产业部门（如钢铁产业、原煤产业、洗煤业、焦化业、火电产业、水泥业、陶瓷业等）、政府各职能部门、各专业性社会团体、高等院校、科研部门、金融部门等。

3. 群落

生态学中的群落是指在特定的时间、空间或生存环境下，具有一定的生物种类组成、外貌结构，各种生物之间、生物与环境之间彼此影响、相互作用，并具有特定功能的生物集合体。也可以说，一个生态系统中具有生命的部分即生物群落。按照该定义，RCCES 中除了环境之外的所有人工组织，即资源型城市循环经济系统中的群落，包括企业、政府机关、社会团体、科研院所和金融部门等。

4. 环境

环境是系统赖以生存的基础，它对资源型城市循环经济系统所起的作用主要体现在 4 个方面：一是提供人类生存、繁衍的空间；二是提供资源型城市循环经济系统运行所需的各种自然资源；三是提供资源型城市循环经济系统的景观服务；四是提供环境容量，容纳资源型城市循环经济系统产生的各种废弃物。环境生存依托问题是人类可持续发展的基础命题，资源型城市循环经济系统的发展要与环境的承载力相协调，解决并处理好环境问题，是可持续发展的基础。

3.3.2 资源型城市循环经济系统的结构

构成系统的诸要素之间存在着一定的有机联系，这样在系统内部就会形成一定的结构。系统的结构即组成系统的诸要素之间相互关联的方式。资源型城市循环经济系统是一个多层次的嵌套结构，人口、资源、环境、经济、社会和科学技术是系统构成的基本维度，系统各要素之间相互联系、相互制约，共同构成了一个庞大的复合系统，见图3－12。

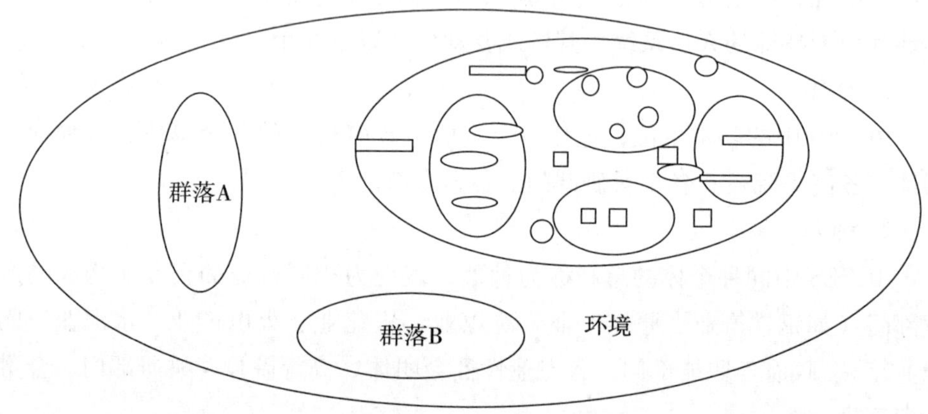

图3－12 资源型城市循环经济系统结构图

图3－12中各图形元素分别代表循环经济系统中的一个个体，如企业、政府机构、社会团体和科研机构等。相同的个体构成种群，不同的种群相互联系、相互制约，构成群落，再加上外部环境，共同构成循环经济系统。

3.3.3 资源型城市循环经济系统的功能分析

自然生态系统的功能包括3个方面：物质循环、能量流动和信息传递。三者不可分割，成为生态系统的核心。资源型城市循环经济系统是模仿自然生态系统的原理而构建的人工系统，除了具备自然生态系统的物质循环、能量流动和信息传递三大功能外，资源型城市循环经济系统还具备价值创造的功能。

1. 物质循环

自然生态系统的物质循环指物质在生态系统中经过食物链或营养级的不断被吸收、储存、释放以及再吸收利用释放的过程。物质在生态系统中存在于各种环境中，在物质转移循环中既有生物的生理与生化过程，又有一般的物理与化学作用。资源型城市循环经济系统的物质循环是指资源、产品、人员、资金等在城市各个区域、各个系统、各个部分、各个环节之间，以及城市与外部之间反复流通的过程。资源型城市循环经济系统物质循环的功能在于维持整个城市系统的生产、消费和还原等过程的正常进行。城市是人员、资源、资金、科技等高度集聚的区域，每个城市每天都需要从外部输入大量的原材料、劳动资料、食物等，同时又要向外界输出大量的产品和废弃物等物质。伴随着快速密集的物质流动，城市不断地进行新陈代谢，以保持其活力。资源型城市循环经济系统的物质循环有其自身特点：资源型城市循环经济系统所需资源对外界具有依赖性；城市中的物质既有输入又有输出；资源型城市循环经济系统的生产性物质远多于生活性物质；系统中“还原者”数量较少，远不能满足系统的需要，再加上系统物质循环中产生的废物数量巨大，故资源型城市循环经济系统中物质的循环利用比例还比较低。

2. **能量流动**

自然生态系统首先接收来源于太阳辐射的能量，太阳辐射能依靠绿色植物生产者的光合作用进行吸收、固定，再经过动物消费者与微生物分解者的不断转化，归还于自然环境之中，从而形成了能量在生态系统中的变化过程，即能量流动。资源型城市循环经济系统是模仿自然生态系统的原理而构建的人工系统，它同样具备能量流动功能。资源型城市循环经济系统的能量流动是指能量在满足城市的生产、消费过程中，在城市循环经济系统内外的流通和耗散过程。一般来说，城市的能量流动是伴随着物质循环而逐渐转化和消耗的。城市要维系其正常运转，发挥其功能，就必须不断地从外部输入能量，如食物、石油、煤炭、天然气等物品，并经过加工、储存、传输、使用、转换、余能综合利用等环节，使能量在城市系统中流动。

自然生态系统能量传递与转化服从热力学第一定律和热力学第二定律，同时，也服从林德曼效率。美国学者 Lindenman 在对湖泊生态系统的研究中发现，每一营养级上，其净生产量大约为前一级生产水平的 10%，其余 90% 在转化过程中损失，即营养级之间的生态效率（LE）约为 1/10。这一规律曾被认为是重要的生态学规律。资源型城市循环经济系统同样遵循热力学第一、第二定律。热力学第二定律即“熵在增加”定律。根据这一定律，从一种能向另一种能的任何转换都不是完全有效的，能的消费是不可逆的过程。在能量的转换过程中，总有一些能量失掉了。因此，如果没有新的能量从外部投入，那么一个封闭系统最终会耗尽其能量。资源型城市循环经济系统的能量流动，通过农业部门、采掘部门、能源生产部门、运输部门等传递能量，在能量的生产和消费过程中，有相当一部分能量不能被充分利用、梯级利用而以热的形式耗散于环境中，其能量转换的效率很低，结果是不仅造成能源的浪费，而且也给环境造成污染。

3. **信息传递**

一般将可以传播的消息、情报、指令、数据与信号等称作信息。自然生态系统中的信息传递指信息在生态系统的生物之间、生物与环境之间进行的信息流通。生物之间、生物与环境之间通过信息传递而发生联系，进行沟通。在资源型城市循环经济系统中，伴随着物质循环和能量流动还进行着大量的信息传递。这种信息流表现为资源型城市循环经济系统的主体——“人”对系统中各种“流”状态的认识、加工、传递和控制的过程。资源型城市循环经济系统中的任何运动都会产生一定信息，包括水文信息、气候信息、地质信息、生物信息等自然信息，产品信息、价格信息、市场信息、人才信息、科技信息等经济信息；政策法规、医疗卫生、人口状况等社会信息。因此，资源型城市循环经济系统是一个信息高度集中的区域。按照信息论的观点，信息是维持系统正常运行的基础条件。信息传递在系统中的作用，对于资源型城市循环经济系统来说更为显著。信息在维护城市的生存和发展，保证城市功能的正常发挥等方面具有重要作用。

4. **价值创造**

（1）经济价值。诸大建教授认为，发展循环经济是建设经济强国的需要。学者张凯认为，发展循环经济能部分地消除环境外部不经济性，促进经济运行的规范有效。齐建国教授认为，循环经济是中国新型工业化的最高形式。

（2）环境价值。一些学者认为，循环经济理念的产生和发展是人类对人与自然关系深刻反思的结果，他们从保护环境的角度论述了我国发展循环经济的必要性和紧迫性。这实际上揭示了循环经济巨大的环境价值。

（3）社会价值。吴季松教授认为，循环经济是综合国力和国际竞争力与可持续发展力的直接保障，也是全民族素质提高的间接保障。诸大建教授认为，循环经济是对工业化运动以来经济、社会、环境三维分裂的发展模式到三维整合的发展模式的变革，它把经济发展、环境保护、社会就业统一起来，要求从三维分裂的发展走向三维整合的发展。潘越教授认为，发展循环经济可以为不发达地区及后代留下更多的资源与发展空间，有助于生态环境公平，进而有助于实现社会公平。

基于以上分析可知，循环经济系统的构建可为资源型城市创造经济价值、环境价值和社会价值，是实现资源型城市可持续发展的唯一有效途径。

4 河北省资源型城市循环经济系统规划

在资源型城市循环经济系统的建设中，本书采用管理信息系统开发过程中常用的结构化生命周期法来进行。结构化生命周期法是按照自顶向下分析与设计和自底向上逐步实施的逻辑步骤建立系统的一个过程，该方法把系统开发的全过程按其生命周期分为若干阶段，每个阶段都有相对独立的任务，然后逐步完成各个阶段的任务。“结构化”一词在系统建设中的含义是用一组规范的步骤、准则和工具来进行某项工作。结构化生命周期法的特点是严格划分工作阶段，每个阶段进行若干项活动，每项活动应用一系列标准、规范、方法和技术，完成一个或多个任务，形成符合既定规范的产品（成果）。本书采用结构化生命周期法来进行资源型城市循环经济系统的开发工作，遵循“先逻辑后物理”、“自顶向下”的原则。该开发工作主要包括以下阶段：系统规划，系统开发（系统分析、系统设计、系统实施），系统的运行与维护等阶段。本书主要针对资源型城市循环经济系统建设中的系统规划和系统分析两个阶段的工作展开研究。

系统规划的目的是为整个系统建设确定目标、战略、系统总体结构方案和资源计划，整个工作过程是一个管理决策过程。规划工作的结果是要明确回答规划工作内容中提出的问题，描绘出系统的总体概貌和发展进程，给后续各阶段的工作提供指导。

资源型城市循环经济系统是模仿自然生态系统来研究资源型城市的发展，它全面体现了可持续发展战略的区域形态，其中系统规划是资源型城市循环经济系统有效运行的关键。系统规划是资源型城市循环经济系统建设的第一个阶段，是资源型城市循环经济系统的概念形成时期，其主要目标是根据资源型城市的发展目标与战略制定出资源型城市循环经济系统建设的长期发展方案，主要任务包括：①根据资源型城市的发展目标与战略确定资源型城市循环经济系统的发展目标和战略；②根据资源型城市的发展目标与战略确定资源型城市循环经济系统的总体结构规划方案；③安排项目实施方案，制定资源型城市循环经济系统建设的资源分配方案。在本章主要针对系统规划的第二项任务，以河北省邯郸市为例进行分析。

4.1 邯郸概况

4.1.1 邯郸市综合情况

邯郸市是国家历史文化名城、中国优秀旅游城市、国家园林城市、全国双拥模范城和中国成语典故之都，是国务院批准的具有地方立法权的“较大的市”和市区人口超百万的特大城市。邯郸市位于河北省南端，地处东经114°03′~114°40′，北纬36°20′~36°44′，西依太行山脉，东接华北平原，与晋、鲁、豫3省接壤，辖4区、1市、14县，总面积1.2万平方千米，2012年年末全市总人口达到993.1万。

1. 历史文化

邯郸历史悠久，文化灿烂，是中华文明的重要发祥地之一。早在8000年前，这里就有人类繁衍生息，孕育了新石器早期的磁山文化；战国时期，邯郸作为赵国都城达158年之久，是我国北方的政治、经济、文化中心；秦统一中国后，为天下36郡郡治之一；汉代与长安、洛阳、临淄、成都共享“五都盛名”；东汉末年，曹魏集团在邯郸南部邺城一带建都；北宋时期，邯郸东部的大名城为北宋都城汴梁的“陪都”；抗日战争和解放战争时期，是八路军129师司令部和晋冀鲁豫边区政府所在地。悠久的历史孕育了磁山文化、赵文化、女娲文化、北齐石窟文化、建安文化、广府太极文化、梦文化、磁州窑文化、成语典故文化、边区革命文化十大文化脉系，内涵博大精深，风格丰富多彩。

2. 地形地貌

邯郸市地势自西向东成阶梯状下降，高差悬殊，地貌类型复杂多样。以京广铁路为界，西部为中、低山丘陵地貌，东部为华北平原。海拔最高1898.7米，最低32.7米，相对高差1866米，总坡降为11.8‰。全市自西向东大致可分为5级阶梯：西北部中山区、西部低山区、中部低山丘陵区、中部盆地区、东部冲积平原。

3. **矿产资源**

邯郸蕴藏有种类繁多的矿产资源，是全国著名的煤和高品位的铁矿石产区，拥有丰富的“两黑”——煤、铁资源，煤炭和铁矿石储量分别达到40亿吨和4.8亿吨。其中，煤炭储量丰富，煤种齐全，煤质较好；铁矿品位高，有害杂质少，可选性好；此外，还有较为丰富的非金属矿产资源，如铝矾土、耐火土、硫铁矿、含钾砂页岩、碳石等，种类达40种以上，各种矿产地200处。

4. **区位交通**

邯郸区位交通条件优越，其位于晋、冀、鲁、豫4省要冲和中原经济区腹心，在4省交界区是唯一的特大城市，与石家庄、太原、济南、郑州4个省会城市的距离均在200千米左右，与北京、天津等大都市的距离均在500千米以内。邯郸区位优势十分明显，为我国三大经济圈所环绕，东进与长三角经济圈相接，南下可与珠三角经济圈联系，北拓与环渤海经济圈近邻。邯郸是华北地区重要的交通枢纽，交通便利，纵穿中国南北的京广铁路、京港澳高速公路、大广高速公路、106国道、107国道与横贯祖国大陆东西的长治—邯郸—济南—青岛铁路、青兰高速公路和309国道交会于邯郸，境内形成了“五纵五横”的干线公路网络；邯郸机场于2008年通航，是国家重点发展的干线机场。在4省交界区域中，只有邯郸具备铁路交叉、国道交会、高速纵横过境和航空港四位一体的立体交通条件。

5. **产业经济**

邯郸产业经济基础雄厚。农业综合生产条件优越，是全国确定的小麦、棉花、玉米等5种主要农产品优势产区，小麦、棉花常年产量达200万吨和8万吨，素有“北方粮仓”、“冀南棉海”之称。邯郸工业门类较为齐全，为全国重要的冶金、电力、煤炭、建材、纺织、日用陶瓷、白色家电生产基地。邯郸商贸物流发达，形成了一大批轻纺、汽贸、建材、钢铁等流通企业，建成了一批辐射全国的大型批发市场。

4.1.2 邯郸市国民经济

2007—2012年的5年时间是邯郸市致力于稳增长、调结构、惠民生、促和谐，经济、社会发展取得显著成效的5年。全市生产总值由2007年的1608.1亿元增加到2012年的3023.7亿元，跻身“3000亿元俱乐部”。粮食生产实现“九连增”，率先建成“吨粮市”。结构调整迈出坚实步伐，黑色金属冶炼及压延业、非金属矿物制品业、煤炭开采和洗选业、石油炼焦业、电力生产和供应业、化学原料及化学制品制造业六大高耗能行业增加值占规模以上工业的比重降低10.3%，荣获河北省“十一五”节能工作先进市。城镇面貌发生巨大变化，荣获河北省三年大变样突出贡献奖、河北省人居环境进步奖。城镇居民人均可支配收入、农民人均纯收入分别增长72.8%和91.8%，基本社会保险实现制度全覆盖。邯郸发展纳入中原经济区规划，正式上升为国家战略。

2012年是党的十八大召开的重要之年，也是国内外经济形势复杂多变的一年。邯郸市人民在市委、市政府的坚强领导下，坚持以科学发展为主题，以加快转变经济发展方式为主线，按照稳中求进的工作总基调，认真贯彻落实各项宏观调控政策，有效应对了经济增长趋缓的不利局面，整体经济运行实现稳中有进，各项民生和社会事业取得新进展，为全面建成小康社会奠定了良好的基础。

1. 综合

（1）经济总量。初步核算，2012年全年全市生产总值为3023.7亿元，比2011年增长10.5%。其中，第一产业增加值为383.9亿元，增长4.2%；第二产业增加值为1620.8亿元，增长12.3%；第三产业增加值为1019.0亿元，增长9.9%。三大产业结构优化为12.7∶53.6∶33.7。

（2）财政收支。2012年，全市全部财政收入达到329.1亿元，比2011年增长8.4%。其中，公共财政预算收入184.6亿元，增长16.2%。分区域来看，市级收入持平，县级收入增长25.1%。全市财政支出365.7亿元，比2011年增长11.3%，民生支出增长较快，其中，城乡社区事务支出增长14.7%，科学技术增长74.5%，教育事业增长41.7%。

（3）物价。2012年，全市居民消费价格总指数（CPI）全年呈逐月回落态势，全年上涨2.7%，其中，城市上涨2.8%，农村上涨2.0%。居民消费的八大类商品（服务）呈“六升两降”态势。其中，食品、居住、衣着、家庭设备及维修服务、医疗保健和个人用品、烟酒类价格分别上涨4.3%、2.7%、3.9%、4.0%、1.6%和4.3%；交通和通信、娱乐教育文化用品及服务类分别下降1.0%和0.2%。影响CPI上涨的主要因素：食品类价格是主要推手，拉动总指数上涨1.38%；居住类拉动总指数上涨0.5%；衣着类拉动总指数上升0.41%。

（4）劳动与就业。2012年，全市城镇新增就业12.3万人，其中，下岗失业人员再就业3.9万人，转移农村劳动力8.4万人；城镇登记失业率4.0%，在省控指标4.5%之内；社保体系日益完善，城乡居民养老保险制度实现全覆盖。

（5）固定资产投资。2012年，全市积极落实国家各项宏观调控政策和措施，进一步加大投资力度，全市固定资产投资呈现出平稳、较快增长的发展态势。全年全社会固定资产投资完成2383.6亿元，比2011年增长20.1%。在全社会固定资产投资中，第一产业投资130.9亿元，增长11.7%；第二产业投资1182.8亿元，增长23.7%，其中，工业投资完成1175.3亿元，增长24.4%，工业技改投资736.0亿元，增长24.5%，占全市工业投资比重为62.6%；第三产业投资1069.9亿元，增长17.3%。亿元以上新开工项目300个，完成投资547.3亿元，比2011年增长65.0%，占全市固定资产投资的比重为23.9%。

2. 农业

2012年，邯郸市加大人、财、物的投入力度，粮食生产再获丰收，“吨粮市”建设全面完成。全年粮食播种面积达到1162.5万亩，亩产481.6千克，增加31.6千克，增长7.0%；总产560.1万吨，增加31.7万吨，增长6.0%，粮食生产实现“九连增”，单产、总产增幅均居全省第1位，成功跨入全国百亿斤粮食大市行列。蔬菜保持“三增长”。全市蔬菜播种面积达13.7万公顷，增加0.4万公顷，增长3.3%；单产4070.7千克/亩，增长0.5%；总产838.0万吨，增长3.8%。畜牧业生产稳定增长。全市肉、蛋、奶产量分别达69.3万吨、104.0万吨和23.8万吨，分别增长2.3%、0.1%和2.1%。

3. 工业

2012年，全市完成工业增加值1473.5亿元，比2011年增长12.5%。其中，规模以上工业增加值为1333.4亿元，增长14.1%。在规模以上工业中：轻工业实现增加值227.4亿元，增长22.2%，增速高于重工业9.5%，高于全市平均水平8.1%。装备制造业增加值为112.7亿元，增长22.7%；纺织业增加值为46.6亿元，增长16.4%；食品制造业增加值为27.1亿元，增长30.4%，分别高于全市平均水平8.6%、2.3%和16.3%。六大高耗能行业增加值为972.5亿元，增长11.0%，占全市规模以上工业增加值的比重为

72.9%，分别比2010年和2011年下降6.9%和3.1%。2012年，全市规模以上工业实现利润167.6亿元，下降8.7%。

4. 建筑业

2012年，全市建筑业实现总产值406.1亿元，比2011年增长24.4%；实现增加值147.3亿元，增长10.6%。资质等级以上建筑业企业房屋施工面积3610.0万平方米，增长39.2%；房屋竣工面积1318.4万平方米，增长39.7%。

5. 房地产业

全市完成房地产开发投资257.8亿元，比2011年增长7.3%。商品房竣工面积322.3万平方米，下降41.2%；商品房销售面积431.8万平方米，增长13.4%。其中，住宅401.5万平方米，增长12.5%；商品房待售面积119.8万平方米，下降14.6%；商品房销售额164.8亿元，增长24.8%。

6. 国内贸易

2012年，全市实现社会消费品零售总额963.2亿元，比2011年增长15.6%。其中，城镇市场实现零售额739.3亿元，增长15.4%，占全市社会消费品零售总额的76.8%；乡村市场实现零售额223.9亿元，增长16.0%，乡村市场增速快于城镇市场0.6%。从行业看，批发业、零售业、住宿业、餐饮业四大行业销售额增速逐步回升。批发业142亿元，增长22.9%；零售业710.1亿元，增长14.9%；住宿业15.8亿元，增长21.3%；餐饮业95.3亿元，增长10.0%。消费热点引领市场，消费升级类商品保持良好发展态势。从限额以上批发和零售业商品零售额的增速看，增长较快的有电子出版物及音像制品，增长175.6%；中草药及中成药类增长62.8%；金银珠宝类增长40.3%；家具类增长37.4%。

7. 金融、证券和保险

2011年年末全市金融机构各项存款余额2924.5亿元，比年初增加390.5亿元；金融机构各项贷款余额1841.2亿元，比年初增加306.1亿元。

证券市场运行平稳。证券市场各类证券成交额544.7亿元，其中，股票成交额501.9亿元，基金成交额2.8亿元；新增股民0.8万人。

全年保费收入65.6亿元，其中，财产险保费收入20.0亿元，人身险保费收入45.6亿元；全年各类保险赔款给付支出19.7亿元，其中，财产险9.2亿元，人身险10.5亿元。

4.1.3 邯郸市资源、环境与节能减排

1. 资源

邯郸市继续严格土地管理，加大闲置土地的收回力度，土地供应在得到控制的前提下，满足了经济、社会发展的需要。2012 年土地供应总量为 1437.96 公顷，其中，公用设施用地 46.83 公顷，占全年供地总量的 3.26%；普通商品房用地 262.21 公顷，占全年供地总量的 18.23%。

2. 环境

邯郸市环境质量明显提升。主要污染物排放总量持续下降，污染减排指标达到省控制要求，环境质量有了新的改善。2012 年主城区空气质量二级以上天数达到 329 天，比 2011 年增加 2 天，其中，一级天数 100 天，比 2011 年增加 5 天；主要河流水环境质量进一步好转，岳城水库和羊角铺水源地稳定达到饮用水质标准。

3. 节能减排

邯郸市强力推进节能减排，严格落实“双百 + 否决”问责制，“雷霆行动”成效显著，全面完成节能减排目标。国家级循环经济试点市建设步伐加快，省“双三十”和市重点企业实现达标，节能减排取得积极进展。邯郸市加强重点部位、重点领域、重点行业监管，综合运用结构、工程、管理等措施，推进循环发展、清洁生产，形成节能减排长效机制。2012 年，全市淘汰落后生铁产能 85 万吨、水泥 396 万吨，单位生产总值能耗下降 7.37%，完成年初目标的 189.5%。氮氧化物削减量均达到全省平均水平。

4.1.4 邯郸市企业基础

1. 钢铁企业

邯郸市钢铁产业基础好、规模大，目前有河北钢铁集团邯郸钢铁集团有限责任公司（简称邯钢）、新兴铸管集团、涉县天铁集团、纵横钢铁集团、新武安钢铁集团公司、普阳钢铁集团、文丰钢铁集团、紫山特钢集团公司、河北兴华钢铁有限公司、河北新金钢铁有限公司、武安市裕华钢铁有限公司、崇利制钢有限公司、永洋钢铁等钢铁企业 40 余家，是全国重要的钢铁基地之一。其中，河北钢铁集团邯郸钢铁集团有限责任公司于 1958 年建厂，历经 50 多年的艰苦创业，现有总资产 856 亿元，职工 2.4 万人，具备了年产 1300 万

吨优质钢的综合生产能力，是国家重要的优质板材和优质型棒线材生产基地，是河北钢铁集团的核心企业。目前，邯郸市正在大力推进邯钢工业区、涉县—天铁循环经济示范区、峰峰钢铁集团等重大项目，着力培育邯钢、天铁、新武安三大千万吨级企业集团。

2. **煤电煤化企业**

邯郸市丰富的煤炭资源为邯郸市煤电和煤化工企业的发展提供了良好的资源基础。邯郸市的煤电企业包括中国国电集团公司邯郸热电厂、邯郸涉县热电厂、武安热电厂、邯峰电厂、武安顶峰热电有限公司等企业。目前，邯郸市以“绿色煤电”为发展方向，在煤电方面重点推进邯郸东郊热电、马头热电、大唐武安煤矸石电厂、龙山二期、邯峰二期等项目。邯郸市的煤炭及煤化工企业有冀中能源邯矿集团、冀中能源峰峰集团、河北华丰煤化电力有限公司、河北省磁县申家庄煤矿、六合工业有限公司、磁州煤业有限公司、邯郸市孙庄采矿有限公司、邯郸县第三煤矿、邯郸县常胜煤矿、邯郸沙果园煤矿、磁县昱武矿业有限公司、磁县旭源矿业有限公司、磁县前岭矿业有限公司、磁县戒利煤矿、成安县煤矿、武安市太行煤矿、武安市德盛煤矿、河北天成矿业有限公司、邯郸市峰峰矿区正源公司、河北华润洗造有限公司、邯郸县同茂伟业公司、邯郸金华焦化有限公司、峰峰众鑫煤焦化有限公司、河北天煜煤焦化有限公司、武安宝烨煤焦化有限公司等众多企业。邯郸市在煤炭及煤化工方面，以峰峰、磁县煤化工基地为平台，重点推进峰峰煤化工、磁县煤化工等企业集团的发展。

3. **装备制造企业**

邯郸市发展装备制造业原料充足，目前已形成管、件、机、车、罐五大类拳头产品，新兴铸管产能亚洲第一，永年标准件产能占全国的40%。邯郸市的装备制造企业主要有邯郸金狮棉机有限公司、中煤邯郸煤矿机械有限公司、永年县标准件集团、河北宏山重工有限公司、广平县电动汽车有限公司、河北天创管业有限公司、邯郸富河制管有限公司、武汉巨国制管有限公司、峰峰钢铁集团、邯郸市昌盛冷轧公司、河北兴鑫钢管公司、邯郸市共明科技开发有限公司、河北亚超公司、邯郸环鑫机械有限公司、河北鑫永公司、河北森蔚电气公司、永年城南公司、武安市龙凤山铸业有限公司、河北瑞驰公司、华冶公司、邯郸市精和公司、邯郸市史征物资公司、风云创业环境监测设备制造公司、丰华重工机电设备制造公司、邯钢集团公司设备制造安装分公司、邯郸瑞驰重型装备有限公司、邯郸市天隆机电设备制造有限公司、力尔型材有限公司、邯郸市标准件厂、永年县通睿紧固件厂、永年县通睿紧固件厂等。2010 年邯郸市委、市政府提出建设“成峰装备制造产业新城”的重大战略决策，产业定位以装备制造业为主，致力打造冀中南装备制造产业新城，重点发展车、机、件、管、罐五大系列产品及配套产业，形成北方最大的重卡及专用车生产基地、亚洲最大的特种管材基地和全球最大的棉机研发制造基地。

4. 新型材料企业

邯郸市依托 718 所、汉光机械厂等高新技术企业，先后有打印机耗材、特种纤维材料、特种气体材料、高纯度氧化铝粉等一批新材料项目建成投产，被科技部命名为“国家新材料产业基地”。以中船邯郸高新技术产业基地为龙头，重点推进中船重工 718 所派瑞科技产业园、汉光办公自动化设备及耗材产业园等项目，加快钛硅碳导电陶瓷、玄武岩纤维、超细氧化铝粉、氧化锆粉等项目规模化步伐，形成年产 1200 吨特种电子气体、5000 吨墨粉、1200 吨碳纤维、2 万吨玄武岩纤维生产能力。邯郸市的新材料生产企业主要有邯郸青苹果公司、新兴重工集团（鸡泽）工业园项目、河北龙腾公司、临漳县玄武岩纤维及制品公司、河北乾宇公司、北京荣信电通科技发展有限公司、河北鹏达公司等企业。

4.1.5 邯郸市发展机遇与挑战

“十二五”时期，我国发展仍处于可以大有作为的重要战略机遇期，邯郸步入了加快发展、加速转型的重要阶段，既面临难得的历史机遇，也面对诸多可以预见和难以预见的风险挑战。

从有利条件看，一是经济全球化纵深发展和后危机时代全球产业结构调整，有利于邯郸市在更为广阔的国际市场中拓展发展空间，更有效地利用国际资本、资源、技术和市场。二是我国仍处于重要战略机遇期，经济发展长期向好的趋势没有改变，各种有利因素依然存在。三是国家推进发展方式转变加快，“南资北移”趋势明显，有利于邯郸市承接产业转移，优化升级产业结构。四是河北省“十二五”规划把冀中南经济区作为四大战略重点之一，进一步明确了邯郸四省交界区域中心城市的发展定位，为邯郸市提供了前所未有的机遇；冀南新区继曹妃甸新区、渤海新区之后，成为河北省重点打造的第三大经济增长极，有利于邯郸市在更大范围聚集要素、聚集产业、聚集财富。五是邯郸市城镇化进程加速推进，辐射带动效应日益增强。六是邯郸市近年实施的一批重大项目，已经到了集中发力的关键时期，发展后劲大为增强，高速、高铁、空港、通海铁路等立体化交通优势凸显，为邯郸市长远发展提供了有力支撑。

同时必须清醒地看到，经济社会发展面临的形势仍然极其复杂：一是国际金融危机影响深远，世界经济复苏动力不强，不稳定、不确定因素仍然较多；二是国家宏观调控政策从紧，货币政策由“适度宽松”转为“稳健”，土地控制更加严格，节能减排要求更高，资金资源环境约束加剧；三是河北省内沿海经济带、环首都经济圈各市经济发展全面提速，竞争更加激烈；四是邯郸市一些深层次的矛盾和问题不容忽视，以资源型、重工业为主的产业结构还没有根本改变，新兴产业和现代服务业比重偏低，自主创新能力较弱，东、中、西发展不够协调，经济外向度仍然偏低，体制机制性障碍仍较突出，城市转型、经济转型、产业转型的任务紧迫而艰巨。社会事业历史欠账较多，社会管理、民生保障任务繁重，就业、社保、住房、教育、医疗等还不能充分满足群众需求。

综合研判未来的形势和任务，机遇大于挑战，抓住机遇就能战胜挑战。邯郸市必须适应可持续发展的要求，进一步增强机遇意识和忧患意识，以循环经济的模式，实现邯郸市新的发展。

4.1.6 邯郸市发展规划

1. 邯郸市产业发展规划

“十二五”时期是邯郸市加快发展、加快转型的关键时期。《邯郸市国民经济和社会发展第十二个五年规划》立足产业资源基础和构建现代产业体系的产业发展要求，打造冀中南经济增长极，明确提出“十二五”期间要把邯郸建设成“五基地一枢纽”的说法，所谓的“五基地一枢纽”，即全国重要的精钢生产基地、装备制造基地、煤电煤化基地、新型材料基地、文化旅游基地、现代物流综合枢纽。这一目标既体现了要通过提升传统产业、基础产业来实现邯郸产业的“精壮筋骨”，同时更着力于使新材料、现代物流、文化旅游等新兴产业强劲给力。

(1) 精钢生产基地。邯郸市钢铁产业基础好、规模大，目前有邯钢、天铁、新兴铸管等钢铁企业40余家，钢铁年产能4000万吨，2010年工业增加值完成560亿元，占全市规模以上比重达55%，是全国重要的钢铁基地之一。按照“控制总产能、延伸产业链、提升附加值、培育大集团”的思路，以减量、提档、整合为重点，重点推进总投资648亿元的邯钢工业区、涉县—天铁循环经济示范区、峰峰钢铁集团等重大项目。加快企业整合重组，着力培育邯钢、天铁、新武安三大千万吨级企业集团。力争到“十二五”末，全市精钢产能控制在4000万吨以内，实现产能不增、产值倍增，综合实力达到国内先进水平，建成全国重要的精品钢材基地。

（2）装备制造基地。邯郸市发展装备制造业原料充足，目前已形成管、件、机、车、罐五大类拳头产品，新兴铸管产能亚洲第一，永年标准件产能占全国40%。2010年，工业增加值完成58.1亿元，增长38.7%，实现利润12.1亿元，增长36.4%。以冀南新区为平台，以发展整机、培育品牌、做大总量为重点，着力推进装备制造业向“全球化、集群化、信息化、服务化”发展，重点推进总投资320亿元的新兴装备材料及物流基地、恒天产业园、中棉国际棉机研发制造基地等重点支撑项目，形成北方最大的重卡及专用车生产基地、亚洲最大的特种管材基地和全球最大的棉机研发制造基地。力争到“十二五”末，装备制造业年销售收入达到1000亿元以上，成为继钢铁之后第二大工业支柱产业，建成全国重要的装备制造业基地。

（3）煤电煤化基地。邯郸市现有装机容量544万千瓦，规模河北南网最大。煤炭、焦炭、煤焦油、甲醇产能分别达到2700万吨、3000万吨、120万吨、27万吨。在稳固提高原煤产量的基础上，以“绿色煤电”为发展方向，重点推进总投资349亿元的邯郸东郊热电、马头热电、大唐武安煤矸石电厂、龙山二期、邯峰二期等项目；以峰峰、磁县煤化工基地为平台，重点推进总投资927亿元的峰峰煤化工、磁县煤化工。力争“十二五”末，全市电力装机容量达到1000万千瓦，年销售收入达到122亿元，煤化工年销售收入达到1000亿元，将邯郸打造成全国重要的千万千瓦级电力基地和千万吨级煤化工基地。

（4）新型材料基地。邯郸市依托718所、汉光机械厂等高新技术企业，先后有打印机耗材、特种纤维材料、特种气体材料、高纯度氧化铝粉等一批新材料项目建成投产，被科技部命名为“国家新材料产业基地”，2010年全市规模以上增加值完成84亿元，全部销售收入300亿元以上。以中船邯郸高新技术产业基地为龙头，重点推进总投资90亿元的中船重工718所派瑞科技产业园、汉光办公自动化设备及耗材产业园等项目，加快钛硅碳导电陶瓷、玄武岩纤维、超细氧化铝粉、氧化锆粉等项目规模化步伐，形成年产1200吨特种电子气体、5000吨墨粉、1200吨碳纤维、2万吨玄武岩纤维的生产能力。力争“十二五”末，年销售收入达到600亿元以上，打造成全国重要的新材料基地和国家新型工业化（新材料）示范基地。

（5）文化旅游基地。邯郸市是国家历史文化名城和旅游资源大市，3000多年的建城史、600多年的都城史，留下了众多文物古迹，孕育了赵文化、太极文化、成语典故文化等诸多文化脉系，形成了以平和安静、谦和大度、博爱真诚、感恩包容为特色的邯郸人文精神，邯郸市发展文化旅游产业的潜力十分巨大。在推动传统景区改造升级的基础上谋划建设休闲度假新品，打造赵文化、太极文化、红色旅游、山水休闲旅游等旅游品牌和精品线路，加快“门票经济”向“产业经济”的跨越。力争“十二五”时期，旅游累计投资180亿元，年均增长20.5%，总收入达到300亿元，实现产业规模扩倍、总体收益翻番，建成国内外重要的旅游目的地城市。

（6）现代物流综合枢纽。邯郸市是中原经济区唯一具有铁路交叉、国道交会、高速纵横、机场通航立体交通优势的城市，是四省交界区最大的物流中心，2010年全市物流业增加值完成185亿元，同比增长17%左右；以“一核两带”（主城区商业核心聚集区、外环物流带、绕城高速物流带）为基本布局，重点推进总投资650亿元的新兴国际物流基地、邯郸国际陆港物流园区、综合物流中心、现代国际汽贸城、邯郸铁路物流基地等重大项目，加快以信息化提升物流业的步伐，大力发展新兴物流业。力争到“十二五”末，物流业增加值年均增长16%以上，占服务业比重达到30%左右，建成全国重要的综合物流枢纽城市。

2. 邯郸市城市发展战略重点

《邯郸市国民经济和社会发展第十二个五年规划》中提出了城市的发展定位和战略重点。

城市发展定位：冀中南重要经济增长极，四省交界区域中心城市。

四大战略重点如下。

（1）做大“1+6”中心城市。以中心城区为依托，按照东扩、西移、南连、北延的思路，加快主城区改造提升，推进邯东新城建设，拉开主城区发展框架，扩大城市规模，谋划建设大型城市综合体、重要公益性及功能性基础设施和精品建筑，大力发展服务经济，强化城市产业支撑，全面提高城市发展水平和品位。积极推进行政区划调整，加快“1+6”各县、区发展规划、产业布局、基础设施、公共服务、城市管理同城化步伐，形成功能分区明确、空间布局合理、基础设施完善的中心城市格局，建成功能集成的新载体、产业聚集的新高地、实力强劲的新引擎、生态宜居的新家园，构筑全市经济社会发展的核心板块。实现以全市30%土地面积，承载全市50%人口、60%生产总值的“三五六”发展目标。

（2）做强“1+4”产业平台。致力打造集聚要素、承载产业、创造财富的重要平台，市级重点建设以冀南新区为龙头的“1+4”五大聚集区：立足于把冀南新区建成继曹妃甸、渤海新区之后的全省第三大经济增长极，以现代装备制造为主导产业，以现代物流、休闲旅游为辅助产业，构建“一区六园”空间布局，打造成全国重要的现代装备研发制造基地、四省交界区域最大的现代物流枢纽、产业与生态相融合示范区；把邯钢工业区打造成国家级钢铁循环经济示范区；把经济开发区打造成高新技术产业基地，升级为国家级经济开发区；把广府生态文化园区打造成古城、水城、太极城和世界旅游目的地；把漳河生态科技园区打造成生态城、文化城、科技城和都市休闲港。各县、区（市）重点建设1个产业聚集区。“十二五”末，全市着力打造24个对中心城市建设、县域经济发展起快速带动作用的产业聚集区，主营业务收入50亿元以上聚集区达到20个以上，培育3个超500亿元、2个超1000亿元聚集区，全市产业聚集区主营业务总收入力争达到6000亿元以上。

（3）培育“6+6”大产业大集团。加快实施“3+3+3”主导产业倍增计划，努力培育精品钢材、装备制造、高新技术、现代物流、煤电煤化、家电制造六大销售收入超1000亿元产业，培育邯钢、新兴铸管、峰峰集团、天铁、新武安钢铁、美的家电产业集群六大销售收入超1000亿元的企业集团，带动形成销售收入超100亿元企业20家以上，大力提升产业发展综合竞争力。到2020年全面完成“6+6”、“双千亿”目标。

（4）加快东部10县振兴。全面实施东部振兴规划，紧紧抓住基础设施、项目建设、特色园区、特色县城、龙头企业、社会事业六大突破点，加快推进邯黄铁路、邯济铁路、邯大高速“两铁一高”等重大基础设施项目，重点发展装备制造、新型建材、新型化工、纺织服装、食品加工、现代农业六大特色主导产业，建设一批重点项目，培育一批龙头企业，致力打造邯邱、邯馆、邯大三大经济带，各县生产总值年均增长20%以上，财政收入增长30%左右，形成交通便利、产业聚集、一县一业、生态宜居的特色经济区。同时，要继续推进西部县（市、区）率先发展。

4.2 邯郸市循环经济系统规划

邯郸市循环经济系统规划是以邓小平理论、“三个代表”重要思想、科学发展观为指导，围绕提高资源产出率，遵循“减量化、再利用、资源化，减量化优先”的原则，坚持“完善机制、创新驱动，改造存量、优化增量，因地制宜、突出特色”等原则，坚持统筹规划、重点突破、全面推进相结合，坚持因地制宜、示范引领、推广普及相结合，坚持制度创新、技术创新、管理创新相结合，坚持政府推动、企业实施、公众参与相结合，健全激励约束机制，积极构建循环型产业体系，推动资源再生利用产业化，推行绿色消费，形成覆盖全社会的资源循环利用体系，加快转变经济发展方式，推进资源节约型、环境友好型社会建设，提高生态文明水平，实现邯郸市经济、社会与人口、资源和环境的协调发展。

4.2.1 邯郸市循环经济系统规划思路

邯郸市循环经济系统包括区域内循环和区域间循环两部分。区域间循环既要发挥邯郸市所处的大区域经济系统的辐射带动作用，又要发挥邯郸市循环经济系统在其中的枢纽作用。邯郸市区位条件优越，位于晋、冀、鲁、豫4省要冲和中原经济区腹心，在4省交界区是唯一的特大城市，与石家庄、太原、济南、郑州4个省会城市的距离均在200千米左右，与北京、天津等大都市的距离均在500千米以内，是华北地区重要的交通枢纽，交通便利。在4省交界区域中，只有邯郸市具备铁路交叉、国道交会、高速纵横过境和航空港四位一体的立体交通条件。再加上邯郸市生产条件优越的农业产业，和较为齐全的冶金、电力、煤炭、建材、纺织、日用陶瓷、白色家电等工业产业，这一切都决定了邯郸市在河北省乃至整个中原地区的经济发展中将承担更大的使命。因此，邯郸市循环经济系统的发展离不开周边城市和所处经济区域的辐射带动作用，同时，邯郸市循环经济系统的发展对整个区域也会起到重要的推动作用。邯郸市大区域循环经济系统概念图见图4-1。

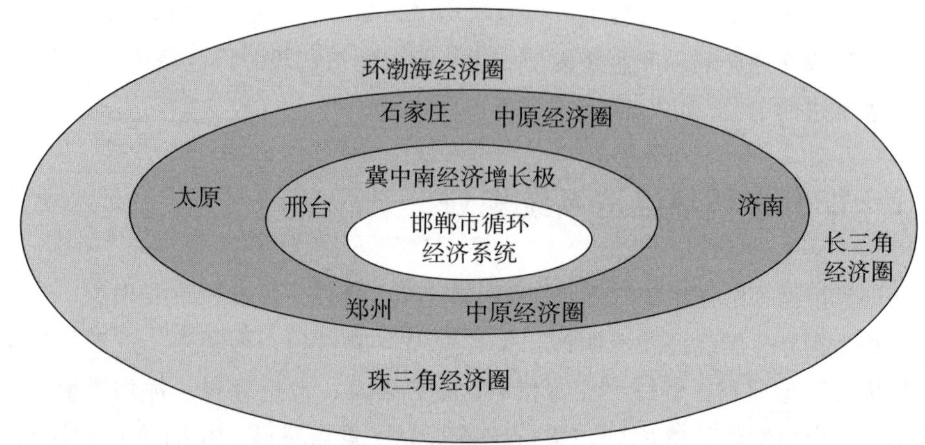

图4-1　邯郸市大区域循环经济系统概念图

邯郸市循环经济系统区域内循环要重点考虑各产业、各县（市）之间的循环，利用多产业共生、多资源联供等循环经济技术，形成可持续发展产业集聚效应，提供各区域之间的产业协作和资源共享，实现邯郸市循环经济系统的发展。

第一产业循环经济系统、第二产业循环经济系统和第三产业循环经济系统是邯郸市循环经济系统的构成主体，其中以精钢生产、装备制造、煤电煤化工、新型材料、文化旅游和现代物流等产业为主导，合理布局邯郸市工业体系是整个产业循环经济系统构建的重中之重。循环型第一产业和循环型第三产业则是耦合邯郸市工业体系的两个不可或缺的共生环节。邯郸市循环经济系统总廓图见图4-2。

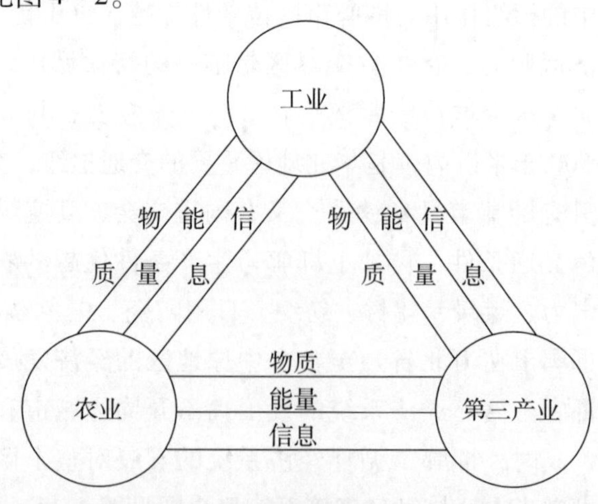

图4-2　邯郸市循环经济系统总廓图

1. 第一产业循环经济系统规划思路

邯郸市第一产业循环经济系统规划的基本思路是将农村产业结构调整和农业经营机制创新结合起来，加快农业发展方式转变，按照高产、优质、高效、生态、安全的要求，以市场需求为导向、科技创新为手段、质量效益为目标，大力发展循环农业、设施农业、特色农业和有机农业，争创国家现代农业示范区。具体内容如下。

（1）建成“吨粮市”。开展建设粮食生产“吨粮市”和粮田高产创建竞赛活动，实施超高产粮田攻关。建立政府、企业、农民等多元化的投入体系，重点支持千亿斤粮食增产工程、粮食核心区建设、中低产田改造、农田水利建设等农业项目，确保实现“吨粮市”目标。

（2）培育优势产业。大力发展畜牧业，提升畜牧业规模化、标准化养殖加工水平，重点培育优质瘦肉型猪、绿色禽蛋、奶牛、肉羊四大优势产区。大力发展棉花产业，建设优质棉花基地，大力发展高效棉田间套技术，促进棉农增收。大力发展蔬菜产业，规模化发展设施蔬菜，加快永年省级蔬菜生产示范县建设，支持发展市级蔬菜基地县。培植特色品牌蔬菜，建设辣椒、大蒜、洋葱、莲藕、食用菌、错季蔬菜等生产基地。大力发展林果产业，培育壮大核桃、花椒、黄连木能源、鸭梨、木材、林下产业六大林果产业。

（3）加快农业产业化步伐。推进农产品及加工集团化、集约化、规模化、标准化。重点发展粮油加工、果蔬加工、肉类加工、蛋乳加工、生物质加工五大主导产业。做大做强油脂、色素、禽蛋、面粉等十二大农产品加工产业集群。积极发展订单农业、连锁经营、农超对接等现代流通方式，大力发展农民专业协会和合作经济组织，支持重点农产品专业市场和物流体系建设，建成区域性农产品仓储流通交易中心。大力发展花卉园艺、休闲观光等都市型农业。

（4）健全农业综合服务体系。完善农业技术服务，实施农村科技创业、科技富农专项行动，建设基层农业技术推广机构，重点推广重大先进适用技术成果。积极开展以“数字农业”为核心的农村信息化建设，建立信息服务发布机制，逐步实现在线受理、实时信息交流等网络服务模式。进一步规范农资市场，发展现代种业。严格农产品质量安全监管、病虫害防治、动物疫病防控，提高气候变化应对能力，加强农业气象服务体系和农村气象灾害防御体系建设。

（5）改善农业生产条件。提高农业装备水平和机械化作业水平。着力加快农田水利建设，实施引黄配套工程建设，争取国家尽早开工实施南水北调地方配套工程，加快流域治理、调蓄补源、重点城镇应急备用水源工程，加强节水灌溉、水土保持、雨水集蓄工程建设。

2. 第二产业循环经济系统规划思路

邯郸市第二产业循环经济系统规划的基本思路是以煤炭、铁矿石等自然资源为核心，围绕精钢生产、装备制造、煤电煤化工和新型材料等产业，以构建工业生态链网的方式实现循环经济的目标。

资源型城市是因为自然资源开发而兴建或发展起来，且资源型产业在工业中占有较大份额的城市。按照《我国资源型城市的界定与分类》标准和国家计委宏观经济研究院2002年的研究成果《我国资源型城市的界定与分类》的划分，在全国118个资源型城市中，河北省资源型城市有5个，即唐山、邯郸、邢台、武安、迁安。从资源种类看，除迁安为黑色冶金城市外，其余皆是煤炭资源型城市。按照该观点，邯郸市是一个典型的资源型城市。

邯郸市作为一个典型的资源型城市，其矿产资源以煤和铁矿石为主，拥有较为丰富的“两黑”资源——煤炭和铁矿石，煤炭和铁矿石储量分别达到40亿吨和4.8亿吨。涉及县（市、区）包括邯郸市的峰峰矿区、武安市、邯郸县、涉县、磁县等。围绕铁矿石、煤炭等资源构建的主导产业包括以下几个。

（1）采矿业。包括煤炭开采和洗选业、黑色金属矿采选业、非金属矿采选业。

（2）制造业。包括石油加工、炼焦及核燃料加工业（炼焦）、非金属矿物制品业（水泥、石灰和石膏的制造，砖瓦、石材及其他建筑材料制造，陶瓷制品制造，耐火材料制品制造）、黑色金属冶炼及压延加工业（炼铁、炼钢、钢压延加工、铁合金冶炼）、金属制品业、通用设备制造业（锅炉及原动机制造，金属加工机械制造，泵、阀门、压缩机及类似机械的制造，轴承、齿轮、传动和驱动部件的制造，烘炉、熔炉及电炉制造，风机、衡器、包装设备等通用设备制造，通用零部件制造及机械修理，金属铸、锻加工）、专用设备制造业（矿山、冶金、建筑专用设备制造，印刷、制药、日化生产专用设备制造，纺织、服装和皮革工业专用设备制造，电子和电工机械专用设备制造，农、林、牧、渔专用机械制造）、电气机械及器材制造业等行业。

由以上分析可知，邯郸市作为一个典型的资源型城市，围绕铁矿石、煤炭等资源构建的主导产业包括以下几个。

（1）采矿业包括煤炭开采和洗选业、黑色金属矿采选业、非金属矿采选业等。

（2）制造业包括石油加工、炼焦及核燃料加工业、非金属矿物制品业、黑色金属冶炼及压延加工业和设备制造业等行业。相关行业以“资源”为纽带构成一个有机整体，其中采矿业以探明的矿产资源为对象，从事矿产资源开采、加工，直接向社会提供矿产品及其初加工产品，属于初端产业，具有很强的后续延展性，要重点强调矿产资源可持续供给能力和生态环境的保护、恢复和治理能力。石油加工、炼焦及核燃料加工业、非金属矿物制品业、黑色金属冶炼及压延加工业作为采矿业的后续产业，同时也是设备制造业和建筑业等产业的先导工业，易于与上下游产业建立生态链接，是耦合多种产业、构建工业生态链网中十分活跃的重要产业。同时，由于石油加工、炼焦及核燃料加工业、非金属矿物制品业、黑色金属冶炼及压延加工业三大产业生产中使用各种高温焦炉、高炉、转炉和炉窑，既可充分利用上游矿产资源采选业的尾矿、低品位矿石和其他矿山废渣进行生产，与上游产业建立资源链接以提高矿产资源的综合利用率，拓展原料来源；也可以与下游产业制造业和建筑业等共同构建共生和代谢的循环经济体系，消除其他产业产生的固体废弃物以及城市垃圾。

产业集聚是各种生产要素集中于某一地理区域，形成相互关联的产业网络，从而共享资源，降低成本，实现规模效应和外部经济，最终达到优势外溢的经济现象。但是传统产业集聚模式由于采用“资源—产品—废物”或者先污染后治理的单向生产模式，没有形成资源的循环利用通道，其发展是不可持续的。而基于生态学“普遍联系”的系统整体观念的可持续发展产业集聚才是实现循环经济的有效途径。就邯郸市目前规划的专业性质的产业园区看，多是传统意义上的产业集聚，应逐步向可持续发展的产业集聚园区转变。

3. 第三产业循环经济系统规划思路

邯郸市位于晋、冀、鲁、豫 4 省要冲和中原经济区腹心，在 4 省交界区是唯一的特大城市，具有铁路交叉、国道交会、高速纵横、机场通航立体交通优势。邯郸市第三产业循环经济系统规划应充分发挥其区位优势，围绕物流、商贸、旅游和会展等产业展开。

（1）物流。邯郸市应以“一核两带”（主城区商业核心聚集区、外环物流带、绕城高速物流带）为基本布局，重点推进新兴国际物流基地、邯郸国际陆港物流园区、综合物流中心、现代国际汽贸城、邯郸铁路物流基地等重大项目，加快以信息化提升物流业，大力发展新兴物流业，力争建成全国重要的综合物流枢纽城市。

（2）商贸。邯郸市要合理调整城市商业网点结构和布局，积极发展连锁经营、特许经营、电子商务等现代流通方式和组织形式，积极发展新业态，优化消费环境。培育县域商贸体系，实施“万村千乡”市场工程，构建覆盖邯郸、辐射中原的大商贸格局。

（3）旅游。邯郸市是国家历史文化名城和旅游资源大市，3000 多年的建城史、600 多年的都城史，留下了众多文物古迹，孕育了赵文化、太极文化、成语典故文化等诸多文化脉系，形成了以平和安静、谦和大度、博爱真诚、感恩包容为特色的邯郸人文精神，邯郸市发展文化旅游产业的潜力十分巨大。邯郸市以广府古城开发为龙头，大力推进赵文化景区、邺都和漳河旅游度假区、武安七步沟、涉县五指山、磁县滏泉湖、大名宋府名城、魏县梨乡水城等一批重点项目。在推动传统景区改造升级的基础上谋划建设休闲度假新品，打造赵文化、太极文化、红色旅游、山水休闲旅游等旅游品牌和精品线路，加快由“门票经济”向“产业经济”的跨越，建成国内外重要的旅游目的地城市。

（4）会展。邯郸市要致力建设区域性会展中心，进一步提升国际商务文化节、国际建材博览会、国际采购经贸洽谈会、国际工业装备博览会、中原糖酒副食品展销、永年紧固件展销等展会影响力，培育低碳技术及产品、绿色农产品、民俗文化等展会，形成全国性、长久性会展品牌，提振区域商贸活力，打造“邯郸会展”城市名片。

4.2.2 邯郸市循环经济系统概念模型

本书建立邯郸市循环经济系统的概念模型如下：

$$HDCCES = f(Y,W,Z) = f[Y(R,S,T,H),Z(R,S,T,H),W(R,W,T,H)]$$

式中，*HDCCES* 为邯郸市循环经济系统；*Y* 为经济子系统发展变量；*W* 为社会子系统发展变量；*Z* 为自然子系统发展变量；*R* 为资源利用指标，内含矿产资源、生物资源及其他环境资源等因子；*S* 为相应于 *R* 的资源存量指标，

包括相应于 R 的因子；T 为社会响应指标，一般以投资形式回应于社会、经济和自然子系统；H 为社会人文指标，包括人口、就业、消费、卫生、教育及社会分配等因子。

4.2.3 邯郸市循环经济系统功能规划

自然生态系统的功能包括 3 个方面：物质循环、能量流动和信息传递。三者不可分割，成为生态系统的核心。邯郸市循环经济系统是模仿自然生态系统的原理而构建的人工系统，除了具备自然生态系统的物质循环、能量流动和信息传递三大功能外，邯郸市循环经济系统还具备价值创造的功能，其中，邯郸市循环经济系统的价值创造功能又包括经济价值、社会价值和环境价值等 3 个方面。各项功能的具体内容详见第 3 章。邯郸市循环经济系统功能见图 4－3。

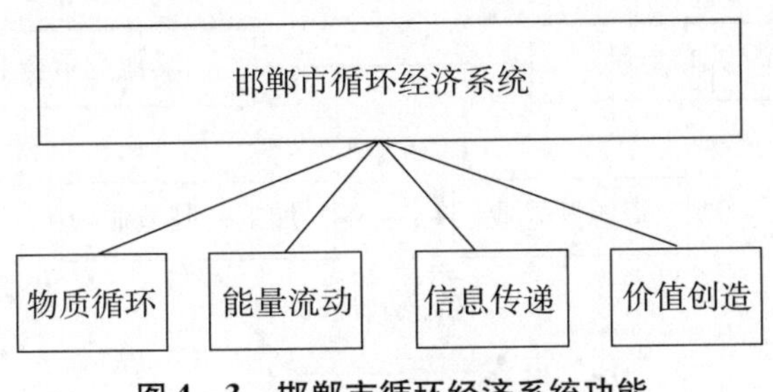

图 4－3 邯郸市循环经济系统功能

4.2.4 邯郸市循环经济系统结构规划

1. 邯郸市循环经济系统的具体形式

（1）多中心依托型结构。邯郸市循环经济系统的具体形式应该是围绕煤炭和铁矿石等自然资源的开采、加工、使用而组织的多中心结构。在循环经济系统中存在以煤炭和铁矿石等自然资源为核心的采矿业和制造业等核心企业，而围绕多家核心企业所建立起来的循环经济结构，即多中心结构。多中心依托型循环经济系统结构见图 4－4。

（2）嵌套型结构。根据本书第 3 章分析的资源型城市循环经济系统的特性，可知邯郸市循环经济系统应是一个多层次的嵌套型的复杂系统。资源型城市循环经济系统存在着企业层面、产业层面、城市或区域层面的循环经济层次体系，其结构见图 4－5。

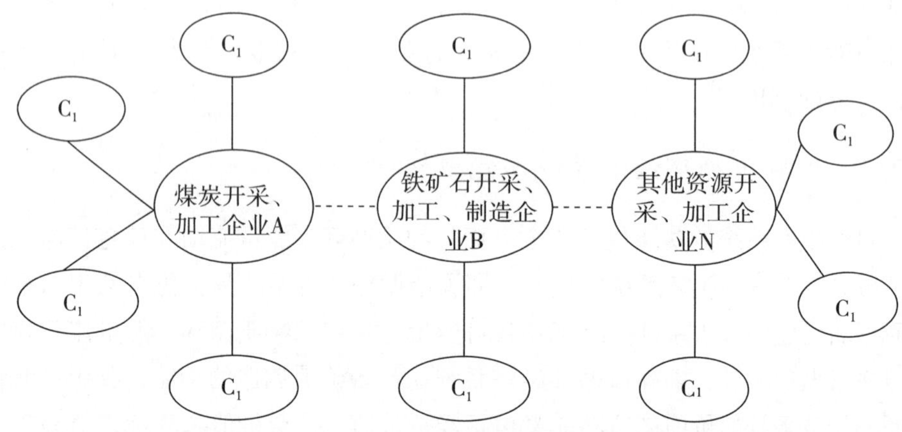

图4-4 多中心依托型循环经济系统结构

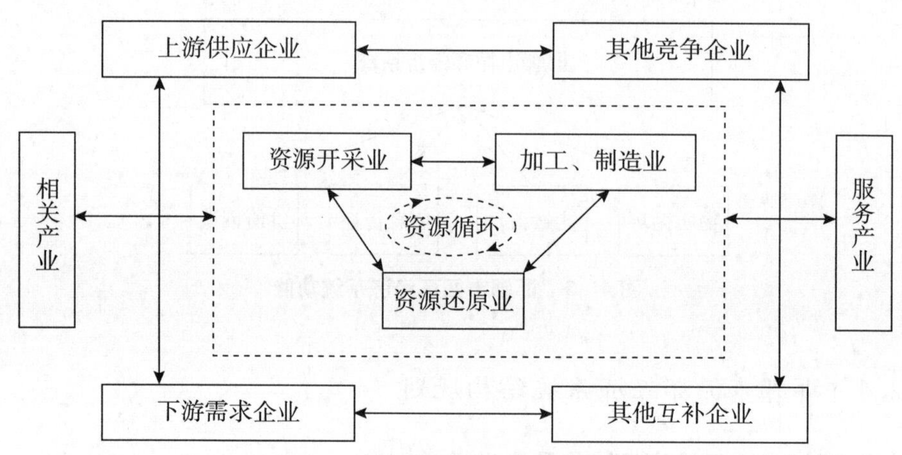

图4-5 嵌套型循环经济系统结构

（3）虚拟型结构。邯郸市循环经济系统的构建应放眼于河北省、全国甚至于全球，突破传统的固定地理界限和具体的实物交流，借助于现代信息技术手段，建立开放式动态联盟。以生态价值的实现作为目标，使得整个区域内的产业发展形成灵活的梯次结构，以最大限度地保证循环经济系统整体功能的实现。

2. 邯郸市循环经济系统的整体结构

邯郸市循环经济系统的良性发展离不开可持续发展产业集聚经济等内在动力的推动，也离不开市场、技术、政府、人力资源和教育等外部要素的支持。由于我国目前正处于循环经济系统构建和可持续发展产业集聚研究的探索阶段，在现有的政策法规体系下，不太适应可持续发展产业集聚发展的需求，在理论、实践、制度与技术等方面存在一些不科学、不完善之处。因此，有必要对目前我国在政策体制上存在的不足进行梳理完善，从制度建设上探索为可持续发展产业集聚提供支持的支持体系。本研究初步建立的邯郸市循环经济系统整体结构见图4-6。

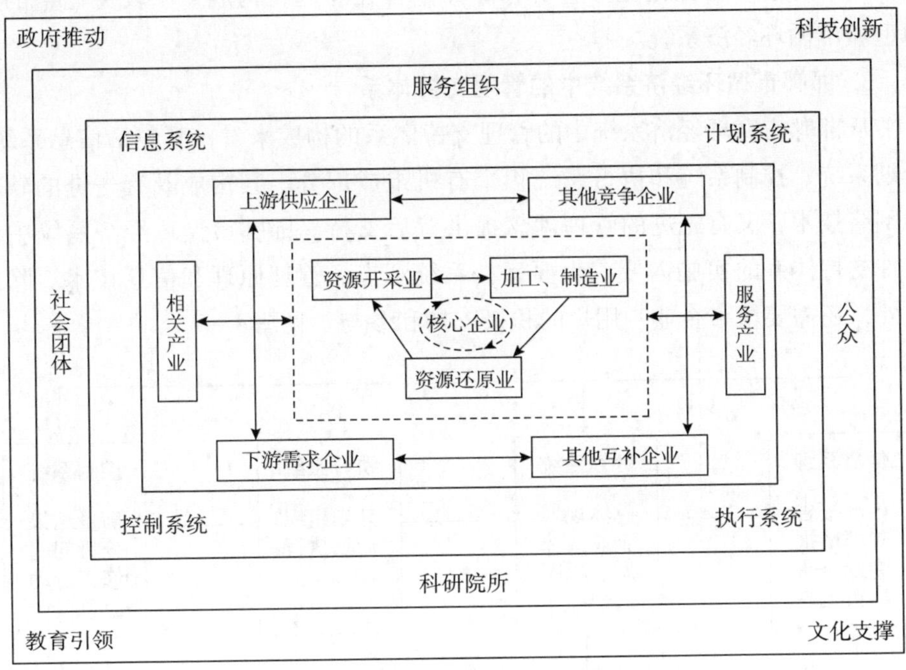

图4-6　邯郸市循环经济系统整体结构

从图4-6中可以看出，资源型核心企业位于循环经济系统的中心位置。一般来说，资源型核心企业的确定是整个循环经济系统规划中的重中之重，因为它决定着资源型城市循环经济系统中核心生态关联企业的选择和整个系统物质流、能量流和信息流的走向。通过对资源型城市循环经济系统中核心企业的选取与分析，城市决策者可以大致确定整个城市的发展方向、发展路径和注意问题等。进而，通过循环经济系统中信息系统、计划系统、控制系统和执行系统等管理支撑体系的完善和运行，城市决策者可以分析循环经济系统核心企业的外界环境变化，进而最大可能地保持核心企业的竞争优势和循环经济系统的可持续发展能力。

图4－6所示的4个信息系统的外部是循环经济系统中的服务组织、社会团体、科研院所和公众，这些组织和核心企业一起构成一个完整的可持续发展的生态集聚区（这些组织中可能有一些企业或组织在地理位置上并不坐落在一起，但是我们可以采取扩大的虚拟区域的概念将它们包含在内）。在整个方框的内部，我们可以认为是中观层面的循环经济系统。在方框的外部，是整个循环经济系统的支持要素，主要包括4个方面的内容：政府推动、科技创新、教育引领和文化支撑。所有部分整合在一起，构成一个较为完整的资源型城市循环经济系统。

3. 邯郸市循环经济系统中的管理支持体系

从邯郸市循环经济系统中的管理支持体系的构成来看，其包括信息系统、计划系统、控制系统和执行系统4个有机组成部分。其构成既有先进的软件和网络技术，又有先进的管理理念提供背后支持。邯郸市循环经济系统中的管理支持体系的实施需要三大要素：系统观点、管理原理和信息技术。除此之外，还需要城市企业、用户的积极支持和参与。见图4－7。

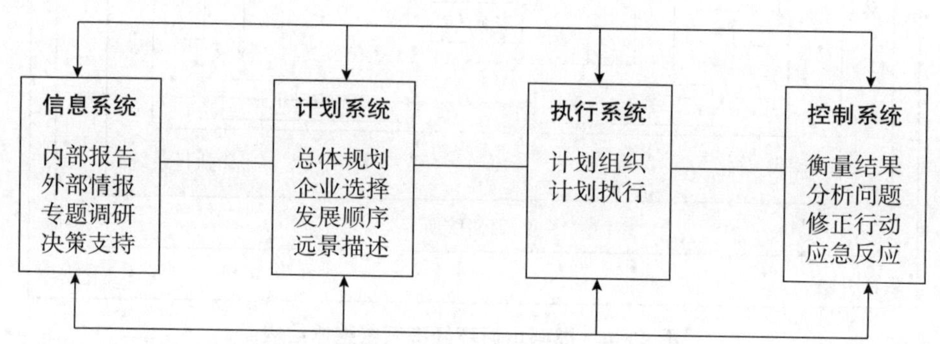

图4－7　邯郸市循环经济系统管理支持体系

（1）信息系统。信息系统主要由4个部分组成：内部报告、外部情报、专题调研和决策支持。在循环经济系统的建设中，一个掌握充分信息的管理信息系统，对循环经济系统起着关键作用。它可以为系统内部企业提供一个交流信息的平台，从而形成一批可靠的产业链，最终实现系统内产业共生。具体来说，通过计划系统，我们初步确定需要汇总整理和调查研究的信息量和内容，主要调查和分析系统及周围区域内的自然条件，社会经济背景，现有行业和企业状况，物质流和能量流，废物产生和处置，现有生态工业雏形，环境容量和环境标准，可能的废物利用渠道，可能形成的产业链等。就调查信息取得的顺序来说，首先通过查询系统的内部报告和外部情报，以决定凭借现有的一手材料和二手材料是否已经足够作出决策计划。进一步可以采用专题调研的方式有目的地调查研究，以取得足够的一手材料，以便支持循环经济系统计划体系的正常运行。此外，在循环经济系统管理支持体系的日常运行过程中，信息系统应该持续不断地为园区计划体系、执行体系和控制体系提供必要和足够的信息支持，并从它们那里听取反馈，不断改进信息加工、信息传递、信息存储以及信息利用等方面，以最大限度地支持循环经济系统的可持续发展。

（2）计划系统。计划系统由 4 个部分组成：总体规划、企业选择、发展顺序和远景描述。其中，最为重要的部分是循环经济系统的总体规划。2007 年 12 月 10 日，环境保护部、商务部和科学技术部联合组织制定了《国家生态工业示范园区管理办法（试行）》。在建设标准方面，明确规定生态工业园区建设应结合建设规划和生态工业园区标准《行业类生态工业园区标准（试行）》（HJ/T 273—2006）、《综合类生态工业园区标准（试行）》（HJ/T 274—2006）、《静脉产业类生态工业园区标准（试行）》（HJ/T 275—2006）。在指导思想方面，提出要从可持续发展的高度，结合节能减排的要求，将发展生态工业与发挥区域比较优势、提高市场竞争力相结合，与发展高新技术、提高经济增长质量相结合，与区域改造和产业结构调整相结合，与生态保护和区域环境综合整治相结合。在基本原则方面，明确提出生态工业园区建设的 6 个原则：与自然和谐共存原则、生态效率原则、生命周期原则、区域发展原则、高科技高效益原则和软硬件并重原则。在总体框架设计方面，要根据现状分析结果，结合规划目标，进行物质流、能量流、信息流等的集成分析，从而给出循环经济系统的总体框架设计，包括主要的工业链、空间布局和功能分区的设计。在主导产业（行业）生态工业建设方案设计方面，要求做好主导产业（行业）生态工业建设的定位、产品规模、重点支持项目等，并筛选和提出最初的入园项目（包括工业项目、基础设施、服务设施）。除此之外，在循环经济系统的计划体系中，还应该包括循环经济系统的远景描述、使命和战略制定，这样才能使循环经济系统计划体系更为完整。

（3）执行系统。执行系统由两个部分组成，即计划组织和计划执行，其中计划执行是重点。完善的总体规划、准确的企业选择、科学的发展顺序、宏伟的远景描述，如果离开了实实在在的组织和执行，其效果都将大打折扣。

生态工业链网的构建是循环经济系统的核心工作。从产品链和废物链两个方向出发，不断完善生态工业链网，积极引进补链项目，构建工业共生网络，形成企业间互利共生及区域层面的物质循环，增强产业的抗风险能力，促进产业结构生态化。这些方面的执行系统的计划组织和计划执行是循环经济系统建设成败的关键。

（4）控制系统。控制系统由 4 个部分组成：衡量结果、分析问题、修正行动和应急反应。在进行结果衡量时，首先，可对循环经济系统的环境进行回顾性分析；其次，可以测算生态工业园物质减量与循环指标；再次，可以测算生态工业园污染控制指标，进而可以测算循环经济系统管理指标；最后，需要测算循环经济系统的经济发展指标，可用工业增加值增长率、人均工业增加值来表示。如果现实衡量的结果与计划系统中的计划有出入，那么就要对问题进行分析，找出问题产生的原因，根据问题的不同，采取不同的修正行动，以使循环经济系统的发展结果与发展目标尽可能相符。更为重要的是，工业园区作为工业集中区，是环境污染风险的高发区，重视工业园区的环境安全，识别园区的环境风险，并制定有效的突发环境风险应急反应预案，对保护工业园区及周边地区社会稳定和人民身体健康具有重要的意义。此外，控制系统还应该及时地把运行结果反馈给信息系统、计划系统和执行系统，以利于循环经济系统整个管理信息体系稳定、高效运行。

4. 邯郸市循环经济系统中的微观支持体系

邯郸市循环经济系统中的微观支持体系是指除了核心企业之外的其他的企业和组织，它包括 4 个方面内容：服务组织、社会团体、科研院所和公众。这些组织与公众和循环经济系统中的核心企业一起构成一个完整的中观层面的循环经济系统。这些组织中可能有一些在地理位置上并不坐落在一起，这时可以采取扩大的虚拟区域的概念，采用动态联盟的形式，借助于信息技术将它们包含在内。

（1）服务组织。循环经济系统服务组织是一个宽泛的概念，既包括营利性的公司，如帮助系统内企业促销、销售和分销产品到其他用户和最终用户的公司，包括批发零售企业、物流企业、营销服务代理机构（如广告企业、咨询机构、律师会计事务所等）和金融中间机构（银行、信贷机构、保险机构等），也包括非营利性的组织，如废物最小化俱乐部等。

（2）社会团体。社会团体是发展循环经济的重要力量，是公众参与的主体之一，也是公众表达意见的有效方式，它可以使公众参与更具可操作性。民间社会团体是指非政府、非营利的社会组织，有研究者称之为第三部门，它强调非政府性、非营利性，非政府性表明它不代表政府或国家的立场，非营利性表示它们不把获取利润当做生存的主要目的，而通常把提供公益和公共服务当做主要目标，所以，它们具有相对独立性。循环经济本质上要以可持续发展为目标和目的，而可持续发展要求利益的协调和相互制衡，为保证利益的真正平衡，就必须保证决策参与者的多样性和代表性。民间社团的参与是保证决策具有代表性的前提条件，它是通过修正政府失灵和市场失灵，代替政府向公众提供外部性很强的公共产品——良好的环境，有助于解决公众利益代理人缺失的问题。许多国家的实践证明，建立和发展社会组织，是发展循环经济的一种好的组织形式和有效途径。目前，许多工业发达国家都有许多非政府民间组织，如德国的双向制回收系统 DSD、日本的回收情报网络及加拿大蒙特利尔的社区社会中介组织，它们的活动和声音几乎传遍环境与发展的各个角落，它们在环境保护和推进循环经济领域中的作用和影响越来越大，已经成为衡量一个国家循环经济发展兴旺发达程度的标志。

（3）科研院所。邯郸市循环经济系统的建立，是一项庞大的系统工程。生产能不能循环起来，产业间能不能循环起来，归根结底是科学技术的应用和创新，是科技人才的聚集和培育。在这个过程中，科研院所大有作为。一方面，科研院所要整合各种科研力量，全力组织科技攻关，尽快攻克行业关键技术，包括减量技术、替代技术、能量梯级利用技术、回收处理技术、降低再利用成本技术、生态环境修复治理技术等，从技术方面支撑循环经济系统的建设；另一方面，科研院所要高度重视科技人才培养，为城市发展循环经济提供人才支持。

（4）公众。马克思主义历史唯物观认为，人民群众是社会活动的主体，是历史的创造者。同样，在社会主义市场经济中，公众的消费观念是市场的风向标，公众的积极参与是经济运转的社会基础。在循环经济系统的微观支持体系中，公众起到了非常重要的作用。公众对于循环经济系统建设的作用主要表现在两个方面，即作为顾客身份出现的公众和作为员工身份出现的公众，两者对于系统建设都很重要。一方面，公众对于企业产品的购买、使用和使用后的处理会直接影响到企业对于产品的设计、生产和回收。如果作为消费者的公众能够减少购买的数量和频次，厌恶奢侈包装，尽可能长时间地使用已经购买的产品，并在使用后要求厂商将其资源化，那么厂商就会有足够的动力来做这些事情。另一方面，公众对于循环经济系统人力资源的供给，特别是高级管理人员和技术人员的供给，是直接决定系统成败的关键因素。聚集人才，是实现系统技术创新和企业创业的保证，是系统竞争力不断提升的关键。

5. 邯郸市循环经济系统中的宏观支持体系

邯郸市循环经济系统中的宏观支持体系主要由 4 个方面构成：政府推动、科技创新、教育引领和文化支撑。相对于微观支持体系来说，政府、科技、教育、文化可以在宏观方面极大地影响循环经济系统的发展，它们对推动循环经济系统更好地发展意义重大。

（1）政府推动。邯郸市循环经济系统的持续稳定发展是以有关要素的时空有效配置为前提的。在循环经济系统的产业聚集过程中，各种要素的时空配置效率，不仅决定着循环经济系统的整体聚集利益，而且决定着系统发展的潜力和适度性。由于市场机制固有的缺陷和区域经济的空间特性，单纯依靠市场力量很难保证循环经济系统始终沿着最优路径发展。特别是在我国市场经济体制还不完善的情况下，政府在循环经济系统的成长过程中仍将扮演十分重要的角色。政府在循环经济系统构建和实施中的作用包括以下几个方面。一是严格监督循环经济系统企业的标准，不能成为房地产开发商。二是支持和促进系统中形成资源与能量的循环。三是引导和协调系统参加所在城市的生态系统修复工作，帮助系统消除负外部性，实现资源的有效配置。四是提供系统生存发展所需要的公共产品。公共产品是形成循环经济系统聚集的物质承载者，公共基础设施和公用事业服务越完善、质量越高，该区域的聚集效应就越大，对居民和企业的迁入和土地投资就越有吸引力，土地利用的集约性就越强。五是帮助系统维护市场秩序。市场经济需要政府，政府在财产权保护、市场交易规则的形成和维护，为系统各类经济主体创造自由选择、公平竞争和安全有效的生产和生活环境等方面应该有所作为。政府的参与循环经济系统建设的主要方式有 3 种，政府的社会管理行为（包括政策的制定、实施和评估）、政府的公共生产行为（包括公共设施和公共服务）和作为消费者身份出现的政府绿色采购行为。

下面对德国、日本和美国 3 个国家的循环经济立法状况做一简单介绍。

➢ 德国

①循环经济的立法概况。1972 年制定《废弃物处理法》，1978 年推出“蓝色天使”计划，1986 年制定《废物管理法》，1991 年按照“资源—产品—资源”的循环经济理念制定了《包装条例》，1992 年通过了《限制废车条例》，1996 年实施《循环经济与废弃物管理法》。《循环经济与废弃物管理法》是德国发展循环经济的“总纲”。它规定对废物问题的优先顺序是：避免产生，循环使用，最终处置。在《循环经济和废物管理法》的框架下，还根据各个行业的不同情况，制定了促进各行业垃圾再利用的法规，使饮料包装、废铁、矿渣、废汽车、废旧电子商品等都“变废为宝”。

②主要特点。德国循环经济法律法规体系是以生活和工业废弃物的处置、再利用问题为主线制定的，同时也涉及了可再生能源开发与使用。《循环经济与废物管理法》是德国循环经济法律法规体系总的法律，其他法律法规都是在该法框架下制定和实施的。《循环经济与废物管理法》立法初期是指“物质闭合型的垃圾经济”，后来通过生产责任者延伸制度，将循环经济原则扩展到了生产领域。

➢ 日本

日本是发达国家中循环经济立法最全面的国家，也是国际上较早建立循环经济法律体系的国家之一，其所有相关的法律精神，集中体现在“三个要素，一个目标”上，即资源再利用，旧物品再利用，减少废弃物，最终实现“资源循环型”的社会目标。日本建立的循环型社会法规体系是一个相当全面、完善的法律体系。在这个体系中，各自独立的法律支持基本循环法，基本循环法为废弃物管理和再生利用政策提供了基本的哲学体系。

①《环境基本法》。《环境基本法》是日本环境政策的基本大法，它规定了基本环境规划及基本环境计划；物质循环包括自然循环和社会的物质循环概念；还规定了环保的基本概念等基本原则性内容，是可持续发展观的核心内容，是日本政府制定的一整套促进建立循环型社会的法律体系的基础。

②《促进建立循环型社会基本法》。主要内容包括 6 个方面。循环型社会的概念，指限制资源消耗、环境负担最小化的社会；把可回收利用的废物定义为“可循环资源”，要促进其回收利用；对废物处理的优先原则为“减少产生→继续使用→再生利用→热能回收→妥善处理”。

③《固体废物管理法》。主要内容是：废物处置和循环综合管理的方法；

保证充足的重要设备能成为可能的政策。该法1970年制定，2000年修订版于2001年生效。

④《资源有效利用促进法》。有5项措施：通过节约生产资源和延长使用寿命减少废物产生；回用零部件；企业回收使用过的产品并使之再循环；使用后的产品加贴选择性收集标签；减少副产品和其他循环措施。

⑤《包装容器再生利用法》。该法律是为了构建一个将家庭排出的一般废弃物和容器包装废弃物加以回收再利用的体制而制定的，它规定了消费者、市、町、村和企业各自拥有的权利和需承担的义务。

⑥《家电再生利用法》。该法律为了促进4类家用电器——电视机、冰箱、洗衣机和空调的回收利用而制定。它规定了相关者的职责：消费者应当按相应产品支付回收费用以及再商品化的费用；零售商必须在规定条件下收集废弃家用电器和把收集到的废弃电器放在指定的地点；生产厂家有义务在指定的地点收取废弃家用电器，并按照法律规定的标准使家用电器再商品化。

⑦《建筑材料再生利用法》它强制分类回收拆迁建筑物的碎片等，强制将建筑物垃圾在现场按混凝土、木材等分类；为了保证建筑物垃圾的分类与回收的执行，完善了消费者和承包者之间的协议手续；制订回收计划促进回收等。

⑧《食品再生利用法》。它规定了企业、消费者和政府的责任和义务；食品生产企业以及餐饮业有预防废物的产生和回收废物的义务；消费者须预防废物的产生和使用再循环产品；政府负责制定促进产品再循环的措施。

⑨《汽车再生利用法》。该法的目标是在2015年努力实现再生利用率达到95%以上。

⑩《绿色采购法》。该法规定的重点采购品种涉及14个领域、101个品种，主要有再生打印纸、低污染办公车、节能型复印机等。该法不仅规定了国家进行绿色采购的义务，同时也要求企业和国民有进行绿色采购义务。

➢美国

目前还没有一部全国实行的循环经济法规或再生利用法规，但已有半数以上的州制定了不同形式的再生循环法规。美国加州于1989年通过了《综合废弃物管理法令》，要求2000年以前实现50%废弃物可通过源削减和再循环的方式进行处理，未达到要求的城市将被处以每天1万美元的行政处罚。美国7个以上的州规定新闻纸的40%～50%必须使用由废纸制成的再生材料。在威斯康星州，塑料容器必须使用10%～25%的再生原料。加州规定玻璃容器必须使用15%～65%的再生材料，塑料垃圾袋必须使用30%的再生材料。

（2）科技创新。现代社会的科学技术已成为提高劳动生产率的最重要手段和生产力解放与发展的决定性力量，推进着社会的全面进步。对于生态循环经济系统的建设来说，有效的科技开发和转化体系是可持续发展产业集聚的保证。针对河北省资源型城市发展的现状，我们认为，建立科技创新机制，是实现城市可持续发展产业集聚成功的保证。科技创新机制是指科技创新系统在运行过程中所包含的创新组织内部的结构与内在工作方式，以及创新组织与外部环境之间所形成的互动关系的总和。它具有指挥推动、整合转化、消化吸收、自我调节、更新拓展等功能。科技创新机制一般包括科技创新的激励机制、科技创新的运行机制、科技创新的扩散机制。

（3）教育引领。教育与经济增长的关系是相互影响、相互促进的。一方面，教育通过提高劳动者的素质和技能，通过生产效应来推动经济的发展；另一方面，经济的发展可以提高人们对于教育的重视程度，并通过加大教育投入资金的方法来切实推动教育的发展。人类进入21世纪以来，生产方式、生活方式及学习方式不断发生着变化，教育促进可持续发展正成为国际社会的共识与行动。宣传教育是提高不同层次社会公众可持续发展意识的最有效的方式之一。《联合国可持续发展教育十年（2005—2014）国际实施计划》提出了“可持续发展教育（ESD）”的概念，认为各国可持续发展面临着许多紧迫性问题，需要让人们清醒地认识环境承载力和增长局限性，准确定位教育与可持续发展的关系。加强教育对于河北省资源型城市循环经济系统可持续发展的引领作用，可以通过两种途径来实施：一是在我国现有的教育体系中大力推广环境教育；二是在我国初步建立全民终身教育的体系。自然环境和人工环境是深深地相互依存的。环境教育可以促使人们理解当今世界的主要问题，在充分尊重道德价值观念的基础上保护好环境。全民终身教育可以让我国公民接受可持续发展思想，让可持续发展思想与知识的学习形成人们的一种自觉学习行为，贯穿于人的一生。

（4）文化支撑。资源型城市循环经济系统的建设不仅需要技术上和制度上的支持，更需要社会文化作为支撑。社会文化作为社会意识形态不仅直接塑造着人们的价值观、人生观，而且还通过人的良知左右人的行为，使人的行为建立在自觉的基础之上。资源型城市循环经济系统的建设作为一种新型的发展模式，其目的是要节约资源，减少环境负荷，实现经济、社会和环境的可持续发展。要达到这一目标，需要变革近代以来的市场经济伦理，树立以循环、共生和可持续发展为核心的价值观。这种改变如果缺少了文化支撑，是不可能实现的。在现代社会里，能够从根本上约束人的行为的力量主要有两个：一个是法律和行政制度；另一个是伦理道德，而伦理道德可以认为是被社会广泛接受的一种文化。建设有中国特色的生态伦理观并大力推广使之成为我国的主流文化，是建设资源型城市循环经济系统的关键。

综上所述，在对资源型城市循环经济系统进行规划时，只有核心企业、信息系统、计划系统、控制系统、执行系统、系统服务组织、社会团体、科研院所、公众、政府推动、科技创新、教育引领和文化支撑等要素有机整合在一起，构成一个较为完整的资源型城市循环经济系统，共同发挥作用，才能更好地支持和推动资源型城市的可持续发展，加快生态城市建设的步伐。

5 河北省资源型城市循环经济系统设计

管理信息系统中的系统设计，是根据目标系统逻辑功能的要求，结合实际情况，采取一定的方法，详细地确定目标系统的结构和具体实施方案，即建立目标系统的物理模型。具体地讲，就是根据新系统逻辑模型所提出的各项功能要求，结合组织的实际情况详细地设计出新系统的基本结构，并为新系统实施阶段的各项工作准备好实施方案。

资源型城市循环经济系统是模仿自然生态系统来研究资源型城市的发展，循环经济系统设计是在系统规划的基础上，重点完成资源型城市循环经济发展模式、循环经济系统的核心企业选择、工业生态链网设计、技术支撑和系统集成研究等工作。本书在第 5 章将重点对资源型城市循环经济系统的核心企业选择和工业生态链网设计进行研究。

国务院 2013 年 1 月 23 日颁布的《循环经济发展战略及近期行动计划》（国发〔2013〕5 号）指出，发展循环经济是我国的一项重大战略决策，是落实党的十八大推进生态文明建设战略部署的重大举措，是加快转变经济发展方式，建设资源节约型、环境友好型社会，实现可持续发展的必然选择。为指导和推动循环经济加快发展，实现“十二五”规划纲要提出的资源产出率提高 15% 的目标，《循环经济发展战略及近期行动计划》对发展循环经济作出了战略规划，此规划应作为我国各个省（直辖市、自治区）在制定本地区循环经济规划时的战略性指导文件。

5.1 资源型城市第一产业循环经济系统设计

5.1.1 邯郸市第一产业循环经济系统设计

发展循环型农业是邯郸市农业和农村经济发展的时代要求和必然选择，

是落实科学发展观、转变邯郸市农业经济增长方式的有效途径，是邯郸市全面建设小康社会的战略选择。邯郸市发展循环型农业已经具备了一定的基础，丰富的农业资源和优越的区位优势，为邯郸市发展循环型生态农业提供了良好的条件。邯郸市农业循环经济系统的构建是邯郸市建设循环型社会的关键性基础。因此，要大力推进邯郸市第一产业循环经济系统的建设，实现邯郸市经济效益、社会效益与生态环境效益的有机统一。

邯郸市第一产业循环经济系统设计的重点是要坚持一个中心，抓住两个着力点，推进三化，按照五项要求，发展五大支柱产业。坚持一个中心即坚持以农民增收为中心，抓住两个着力点即以农村产业结构调整和农业经营机制创新为着力点，推进三化即推进农业产业化、集约化和工业化，按照五项要求即按照高产、优质、高效、生态、安全的要求，发展五大支柱产业即发展粮（小麦、玉米、谷物）、棉、畜（优质瘦肉型猪、绿色禽蛋、奶牛、肉羊）、蔬（辣椒、大蒜、洋葱、莲藕、食用菌、蔬菜）、果（鸭梨、核桃）五大支柱产业。重点实现邯郸市第一产业3个层次上的循环，即第一产业内部循环、第一产业与第二产业之间的循环和第一产业与第三产业之间的循环。邯郸市第一产业循环经济系统设计见图5-1。

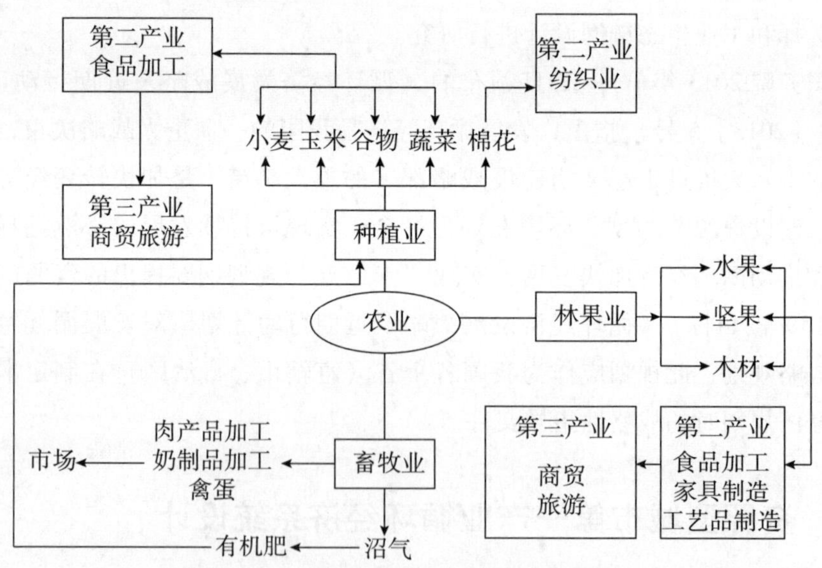

图5-1 邯郸市第一产业循环经济系统设计

5.1.2 邯郸市第一产业循环经济发展措施

按照《邯郸市国民经济和社会发展第十二个五年规划》要求，邯郸市在“十二五”期间要突出发展现代农业，巩固“三农”基础地位，全面加快农业现代化进程，把“保供增收惠民生，改革创新添活力”作为重要任务，努力实现居民收入增长和经济发展同步，确保农民人均纯收入年均增长10%以上。具体措施如下。

第一，要加快农业产业化步伐。推进农产品及加工集团化、集约化、规模化、标准化。重点发展粮油加工、果蔬加工、肉类加工、蛋乳加工、生物质加工五大主导产业。做大做强油脂、色素、禽蛋、面粉等十二大农产品加工产业集群，年销售收入在10亿元以上的农产品加工园区达到10个，市级以上农业产业化重点龙头企业发展到500家以上。积极发展订单农业、连锁经营、农超对接等现代流通方式，大力发展农民专业协会和合作经济组织，全市农民专业合作组织发展到5500家，支持重点农产品专业市场和物流体系建设，建成区域性农产品仓储流通交易中心。大力发展花卉园艺、休闲观光等都市型农业，培育和发展环中心城区生态圈。“十二五”时期，农业产业化经营率年均提高1%，2015年达到65%左右。

第二，要大力发展种植业。在粮食主产县（市）规划建设50个粮食高产示范方，实施超高产粮田攻关，重点支持千亿斤粮食增产工程、粮食核心区建设、中低产田改造、农田水利建设等农业项目，确保实现“吨粮市”目标。全市耕地保有量要稳定在977万亩，粮食播种面积稳定在1150万亩，2015年实现总产560万吨。大力发展棉花产业，以邱县、曲周、成安、肥乡、馆陶、鸡泽、永年为重点，建设优质棉花基地，“十二五”末，发展高效棉田间套75万亩，促进棉农增收7亿元。大力发展蔬菜产业，规模化发展设施蔬菜，加快永年省级蔬菜生产示范县建设，支持发展市级蔬菜基地县。培植特色品牌蔬菜，建设辣椒、大蒜、洋葱、莲藕、食用菌、错季蔬菜等生产基地。全市蔬菜播种面积达到230万亩，实现产值110亿元以上。

第三，大力发展畜牧业，提升畜牧业规模化、标准化养殖加工水平，重点培育优质瘦肉型猪、绿色禽蛋、奶牛、肉羊四大优势产区，畜牧业产值达到290亿元，占农业总产值的比重达到50%以上。

第四，大力发展林果产业，培育壮大核桃、花椒、黄连木能源、鸭梨、木材、林下产业六大林果产业，完成林业重点工程造林绿化面积188.8万亩，特色林果基地总规模达到200万亩，总产值达到50亿元。

5.2 资源型城市第三产业循环经济系统设计

邯郸市第三产业循环经济系统设计是以实现第三产业整体生态化转型为目标，重点对生产型和非生产型服务业中资源消耗较大、环境影响较重的传统服务业进行生态化改造和提升，以低碳、低消耗、低污染、产业发展与生态环境相协调为准则，通过实施服务主体生态化、服务途径清洁化、消费模式绿色化及与其他产业生态耦合等措施，把生态文明理念和循环经济“3R”原则融入“提供服务、实施服务、享受服务”的第三产业循环经济系统设计中去。

邯郸市第三产业循环经济系统设计的基本思路是以基础设施建设、商业结构完善、旅游资源开发、打造城市名片为基础，发展绿色物流、绿色商贸、生态旅游和低碳会展，建立废物回收系统。邯郸市新的第三产业体系将以发展物流、商贸、旅游和会展为重点，凸显物流对商贸、旅游和会展的支撑作用，商贸对物流、旅游和会展的促进作用，旅游对物流、商贸和会展的带动作用，以及会展对物流、商贸和旅游的引领作用，不断延伸四大产业链。培育壮大房地产、金融保险、科技教育、居民服务等其他第三产业，以有力支撑第一、第二产业的发展。邯郸市第三产业循环经济系统设计见图5-2。

5.3 资源型城市第二产业循环经济系统设计

邯郸市是一个因资源而兴起的城市，是全国重要的冶金、电力、煤炭、建材、纺织、日用陶瓷、白色家电生产基地。邯郸市的三大产业比重（%）1985年为23.2/49.9/26.9，1990年为23.7/46.2/30.1，1995年为25.5/44.1/30.4，2000年为17.5/47.7/34.8，2005年为13.7/50.3/36.0到了2010年变为13.0/54.2/32.8。从这些数据可以看出，在邯郸市的产业结构中，第二产业占据了半壁江山。虽然从邯郸市的可持续发展角度看，邯郸市要重点发展第三产业，而使第二产业的贡献率逐步降低。但在相当长的一段时间内，第二产业仍然是邯郸市的支柱产业。邯郸市循环经济系统包括第一产业循环

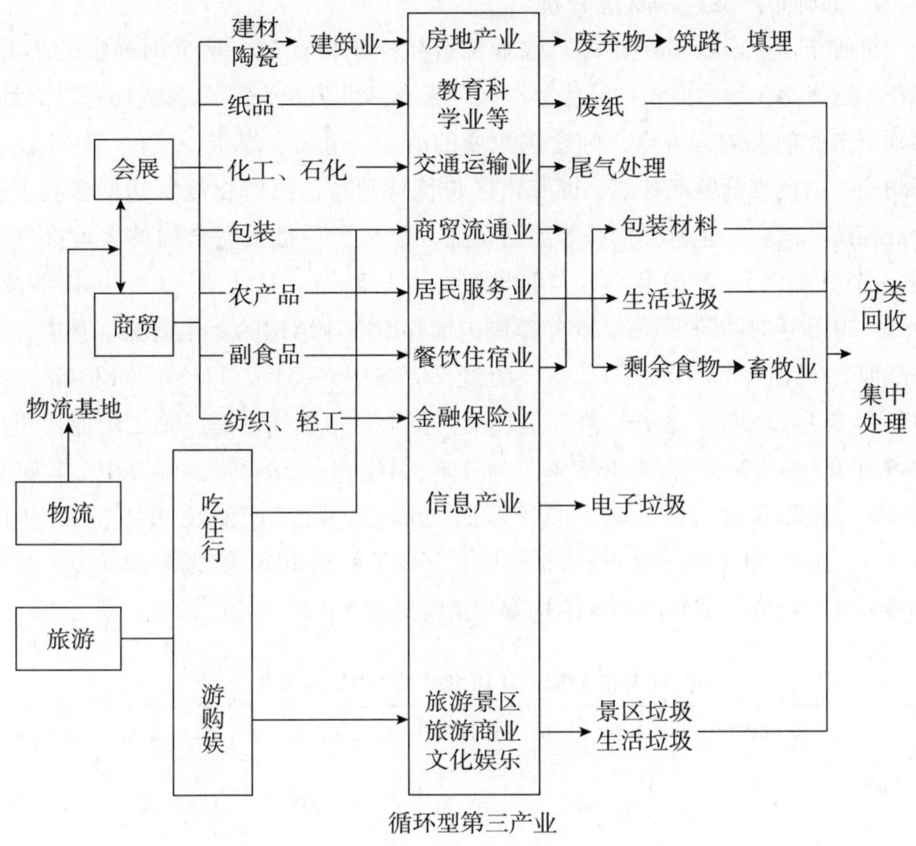

图 5－2　邯郸市第三产业循环经济系统设计

经济系统、第二产业循环经济系统和第三产业循环经济系统，其中第二产业循环经济系统是邯郸市循环经济系统的构成主体。因此，在对邯郸市循环经济系统进行设计时，科学构建工业生态链网、合理布局邯郸市工业体系就是整个产业循环经济系统构建的重中之重了。

5.3.1　资源型城市循环经济系统核心企业的选择

从图 4－7 邯郸市循环经济系统整体结构图中可以看出，核心企业位于循环经济系统中心位置。核心企业的确定是整个循环经济系统设计的重中之重，通过对核心企业的选取与分析，政府产业规划部门可以大致确定整个城市循环经济系统的发展方向、发展路径和注意问题等。

1. 邯郸市产业经济状况分析

邯郸市产业经济基础雄厚。农业综合生产条件优越，是全国确定的小麦、棉花、玉米等5种主要农产品优势产区，素有“北方粮仓”、“冀南棉海”之称。邯郸市工业门类较为齐全，为全国重要的冶金、电力、煤炭、建材、纺织、日用陶瓷、白色家电生产基地。邯郸市区位优势独特，商贸物流发达，形成了一大批轻纺、汽贸、建材、钢铁等流通企业，建成了一批辐射全国的大型批发市场。邯郸市1985—2010年年度GDP结构见表5－1。从表5－1中可以看出，1985—2010年时间跨度长达25年范围内邯郸市产业结构的变化情况。其中，第一产业比重由1985年的23.2%，历经23.7%、25.5%、17.5%、13.7%，到2010年变为13.0%，先升后降，呈现出“倒U”形曲线形态。第二产业比重由1985年的49.9%，历经46.2%、44.1%、47.7%、50.3%，到2010年变为54.2%，先降后升，呈现为“U”形曲线形态。第三产业比重由1985年的26.9%，历经30.1%、30.4%、34.8%、36.0%，到2010年变为32.8%，基本上是上升的趋势。邯郸市产业结构变化情况见图5－3。

表5－1　　邯郸市1985—2010年年度GDP结构表

	1985年	1990年	1995年	2000年	2005年	2010年
GDP（亿元）	60.76	105.46	289.86	542.35	1157.29	2361.56
三大产业比重（%）	23.2/49.9/26.9	23.7/46.2/30.1	25.5/44.1/30.4	17.5/47.7/34.8	13.7/50.3/36.0	13.0/54.2/32.8
第一产业（亿元）	14.10	24.97	73.91	95.18	158.08	307.95
第二产业（亿元）	30.33	48.77	127.89	258.27	582.09	1280.3
第三产业（亿元）	16.33	31.72	88.06	188.90	417.12	773.31

表5－2是邯郸市1986—2010年的GDP及三大产业增速表，图5－4是邯郸市1986—2010年的GDP及三大产业增速变化图。从图5－4可以大致看出，第二产业的增速曲线和邯郸市GDP增速变化曲线的几何形状最为相似，由此可以初步判断，第二产业对邯郸市的经济贡献最大，是拉动邯郸市经济增长

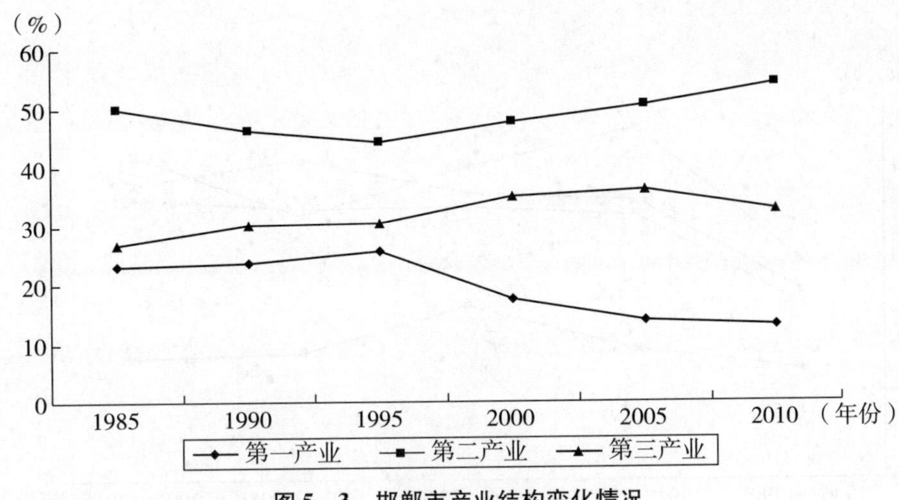

图 5-3 邯郸市产业结构变化情况

的主要力量。如果要准确分析邯郸市的经济发展主要是由三大产业中的哪个产业拉动的，可以通过计算各个产业与邯郸市 GDP 的灰色关联度来实现。

表 5-2 邯郸市 1986—2010 年的 GDP 及三大产业增速表

	1986—1990 年	1991—1995 年	1996—2000 年	2001—2005 年	2006—2010 年
GDP	7.90	12.00	12.40	12.30	12.80
第一产业	5.00	5.90	7.90	5.80	5.50
第二产业	8.60	12.70	13.00	14.60	13.40
第三产业	9.90	16.00	14.20	12.00	14.70

(1) 灰色关联度分析简介。灰色关联度分析简介如下。

在控制论中，人们常用颜色的深浅来形容信息的明确程度。用“黑”表示信息未知，用“白”表示信息完全明确，用“灰”表示部分信息明确、部分信息不明确。相应地，信息未知的系统称为黑色系统，信息完全明确的系统称为白色系统，信息不完全确知的系统称之为灰色系统。灰色系统是介于信息完全知道的白色系统和一无所知的黑色系统之间的中间系统。灰色系统是贫信息的系统，统计方法难以奏效。灰色系统理论能处理贫信息系统，适用于只有少量观测数据的项目。

灰色系统理论是中国学者邓聚龙教授于 1982 年提出的。它的研究对象是

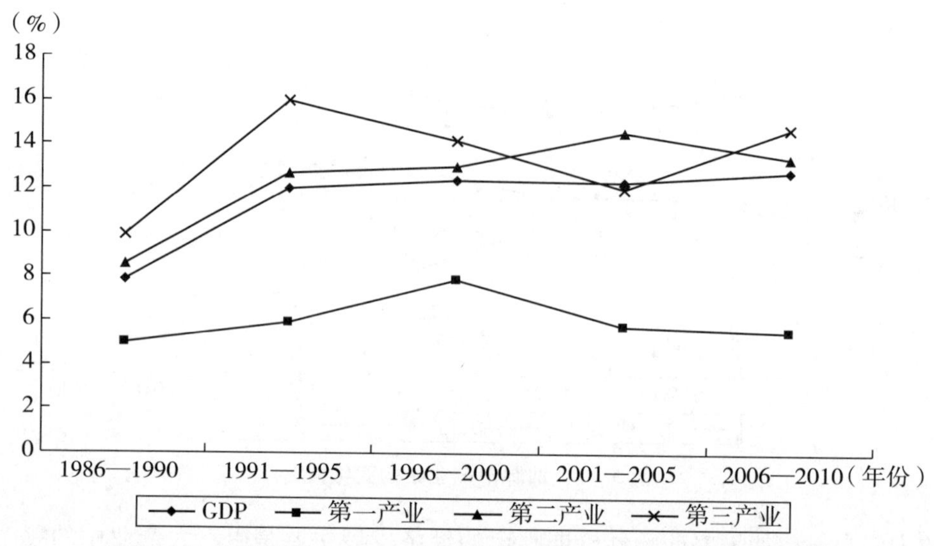

图5-4 邯郸市1986—2010年的GDP及三大产业增速变化情况图

"部分信息已知，部分信息未知"的"贫信息"不确定性系统，它通过对部分已知信息的生成、开发实现对现实世界的确切描述和认识。换句话说，灰色系统理论主要是利用已知信息来确定系统的未知信息，使系统由"灰"变"白"。其最大的特点是对样本量没有严格的要求，不要求服从任何分布。

社会、经济等系统具有明显的层次复杂性、结构关系的模糊性、动态变化的随机性、指标数据的不完全性和不确定性。灰色系统的普遍存在，决定了灰色系统理论具有十分广阔的发展前景。社会系统、经济系统等抽象系统包含多种因素，这些因素之间哪些是主要的，哪些是次要的，哪些需要发展，哪些需要抑制，这些都是因素分析的内容。回归分析是一种较通用的方法，但大都只适用于只有少量因素的、线性的问题。对于多因素的、非线性的问题，则难以处理。灰色系统理论提出了一种新的分析方法，即系统的关联度分析方法。它是根据因素之间发展态势的相似程度来衡量因素间关联程度的方法。

进行关联度分析，首先要找准数据序列，即用什么数据才能反映系统的行为特征。当有了系统行为的数据列后，根据关联度计算公式便可算出关联程度。关联度反映各评价对象对理想对象的接近次序，即评价对象的优劣次序，其中灰色关联度最大的评价对象为最佳。由于关联度分析方法是按发展趋势作分析，因此对样本量的多少没有要求，也不需要有典型的分布规律，计算量小。关联度分析方法的最大优点是它对数据量没有太高的要求，即数据多与少都可以分析。它的数学方法是非统计方法，在系统数据资料较少和条件不满足统计要求的情况下，更具有实用性。

对于一个参考数据列 x_0，比较数列为 x_i，可用如下关系式表示各被比较对象与参考对象的关联程度。式中，$\xi_i(k)$ 称为 x_i 对 x_0 关于 k 指标的关联系数。ξ 为分辨系数，$\xi \in [0, 1]$，引入它是为了减少极值对计算的影响，一般取 $\xi \leqslant 0.5$。

$$\xi_i(k) = \frac{\min\limits_i \min\limits_k |x_0(k) - x_i(k)| + \xi \max\limits_i \max\limits_k |x_0(k) - x_i(k)|}{|x_0(k) - x_i(k)| + \xi \max\limits_i \max\limits_k |x_0(k) - x_i(k)|}$$

（2）邯郸市产业结构灰色关联度分析。邯郸市产业结构灰色关联度分析如下。

以邯郸市 GDP 增速为参考数据列，以三大产业增速为比较数列，取 $\xi = 0.5$。下面分别计算三大产业增速与邯郸市 GDP 增速的灰色关联度。由于表 5 – 2数据为相对数据，没有量纲，所以不用标准化处理，可以直接计算。计算结果见表 5 – 3。

表 5 – 3　　邯郸市产业结构灰色关联度分析表

	1986—1990 年	1991—1995 年	1996—2000 年	2001—2005 年	2006—2010 年	关联度
第一产业	0.4943	0.4098	0.4222	0.3641	0.3881	0.4157
第二产业	1.0000	1.0000	1.0000	0.6396	1.0000	0.9279
第三产业	0.6232	0.5319	0.7037	1.0000	0.7658	0.7249

由表 5 – 3 可知，第二产业与邯郸市 GDP 增速的关联度最高，关联度为 0.9279，可见第二产业对邯郸市的经济贡献最大，是拉动邯郸市经济增长的主要力量。第三产业与邯郸市 GDP 增速的关联度位居第二位，关联度为 0.7249，说明其对邯郸市的经济贡献也非常大。从邯郸市的可持续发展角度看，邯郸市要重点发展第三产业，而使第二产业的贡献率逐步降低。

2. 邯郸市循环经济系统核心企业的选择

循环经济系统的核心企业相当于自然生态系统中的建群种。生态学中对

“建群种”的概念描述如下。一个生态系统中具有生命的部分即生物群落，它包括植物、动物、微生物等各个物种的种群。生物群落中根据各个物种在群落中的作用来划分群落成员类型，包括优势种与建群种、亚优势种、伴生种和偶见种。群落中对群落的结构和群落环境的形成起主要作用的种称为优势种，它们通常是那些个体数量多、投影盖度大、生物量高、生命力强的种，即优势度较大的种。群落不同的层次可以有各自的优势种，其中，优势层的优势种称为建群种。比如森林群落中，乔木层、灌木层、草本层常有各层的优势种，而乔木层的优势种即为建群种。

循环经济系统是按照生态学原理，通过企业间的物质、能量和信息流动，形成产业间的代谢和共生耦合关系，使一家工厂的废气、废水、废渣、废热或副产品成为另一家工厂的原料和能源，从而构建类似于自然生态系统中的食物链和食物网的生态产业结构的。循环经济系统的核心企业相当于自然生态系统中的建群种，而现实中应选择哪些企业作为“建群种”来构建循环经济系统呢？这方面的典型代表是丹麦卡伦堡工业园区。这个工业园区的主体企业是电厂、炼油厂、制药厂和石膏板生产厂，以这 4 个企业为核心，通过贸易方式，利用对方生产过程中产生的废弃物或副产品作为自己生产中的原料，不仅减少了废物产生量和处理的费用，还产生了很好的经济效益，形成了经济发展和环境保护的良性循环。

循环经济系统规划中核心产业的确定，多采用定性和定量相结合的方法来进行。王崇锋博士在《生态城市产业集聚问题研究》一书中提出了循环经济系统核心企业选取可以遵循的 3 个原则：污染重、能耗大的行业优先选择原则；产业集聚程度高的行业优先选择原则；已有国内外建设先例的行业优先选择原则。褚大建教授采用聚类分析法确定了中国循环经济应该优先发展的前 4 个行业分别是：化学原料及化学制品制造业、黑色金属冶炼及压延加工业、石油加工炼焦及核燃料加工业和造纸及纸制品业等行业。徐玖平教授等采用产业关联分析，用定量的方法来研究上下游产业之间的供给拉动和需求推动的相互影响，以此来确定能够带动区域经济发展的主导产业。按照以上学者的观点，邯郸市在构建循环经济系统时应当主要围绕煤炭开采和洗选业、黑色金属矿采选业、石油加工炼焦及核燃料加工业，以及黑色金属冶炼及压延加工业为核心企业来构建循环经济系统，并且，该系统是一个多中心的循环经济系统。

在借鉴以上学者观点的基础上，本书认为应用定性和定量相结合的方法和原则来选择循环经济系统的核心企业。具体步骤如下。首先，计算产业之间的相关系数，由相关矩阵确定的产业权重来选择循环经济系统的核心产业，即权重高的产业和其他产业的相关性高，如果以此作为核心产业来构建循环经济系统中的产业链和产业网，可以适当延长系统的产业链和扩大系统中的产业网，使系统的循环经济效果更好。其次，要考虑该产业增加值占整个区域增加值的比重，即区域经济发展的主导产业优先原则。最后，要参考诸大建等学者提出的循环经济应该优先发展的行业等原则，以最终确定某区域循环经济系统的核心企业。

相关矩阵赋权法的基本思想是：指标间的相关系数反映了指标间相互影响的程度。如果某指标与指标体系中其他所有指标的总相关程度较高，则说明该指标对其他指标的影响较大，在指标体系中的作用也较大，理应给其赋予相对较大的权数。相应地，循环经济系统中的某一产业和其他产业的相关性都比较高，如果以此产业为核心产业来构建循环经济系统中的产业链和产业网，则可以适当延长系统的产业链和扩大系统中的产业网，使系统的循环经济效果更好。

相关矩阵赋权法的步骤：设指标体系中包含 n 个指标，则它们的相关矩阵 R 为：

$$R = \begin{bmatrix} r_{11} & r_{12} & \cdots & r_{1n} \\ r_{21} & r_{22} & \cdots & r_{2n} \\ \vdots & \vdots & & \vdots \\ r_{n1} & r_{n2} & \cdots & r_{nn} \end{bmatrix}$$

其中，$r_{ii} = 1, i = 1, 2, \cdots, n$。令 $R_i = \sum_{j=1}^{n} |r_{ij}| - 1$，将 R_i 归一化可得各指标的权数：

$$w_i = \frac{R_i}{\sum_{i=1}^{n} R_i} \qquad (i = 1, 2, \cdots, n)$$

表 5－4 为邯郸市 1986—2010 年主要工业产品产量变动表，表 5－5 为邯郸市 1985—2010 年主要工业产品产量表。以表 5－5 为基础，计算邯郸市主要工业产品之间的相关系数，计算结果见表 5－6。

表 5-4　　邯郸市 1986—2010 年主要工业产品产量变动表

	1986—1990 年	1991—1995 年	1996—2000 年	2001—2005 年	2006—2010 年
铁矿石	2.90	18.20	5.70	4.80	7.30
生铁	8.50	26.00	6.40	22.10	12.10
钢	9.70	16.20	4.4	31.30	16.70
成品钢材	8.60	22.70	8.00	25.80	27.50
日用陶瓷	10.30	4.10	8.30	6.90	-7.50
机制纸及纸板	11.60	28.10	-16.80	0.00	-19.10
原煤	-0.90	6.40	-0.40	2.00	0.00
发电量	-0.40	3.20	6.00	11.50	3.40
水泥	5.50	17.10	3.40	8.60	-4.50
塑料制品	8.70	51.00	0.50	27.00	32.80
布	5.90	4.80	-11.90	6.20	5.20
纱	-1.20	8.60	4.80	1.30	14.00
白酒	17.20	3.10	10.90	5.10	-2.80
农药化肥	8.30	12.90	-7.40	3.20	-23.60
化学农药	-3.40	3.20	10.60	-0.70	22.50

表 5-5　　邯郸市 1985—2010 年主要工业产品产量表

	1985 年	1990 年	1995 年	2000 年	2005 年	2010 年
铁矿石（万吨）	596.20	684.00	1577.80	426.80	539.10	761.80
生铁（万吨）	113.40	170.40	540.70	690.40	1873.90	3321.70
钢（万吨）	81.90	130.10	276.20	435.80	1696.90	3684.30
成品钢材（万吨）	52.50	79.30	220.90	384.20	1212.50	4079.40
日用陶瓷（万件）	11464.00	18708.00	22904.00	18745.00	26098.00	17682.20
机制纸及纸板（万吨）	4.80	8.30	28.60	20.80	20.80	7.20
原煤（亿吨）	0.20	0.20	0.30	0.20	0.30	0.30
发电量（亿度）	85.70	84.20	98.70	131.70	226.80	266.80

续表

	1985 年	1990 年	1995 年	2000 年	2005 年	2010 年
水泥（万吨）	221.20	289.40	636.90	648.00	978.30	770.90
塑料制品（吨）	6621.00	10028.00	78753.00	16123.00	53250.00	220112.00
布（万米）	17513.00	23297.00	29429.00	22337.00	30230.00	38849.60
纱（万吨）	6.90	6.50	9.80	15.10	16.10	30.60
白酒（千升）	6364.00	14067.00	16407.00	31870.00	40684.00	35301.70
农药化肥（万吨）	9.90	14.80	27.20	22.80	26.70	7.00
化学农药（吨）	5252.00	4409.00	5150.00	7903.00	7640.00	21071.00

表 5－6　邯郸市主要工业产品相关系数矩阵表

	铁矿石	生铁	钢	成品钢材	日用陶瓷	原煤	发电量	水泥	白酒	农药化肥	化学农药
铁矿石	1.00	0.70	0.05	0.38	－0.25	0.91	－0.12	0.64	－0.48	0.32	0.08
生铁	0.70	1.00	0.72	0.69	－0.09	0.91	0.38	0.73	－0.49	0.48	－0.29
钢	0.05	0.72	1.00	0.79	－0.18	0.37	0.67	0.21	－0.48	0.11	－0.20
成品钢材	0.38	0.69	0.79	1.00	－0.71	0.48	0.41	0.01	－0.90	－0.25	0.34
日用陶瓷	－0.25	－0.09	－0.18	－0.71	1.00	－0.05	0.06	0.52	0.88	0.74	－0.85
原煤	0.91	0.91	0.37	0.48	－0.05	1.00	0.15	0.82	－0.41	0.54	－0.22
发电量	－0.12	0.38	0.67	0.41	0.06	0.15	1.00	0.10	－0.31	－0.07	－0.05
水泥	0.64	0.73	0.21	0.01	0.52	0.82	0.10	1.00	0.16	0.91	－0.70
白酒	－0.48	－0.49	－0.48	－0.90	0.88	－0.41	－0.31	0.16	1.00	0.51	－0.68
农药化肥	0.32	0.48	0.11	－0.25	0.74	0.54	－0.07	0.91	0.51	1.00	－0.92
化学农药	0.08	－0.29	－0.20	0.34	－0.85	－0.22	－0.05	－0.70	－0.68	－0.92	1.00

对表5－6进行整理，可得邯郸市主要工业产品权重矩阵表5－7。从表5－7中可以看出，在邯郸市的主导产业中权重排在第一位的是生铁，然后是成品钢材、原煤和水泥，邯郸市应以生产这4种产品的相关企业为核心来构建循环经济系统。至于白酒、农药和化肥，3种成品的权重虽然也不低，但因其规模较小，不是邯郸市的主导产业，故不能够成为核心企业。

表5－7　　邯郸市主要工业产品权重矩阵表

	铁矿石	生铁	钢	成品钢材	日用陶瓷	原煤	发电量	水泥	白酒	农药化肥	化学农药
权重	0.08	0.11	0.08	0.10	0.09	0.10	0.05	0.10	0.11	0.10	0.09

以上是以邯郸市主要工业产品产量为基础来确定循环经济系统核心企业的过程。表5－8是邯郸市规模以上工业企业主要经济指标，如果以该表为基础来计算相关系数，确定权重并确定循环经济系统核心企业，其结果会怎样呢？和以上的分析结果是否一致呢？

表5－8　　邯郸市规模以上工业企业主要经济指标（当年价格）　　单位：万元

	2006年	2007年	2008年	2009年	2010年	2011年
B采矿业	1654788	1988690	3431475	3268978	4518727	5306383
煤炭开采和洗选业	1342723	1634570	2790146	2947461	3987885	4790867
黑色金属矿采选业	309711	353081	639144	311892	513066	511044
C制造业	12299311	17385834	25236107	26026249	33771072	42519206
农副食品加工业	517115	725976	1169964	1334650	1894071	2440843
食品制造业	55496	103571	211147	306873	452439	854696
饮料制造业（白酒）	25729	42693	75036	104573	147604	219942
纺织业	433557	566626	697108	732072	1243589	1697760

续表

	2006 年	2007 年	2008 年	2009 年	2010 年	2011 年
石油加工、炼焦及核燃料加工业	551802	930516	1369448	1306963	1350224	1893448
精炼石油产品的制造	4739	1753	25545	30640	54568	112968
炼焦	547063	928763	1343903	1276323	1295656	1780481
化学原料及化学制品制造业	383361	596429	509028	513038	669245	664102
医药制造业	76402	110628	152183	202519	225190	296617
塑料制品业	104903	206116	264432	343121	544079	329233
非金属矿物制品业	360318	375658	524798	626420	835472	1650607
水泥制造	210897	194391	242902	271381	325147	450194
水泥及石膏制品制造	7347	7134	10932	12745	17229	74153
砖瓦、石材及其他建筑材料制造	5876	4836	17472	36614	71127	207736
玻璃及玻璃制品制造	5925	11355	30472	62875	121759	480482
陶瓷制品制造	29085	36978	83524	99346	142923	186224
耐火材料制品制造	31055	45293	34890	50176	42531	40385
黑色金属冶炼及压延加工业	8815242	12341738	18301540	18192774	23082874	27570597
有色金属冶炼及压延加工业	7886	16364	112413	143760	226211	120975
金属制品业	70716	35160	112571	126938	165494	190491
通用设备制造业	329819	521966	650260	830524	1215226	1723805

续表

	2006 年	2007 年	2008 年	2009 年	2010 年	2011 年
专用设备制造业	185355	220484	237228	234247	380058	472703
交通运输设备制造业	44220	91899	144800	181197	225491	406419
电气机械及器材制造业	22988	38296	71823	110065	145055	687418
通信设备、计算机及其他电子设备	5865	8224	19670	9617	21723	43226
仪器仪表及文化、办公用机械制造	41103	68251	75368	87343	86219	73384
D 电力、热力的生产和供应业	1547958	1924601	2102696	2348962	2774701	3126799

以表 5－8 为基础，计算邯郸市规模以上工业企业之间的相关系数，计算结果见表 5－9、表 5－10 和表 5－11。

表 5－9　　邯郸市规模以上工业企业相关系数矩阵表 1

行业	煤炭开采和洗选业	黑色金属矿采选业	农副食品加工业	食品制造业	饮料制造业（白酒）	纺织业	石油加工、炼焦及核燃料加工业	精炼石油产品的制造	炼焦
煤炭开采和洗选业	1.00	0.56	1.00	0.95	0.98	0.96	0.93	0.94	0.92
黑色金属矿采选业	0.56	1.00	0.51	0.41	0.43	0.47	0.62	0.45	0.62
农副食品加工业	1.00	0.51	1.00	0.97	0.99	0.98	0.93	0.96	0.91
食品制造业	0.95	0.41	0.97	1.00	0.99	0.98	0.90	1.00	0.88

续表

行业	煤炭开采和洗选业	黑色金属矿采选业	农副食品加工业	食品制造业	饮料制造业(白酒)	纺织业	石油加工、炼焦及核燃料加工业	精炼石油产品的制造	炼焦
饮料制造业(白酒)	0.98	0.43	0.99	0.99	1.00	0.98	0.91	0.98	0.90
纺织业	0.96	0.47	0.98	0.98	0.98	1.00	0.87	0.98	0.85
石油加工、炼焦及核燃料加工业	0.93	0.62	0.93	0.90	0.91	0.87	1.00	0.88	1.00
精炼石油产品的制造	0.94	0.45	0.96	1.00	0.98	0.98	0.88	1.00	0.86
炼焦	0.92	0.62	0.91	0.88	0.90	0.85	1.00	0.86	1.00
化学原料及化学制品制造业	0.75	0.42	0.78	0.72	0.75	0.79	0.73	0.67	0.72
医药制造业	0.98	0.42	0.98	0.96	0.99	0.94	0.94	0.94	0.93
塑料制品业	0.76	0.41	0.73	0.56	0.67	0.64	0.62	0.53	0.62
非金属矿物制品业	0.90	0.38	0.93	0.99	0.96	0.96	0.86	0.99	0.83
水泥制造	0.94	0.40	0.96	0.99	0.98	0.98	0.86	1.00	0.84
水泥及石膏制品制造	0.79	0.32	0.83	0.93	0.87	0.89	0.78	0.94	0.76
砖瓦、石材及其他建筑材料制造	0.87	0.34	0.91	0.98	0.94	0.95	0.82	0.98	0.80
玻璃及玻璃制品制造	0.83	0.32	0.87	0.96	0.91	0.93	0.80	0.97	0.78
陶瓷制品制造	1.00	0.51	1.00	0.97	0.99	0.97	0.92	0.96	0.91

续表

行业	煤炭开采和洗选业	黑色金属矿采选业	农副食品加工业	食品制造业	饮料制造业（白酒）	纺织业	石油加工、炼焦及核燃料加工业	精炼石油产品的制造	炼焦
耐火材料制品制造	0.25	-0.30	0.27	0.21	0.28	0.18	0.32	0.11	0.34
黑色金属冶炼及压延加工业	0.99	0.60	0.99	0.94	0.97	0.94	0.96	0.93	0.95
有色金属冶炼及压延加工业	0.78	0.48	0.73	0.56	0.67	0.61	0.65	0.55	0.65
金属制品业	0.96	0.51	0.94	0.90	0.93	0.89	0.84	0.91	0.83
通用设备制造业	0.97	0.43	0.99	0.99	1.00	0.99	0.90	0.98	0.88
专用设备制造业	0.94	0.47	0.96	0.96	0.96	1.00	0.83	0.96	0.81
交通运输设备制造业	0.95	0.44	0.97	1.00	0.99	0.97	0.93	0.99	0.92
电气机械及器材制造业	0.81	0.31	0.85	0.95	0.89	0.90	0.80	0.95	0.78
通信设备、计算机及其他电子设备	0.89	0.63	0.91	0.94	0.91	0.94	0.89	0.96	0.87
仪器仪表及文化、办公用机械制造	0.64	0.37	0.60	0.45	0.55	0.45	0.69	0.39	0.71
电力、热力的生产和供应业	0.98	0.46	0.99	0.95	0.98	0.96	0.92	0.93	0.91

表 5－10 邯郸市规模以上工业企业相关系数矩阵表 2

行业	化学原料及化学制品制造业	医药制造业	塑料制品业	非金属矿物制品业	水泥制造	水泥及石膏制品制造	砖瓦、石材及其他建筑材料制造	玻璃及玻璃制品制造	陶瓷制品制造	耐火材料制品制造	黑色金属冶炼及压延加工业
煤炭开采和洗选业	0.75	0.98	0.76	0.90	0.94	0.79	0.87	0.83	1.00	0.25	0.99
黑色金属矿采选业	0.42	0.42	0.41	0.38	0.40	0.32	0.34	0.32	0.51	－0.30	0.60
农副食品加工业	0.78	0.98	0.73	0.93	0.96	0.83	0.91	0.87	1.00	0.27	0.99
食品制造业	0.72	0.96	0.56	0.99	0.99	0.93	0.98	0.96	0.97	0.21	0.94
饮料制造业（白酒）	0.75	0.99	0.67	0.96	0.98	0.87	0.94	0.91	0.99	0.28	0.97
纺织业	0.79	0.94	0.64	0.96	0.98	0.89	0.95	0.93	0.97	0.18	0.94
石油加工、炼焦及核燃料加工业	0.73	0.94	0.62	0.86	0.86	0.78	0.82	0.80	0.92	0.32	0.96
精炼石油产品的制造	0.67	0.94	0.53	0.99	1.00	0.94	0.98	0.97	0.96	0.11	0.93
炼焦	0.72	0.93	0.62	0.83	0.84	0.76	0.80	0.78	0.91	0.34	0.95
化学原料及化学制品制造业	1.00	0.75	0.74	0.66	0.66	0.56	0.64	0.61	0.74	0.50	0.79

续表

行业	化学原料及化学制品制造业	医药制造业	塑料制品业	非金属矿物制品业	水泥制造	水泥及石膏制品制造	砖瓦、石材及其他建筑材料制造	玻璃及玻璃制品制造	陶瓷制品制造	耐火材料制品制造	黑色金属冶炼及压延加工业
医药制造业	0.75	1.00	0.72	0.91	0.94	0.81	0.89	0.85	0.98	0.39	0.98
塑料制品业	0.74	0.72	1.00	0.45	0.55	0.24	0.40	0.33	0.74	0.49	0.76
非金属矿物制品业	0.66	0.91	0.45	1.00	0.99	0.97	1.00	0.99	0.92	0.12	0.89
水泥制造	0.66	0.94	0.55	0.99	1.00	0.93	0.98	0.96	0.96	0.13	0.92
水泥及石膏制品制造	0.56	0.81	0.24	0.97	0.93	1.00	0.98	1.00	0.82	0.03	0.77
砖瓦、石材及其他建筑材料制造	0.64	0.89	0.40	1.00	0.98	0.98	1.00	1.00	0.90	0.10	0.85
玻璃及玻璃制品制造	0.61	0.85	0.33	0.99	0.96	1.00	1.00	1.00	0.86	0.07	0.82
陶瓷制品制造	0.74	0.98	0.74	0.92	0.96	0.82	0.90	0.86	1.00	0.25	0.98
耐火材料制品制造	0.50	0.39	0.49	0.12	0.13	0.03	0.10	0.07	0.25	1.00	0.29
黑色金属冶炼及压延加工业	0.79	0.98	0.76	0.89	0.92	0.77	0.85	0.82	0.98	0.29	1.00
有色金属冶炼及压延加工业	0.59	0.73	0.96	0.45	0.56	0.24	0.40	0.32	0.76	0.38	0.77

续表

行业	化学原料及化学制品制造业	医药制造业	塑料制品业	非金属矿物制品业	水泥制造	水泥及石膏制品制造	砖瓦、石材及其他建筑材料制造	玻璃及玻璃制品制造	陶瓷制品制造	耐火材料制品制造	黑色金属冶炼及压延加工业
金属制品业	0.57	0.93	0.73	0.85	0.92	0.72	0.82	0.77	0.96	0.13	0.93
通用设备制造业	0.79	0.97	0.67	0.96	0.98	0.88	0.95	0.92	0.98	0.27	0.96
专用设备制造业	0.81	0.91	0.64	0.95	0.96	0.87	0.94	0.91	0.95	0.15	0.92
交通运输设备制造业	0.73	0.97	0.57	0.98	0.98	0.92	0.96	0.95	0.97	0.26	0.95
电气机械及器材制造业	0.58	0.84	0.27	0.98	0.94	1.00	0.99	1.00	0.83	0.07	0.79
通信设备、计算机及其他电子设备	0.67	0.86	0.44	0.95	0.94	0.93	0.94	0.94	0.90	-0.04	0.90
仪器仪表及文化、办公用机械制造	0.66	0.67	0.83	0.32	0.39	0.15	0.27	0.21	0.60	0.74	0.68
电力、热力的生产和供应业	0.84	0.99	0.77	0.90	0.93	0.79	0.88	0.84	0.98	0.39	0.98

表5－11　　邯郸市规模以上工业企业相关系数矩阵表3

行业	有色金属冶炼及压延加工业	金属制品业	通用设备制造业	专用设备制造业	交通运输设备制造业	电气机械及器材制造业	通信设备、计算机及其他电子设备	仪器仪表及文化、办公用机械制造	电力、热力的生产和供应业
煤炭开采和洗选业	0.78	0.96	0.97	0.94	0.95	0.81	0.89	0.64	0.98
黑色金属矿采选业	0.48	0.51	0.43	0.47	0.44	0.31	0.63	0.37	0.46
农副食品加工业	0.73	0.94	0.99	0.96	0.97	0.85	0.91	0.60	0.99
食品制造业	0.56	0.90	0.99	0.96	1.00	0.95	0.94	0.45	0.95
饮料制造业（白酒）	0.67	0.93	1.00	0.96	0.99	0.89	0.91	0.55	0.98
纺织业	0.61	0.89	0.99	1.00	0.97	0.90	0.94	0.45	0.96
石油加工、炼焦及核燃料加工业	0.65	0.84	0.90	0.83	0.93	0.80	0.89	0.69	0.92
精炼石油产品的制造	0.55	0.91	0.98	0.96	0.99	0.95	0.96	0.39	0.93
炼焦	0.65	0.83	0.88	0.81	0.92	0.78	0.87	0.71	0.91
化学原料及化学制品制造业	0.59	0.57	0.79	0.81	0.73	0.58	0.67	0.66	0.84
医药制造业	0.73	0.93	0.97	0.91	0.97	0.84	0.86	0.67	0.99
塑料制品业	0.96	0.73	0.67	0.64	0.57	0.27	0.44	0.83	0.77
非金属矿物制品业	0.45	0.85	0.96	0.95	0.98	0.98	0.95	0.32	0.90
水泥制造	0.56	0.92	0.98	0.96	0.98	0.94	0.94	0.39	0.93
水泥及石膏制品制造	0.24	0.72	0.88	0.87	0.92	1.00	0.93	0.15	0.79
砖瓦、石材及其他建筑材料制造	0.40	0.82	0.95	0.94	0.96	0.99	0.94	0.27	0.88

续表

行业	有色金属冶炼及压延加工业	金属制品业	通用设备制造业	专用设备制造业	交通运输设备制造业	电气机械及器材制造业	通信设备、计算机及其他电子设备	仪器仪表及文化、办公用机械制造	电力、热力的生产和供应业
玻璃及玻璃制品制造	0.32	0.77	0.92	0.91	0.95	1.00	0.94	0.21	0.84
陶瓷制品制造	0.76	0.96	0.98	0.95	0.97	0.83	0.90	0.60	0.98
耐火材料制品制造	0.38	0.13	0.27	0.15	0.26	0.07	-0.04	0.74	0.39
黑色金属冶炼及压延加工业	0.77	0.93	0.96	0.92	0.95	0.79	0.90	0.68	0.98
有色金属冶炼及压延加工业	1.00	0.81	0.64	0.60	0.57	0.27	0.45	0.82	0.75
金属制品业	0.81	1.00	0.90	0.86	0.89	0.74	0.82	0.55	0.91
通用设备制造业	0.64	0.90	1.00	0.98	0.99	0.90	0.92	0.53	0.98
专用设备制造业	0.60	0.86	0.98	1.00	0.95	0.88	0.93	0.42	0.95
交通运输设备制造业	0.57	0.89	0.99	0.95	1.00	0.94	0.94	0.50	0.96
电气机械及器材制造业	0.27	0.74	0.90	0.88	0.94	1.00	0.93	0.19	0.81
通信设备、计算机及其他电子设备	0.45	0.82	0.92	0.93	0.94	0.93	1.00	0.32	0.87
仪器仪表及文化、办公用机械制造	0.82	0.55	0.53	0.42	0.50	0.19	0.32	1.00	0.67
电力、热力的生产和供应业	0.75	0.91	0.98	0.95	0.96	0.81	0.87	0.67	1.00

表5－12 邯郸市规模以上工业权重矩阵表

序号	行业	权重	序号	行业	权重	序号	行业	权重
1	耐火材料制品制造	1.02	11	金属制品业	3.61	21	医药制造业	3.88
2	黑色金属矿采选业	1.92	12	通信设备、计算机及其他电子设备	3.62	22	黑色金属冶炼及压延加工业	3.88
3	仪器仪表及文化、办公用机械制造	2.31	13	炼焦	3.65	23	交通运输设备制造业	3.88
4	有色金属冶炼及压延加工业	2.69	14	非金属矿物制品业	3.70	24	煤炭开采和洗选业	3.89
5	塑料制品业	2.70	15	石油加工、炼焦及核燃料加工业	3.71	25	陶瓷制品制造	3.90
6	化学原料及化学制品制造业	3.09	16	专用设备制造业	3.77	26	通用设备制造业	3.90
7	水泥及石膏制品制造	3.33	17	水泥制造	3.79	27	电力、热力的生产和供应业	3.90
8	电气机械及器材制造业	3.40	18	精炼石油产品的制造	3.80	28	饮料制造业(白酒)	3.91
9	玻璃及玻璃制品制造	3.49	19	食品制造业	3.85	29	农副食品加工业	3.93
10	砖瓦、石材及其他建筑材料制造	3.61	20	纺织业	3.85	—	—	—

注：总权重为100。

核心企业位于循环经济系统中心位置。核心企业的确定是整个循环经济系统设计的重中之重，通过对核心企业的选取与分析，政府产业规划部门可以大致确定整个城市循环经济系统的发展方向、发展路径和注意问题等。在确定核心企业时要考虑3个问题。一是考虑由相关矩阵确定的行业权重来选择循环经济系统的核心企业，即权重高的行业和其他产业的相关性高，如果以此行业作为核心行业来构建循环经济系统中的产业链和产业网，可以适当延长系统的产业链和扩大系统中的产业网，使系统的循环经济效果更好。二是要考虑该行业增加值占整个城市增加值的比重，即城市经济发展的主导产业优先原则。三是要参考褚大建等学者提出的循环经济应该优先发展的行业等原则，以最终确定某区域循环经济系统的核心产业。

从表5－12可以看出，在所列出的按照行业大类划分的邯郸市规模以上工业的28个行业中（电力、热力的生产和供应业是按门类标准划分的，在此暂不考虑），除了耐火材料制品制造、黑色金属矿采选业、仪器仪表及文化办公用机械制造、有色金属冶炼及压延加工业和塑料制品业5个行业外，其余23个行业由相关矩阵确定的权重均超过了3.00。表5－13最后一列给出的是邯郸市规模以上工业综合权重，其计算方法是：首先计算行业增加值占总行业增加值比重，然后将其与由相关系数矩阵求得的权重进行综合（可取综合系数为0.5和0.5），计算综合权重。行业综合权重已是考虑了循环经济系统核心企业确定的前两个原则，邯郸市规模以上工业中综合权重排在前15位的行业包括黑色金属冶炼及压延加工业、煤炭开采和洗选业、农副食品加工业、石油加工炼焦及核燃料加工业、通用设备制造业、纺织业、炼焦、非金属矿物制品业、食品制造业、电气机械及器材制造业、专用设备制造业、交通运输设备制造业、水泥制造、医药制造业和化学原料及化学制品制造业。在此基础上，再考虑循环经济系统核心企业确定的第3个原则，可以最终确定邯郸市循环经济系统的核心企业为黑色金属冶炼及压延加工业、煤炭开采和洗选业、农副食品加工及食品制造业、设备制造业、纺织业、石油加工炼焦及核燃料加工业（这里主要指炼焦业）、非金属矿物制品业（包括水泥、石灰和石膏的制造，水泥及石膏制品制造，砖瓦、石材及其他建筑材料制造，玻璃及玻璃制品制造，陶瓷制品制造，耐火材料制品制造等）共7个行业的企业。

表 5－13 邯郸市规模以上工业综合权重矩阵表

行业	2011 增加值（万元）	行业增加值比重	由相关系数矩阵求得权重(29 行业)	由相关系数矩阵求得权重(28 行业)	（第 3 列＋第 5 列）/2
耐火材料制品制造	40385	0.08	1.02	1.06	0.57
仪器仪表及文化、办公用机械制造	73384	0.15	2.31	2.40	1.28
黑色金属矿采选业	511044	1.02	1.92	2.00	1.51
有色金属冶炼及压延加工业	120975	0.24	2.69	2.80	1.52
塑料制品业	329233	0.66	2.7	2.81	1.73
水泥及石膏制品制造	74153	0.15	3.33	3.47	1.81
通信设备、计算机及其他电子设备	43226	0.09	3.62	3.77	1.93
金属制品业	190491	0.38	3.61	3.76	2.07
砖瓦、石材及其他建筑材料制造	207736	0.42	3.61	3.76	2.09
精炼石油产品的制造	112968	0.23	3.8	3.96	2.09
陶瓷制品制造	186224	0.37	3.9	4.06	2.22
饮料制造业（白酒）	219942	0.44	3.91	4.07	2.25
化学原料及化学制品制造业	664102	1.33	3.09	3.22	2.27
玻璃及玻璃制品制造	480482	0.96	3.49	3.63	2.30
医药制造业	296617	0.59	3.88	4.04	2.32
水泥制造	450194	0.90	3.79	3.94	2.42
交通运输设备制造业	406419	0.81	3.88	4.04	2.43

续表

行业	2011 增加值（万元）	行业增加值比重	由相关系数矩阵求得权重(29 行业)	由相关系数矩阵求得权重(28 行业)	（第3列＋第5列）/2
专用设备制造业	472703	0.95	3.77	3.92	2.43
电气机械及器材制造业	687418	1.38	3.4	3.54	2.46
食品制造业	854696	1.71	3.85	4.01	2.86
非金属矿物制品业	1650607	3.30	3.7	3.85	3.58
炼焦	1780481	3.56	3.65	3.80	3.68
纺织业	1697760	3.40	3.85	4.01	3.70
通用设备制造业	1723805	3.45	3.9	4.06	3.75
石油加工、炼焦及核燃料加工业	1893448	3.79	3.71	3.86	3.83
农副食品加工业	2440843	4.88	3.93	4.09	4.49
煤炭开采和洗选业	4790867	9.59	3.89	4.05	6.82
黑色金属冶炼及压延加工业	27570597	55.17	3.88	4.04	29.61
合计	49970800	100	96.08	100	100

5.3.2 资源型城市循环经济系统工业生态链网设计

循环经济系统的工业生态链网是模仿自然生态系统中的食物链和食物网而构建的。生态学中的食物链是指生态系统中各种生物按其食物关系排列而成的链形顺序结构，如水体生态系统中的食物链：浮游植物—浮游动物—草食性鱼类—肉食性鱼类。食物链的起始端是生产者，是食物的最初来源，食物链的末端是该系统的最高级生物种类。实际上食物链是闭合的。在一个生态系统中，食物关系往往复杂，各种食物链相互交错，形成所谓的食物网。能量的流动，物质的迁移和转化，就是通过食物链或食物网进行的。食物网越复杂的生态系统可能越稳定。

循环经济系统的工业生态链网是依据生态学原理，以系统科学的方法，模仿自然生态系统中的物质循环、能量流动和信息传递，按照一个产业的废料是另一产业的原材料来进行产业规划的。通过物质和能量的多层次梯级利用，实现原料和排出废物的循环，并使不同生态产业链间产生耦合效应，努力实现产业集聚的生态化。

本书最终确定邯郸市循环经济系统的核心企业为黑色金属冶炼及压延加工业、煤炭开采和洗选业、农副食品加工及食品制造业、装备制造业（包括金属制品业、通用装备制造业、专用设备制造业、交通运输设备制造业、电器装备及器材制造业、电子及通信设备制造业、仪器仪表及文化办公用装备制造业等行业）、纺织业、石油加工炼焦及核燃料加工业（这里主要指炼焦业）、非金属矿物制品业（包括水泥、石灰和石膏的制造，水泥及石膏制品制造，砖瓦、石材及其他建筑材料制造，玻璃及玻璃制品制造，陶瓷制品制造，耐火材料制品制造等）共 7 个行业的企业。邯郸市循环经济系统中工业生态链网的构建可以围绕这 7 个行业展开。

1. 以黑色金属冶炼及压延加工业为核心的生态产业链构建

黑色金属通常指钢、铁（钢、铁都是铁碳合金）材料，冶炼是将铁矿石熔炼成生铁，或将生铁熔炼成铸铁或钢的过程，压延加工实际是指锻压（固态下成形）加工。只能对钢材进行锻压，铸铁不能进行锻压（原因是铸铁含碳量太高，很脆）。冶炼可以改变钢、铁材料的化学成分，压延则不能改变钢的化学成分。其流程如矿石冶炼—铁—钢—轧钢—成品。按照《国民经济行业分类（GB/T 4754—2011）》，作为行业大类的黑色金属冶炼及压延加工业，包括了炼铁、炼钢、钢压延加工和铁合金冶炼 4 个行业中类。

作为河北省典型的资源型城市，邯郸市蕴藏有种类繁多的矿产资源，是全国著名的高品位铁矿石产区，铁矿石储量达到 4.8 亿吨。邯郸市的铁矿品位高、有害杂质少、可选性好。邯郸市钢铁产业基础好、规模大，目前有邯钢、天铁、新兴铸管等钢铁企业 40 余家，钢铁年产能 4000 万吨，2010 年工业增加值完成 560 亿元，占全市规模以上比重达 55%，是全国重要的钢铁基地之一。

《邯郸市国民经济和社会发展第十二个五年规划》立足产业资源基础和构建现代产业体系的产业发展要求，明确提出“十二五”期间要把邯郸建设成全国重要的精品钢材生产基地。按照“控制总产能、延伸产业链、提升附加值、培育大集团”的思路，以减量、提档、整合为重点，以组织结构、工艺结构、产品结构“三个优化”为实现路径，坚决淘汰落后产能，扩大高技术、高附加值产品比重。加快工艺质量提升，大力推动装备升级、技术改造和市场拓展，构建特种板带钢、球墨铸铁、优质特钢、专用钢材、高档建筑钢材及钢材深加工六大优势产品系列，提高石油套管用钢、桥梁用钢、船板钢、汽车用钢、冷轧家电板、轴管用钢等新型产品生产规模。重点推进总投资648亿元的邯钢工业区、涉县—天铁循环经济示范区、峰峰钢铁集团等重大项目。加快企业整合重组，着力培育邯钢、天铁、新武安三大千万吨级企业集团，加快建设永年特钢基地建设。力争到“十二五”末，全市精钢产能控制在4000万吨以内，实现产能不增、产值倍增，综合实力达到国内先进水平，建成全国重要的精品钢材基地。

2006年，在全国政协环资委办公室等单位主办的中国钢铁工业发展循环经济研讨会上，全国政协委员、中国钢铁工业协会常务副会长罗冰生指出，按照循环经济三原则，钢铁生产过程要做到3个最大化：一是最大限度地减少资源投入；二是最大限度地实现生产过程中的资源循环利用，提高资源的有效利用率；三是最大限度地减少废弃物的排放和实现废弃物的回收利用。要以钢铁生产企业为核心，建设循环链。第一，以零排放为目标，建设钢铁生产过程的3个循环链：一是可燃气体的回收利用循环链，从煤焦炭等能源的投入到高炉煤气、转炉煤气、焦炉煤气的全面回收利用，实现可燃气体的零排放；二是工业用水循环链，从企业补充新水，到生产过程的用水，工业污水的回收，污水处理代替新水，实现水资源的循环利用循环链；三是固态废弃物的循环链，从铁矿石等原料的投入到钢铁产品生产，固体废弃物的全面回收利用。第二，要建设钢铁企业和相关企业之间的循环链，建设钢厂废弃物的回收利用，废钢回收之后可以重新投入到钢铁生产，设备消费过程中产生的废弃物也可以利用钢铁生产过程进行消纳处理。比如废塑料，通过分选以后冷冻破碎成为粉状，一千克塑料粉可代替1.2千克标煤。还可以把废塑料分选以后再装入焦炉里边，按焦炉生产焦炭总量的2%～3%，消纳处理相当数量的社会废弃物。

国务院2013年1月23日颁布的《循环经济发展战略及近期行动计划》（国发〔2013〕5号）第3章“构建循环型工业体系”指出：要在工业领域全面推行循环型生产方式，实施清洁生产，促进源头减量；推进企业间、行业间、产业间共生耦合，形成循环链接的产业体系；鼓励产业集聚发展，实施园区循环化改造，实现能源梯级利用、水资源循环利用、废物交换利用、土地节约集约利用，促进企业循环式生产、园区循环式发展、产业循环式组合，构建循环型工业体系。在第3章的第3节“钢铁工业”中指出，在构建循环型钢铁工业中，一要推进铁矿石资源综合开发利用。加强低品位矿产及难分选矿产综合利用。推动高磷铁矿、高硫铁矿中磷、硫等伴生元素的提取利用。推进铁尾矿伴生金属的高效提取利用、富铁老尾矿低成本再选和低铁富硅尾矿高值整体利用。鼓励利用尾矿砂生产建材、进行井下充填和开展生态环境治理等。二要强化节能降耗。加快淘汰落后高炉、转炉等。推广连铸坯热送热装和直接轧制技术。优化烧结、球团生产工艺，提高精料水平。优化高炉炉料结构。推广干熄焦、干法除尘、烧结余热回收、干式压差发电（TRT）、高效喷煤、蓄热式燃烧、全燃煤气发电等技术。推动建立企业能源管理中心。三要推动余热余压、固体废物和废水资源化利用。大力推广焦炉、高炉、转炉副产煤气回收利用和各工序余热余压发电，鼓励燃气蒸汽联合循环发电。鼓励转炉渣、含铁尘泥、氧化铁皮回炉烧结，利用高炉渣、转炉渣生产水泥等建材产品。推动利用焦油、焦炉煤气、粗苯等焦化副产品生产化工产品。鼓励建立企业内部水循环系统，对废水进行分质串级循环利用。四要鼓励钢铁生产系统与社会生活系统循环链接。在有条件的地区，鼓励钢铁企业利用余热资源为城市供暖供热，利用再生水、矿井水、海水淡化水等非常规水补充新水。大力推动钢铁企业消纳铬渣、废塑料等废弃物。建立废钢回收体系，支持钢铁企业建设废钢加工配送基地。五要构建钢铁行业循环经济产业链。构建焦化、冶炼—副产煤气、余热余压—发电，冶炼—废渣—建材，冶炼—含铁尘泥—烧结，炼焦—焦油、煤气—化工产品，冶炼—钢铁产品—废钢铁—电炉炼钢等产业链。力争到2015年，吨钢综合能耗降到580千克标准煤，吨钢耗新水量降到4立方米，废钢回收利用量达到1.3亿吨，冶炼废渣综合利用率达到97%，重点钢铁企业焦炉干熄焦普及率达到95%以上，并给出了钢铁工业发展循环经济的基本模式，见图5－5。

按照国务院《循环经济发展战略及近期行动计划》的要求，借鉴我国已建成的以钢铁工业为核心的循环经济模式，结合邯郸市具体情况，初步设计出邯郸市以黑色金属冶炼及压延加工业为核心的生态产业链，见图5－6。

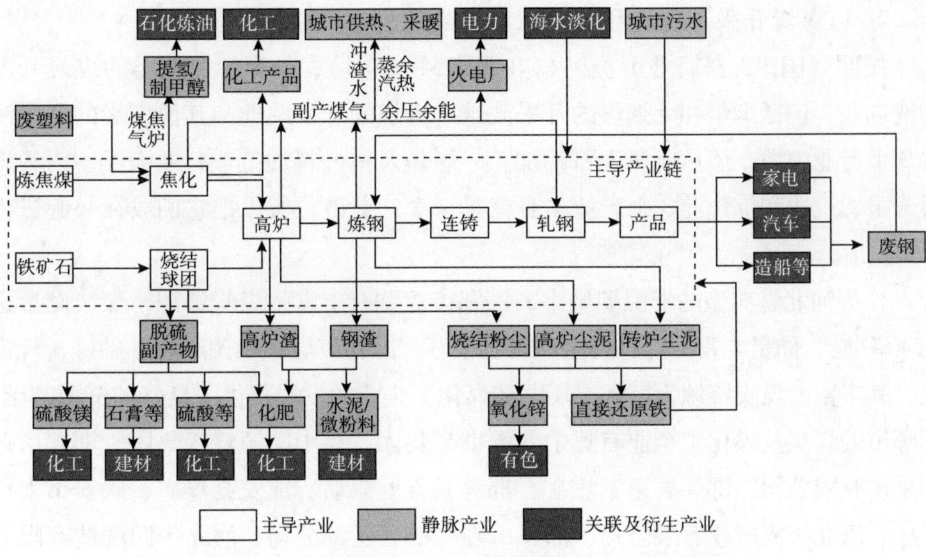

图 5－5　我国钢铁工业发展循环经济的基本模式

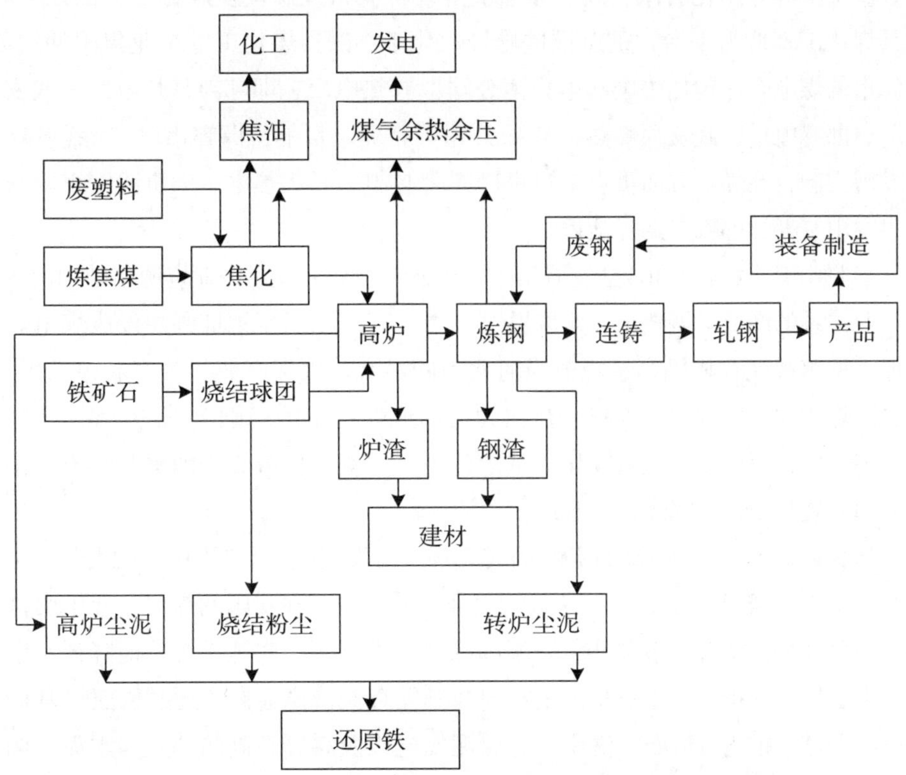

图 5－6　邯郸市以黑色金属冶炼及压延加工业为核心的生态产业链

2. 以煤炭开采、洗选和炼焦业为核心的生态产业链构建

按照《国民经济行业分类》（GB/T 4754—2011），作为行业大类的煤炭开采和洗选业，包括烟煤和无烟煤的开采洗选、褐煤的开采洗选和其他煤炭的开采洗选3个行业中类。炼焦业属于石油加工、炼焦及核燃料加工业行业大类。因为煤炭开采、洗选和炼焦业3个产业本身就是一个产业链，所以把它们放在一起进行研究。

作为河北省典型的资源型城市，邯郸市蕴藏有丰富的煤炭资源，煤炭储量达到40亿吨，储量丰富，煤种齐全，煤质较好。邯郸市煤炭相关产业基础好、规模大，其丰富的煤炭资源为邯郸市煤电和煤化工企业的发展提供了良好的资源基础。邯郸市的煤炭及煤化工企业有冀中能源邯矿集团、冀中能源峰峰集团、邯郸市孙庄采矿有限公司、邯郸县第三煤矿、邯郸县常胜煤矿、成安县煤矿、武安市太行煤矿、河北天成矿业有限公司、邯郸市峰峰矿区正源公司、河北华润洗造有限公司、邯郸金华焦化有限公司、峰峰众鑫煤焦化有限公司、河北天煜煤焦化有限公司、武安宝烨煤焦化有限公司等众多企业。邯郸市在煤炭及煤化工方面以峰峰、磁县煤化工基地为平台，重点推进峰峰煤化工、磁县煤化工等企业集团的发展。邯郸市的煤电企业包括中国国电集团公司邯郸热电厂、邯郸涉县热电厂、武安热电厂、邯峰电厂、武安顶峰热电有限公司等企业。目前，邯郸市以“绿色煤电”为发展方向，在煤电方面重点推进邯郸东郊热电、马头热电、大唐武安煤矸石电厂、龙山二期、邯峰二期等项目。

《邯郸市国民经济和社会发展第十二个五年规划》立足产业资源基础和构建现代产业体系的产业发展要求，明确提出“十二五”期间要把邯郸建设成煤电煤化基地。邯郸市现有装机容量规模为河北南网最大。煤炭产业相关产品包括煤炭、焦炭、煤焦油、甲醇等。邯郸市在稳固提高原煤产量的基础上，以“绿色煤电”为发展方向，以峰峰、磁县煤化工基地为平台，着力打造成全国重要的千万千瓦级电力基地和千万吨级煤化工基地。

国务院2013年1月23日颁布的《循环经济发展战略及近期行动计划》（国发〔2013〕5号）第3章的第1节“煤炭工业”中指出，在我国的煤炭工业中要推动煤矿绿色开采，推进煤系共伴生资源的综合开发利用，实施系统节能降耗，推进矿区生态环境保护，并重点指出要构建煤基循环经济产业链。通过构建煤基循环经济产业链，推进煤矸石、洗中煤、煤泥发电以及煤矸石制砖和生产水泥，构建煤—电—建材产业链。推进煤制烯烃、煤制乙二醇、煤制合成氨等已纳入国家相

关规划的示范项目建设，构建煤—焦—化等煤基多联产产业链。力争到到2015年，原煤入洗率达到60%以上，煤矸石综合利用率达到75%，煤层气（瓦斯）抽采利用率达到60%，煤层气发电装机容量超过285万千瓦，低热值煤炭资源综合利用发电装机容量达到7600万千瓦，矿井水综合利用率达到75%，土地复垦率达到60%，并给出了煤炭工业发展循环经济的基本模式，见图5－7。

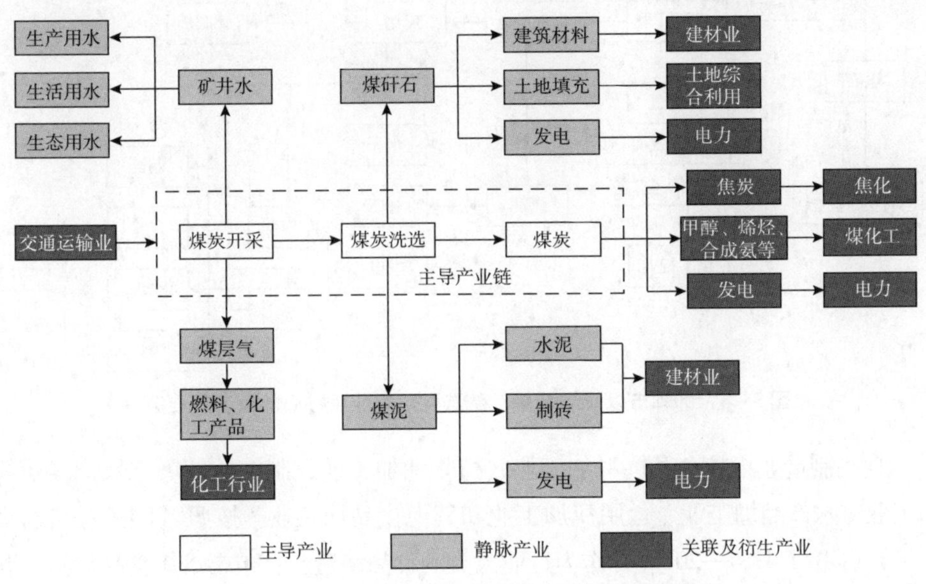

图5－7　我国煤炭工业发展循环经济的基本模式

按照国务院《循环经济发展战略及近期行动计划》的要求，借鉴我国已建成的以煤炭工业为核心的循环经济模式，结合邯郸市具体情况，按照“循环、低碳、绿色、清洁”的发展理念，初步设计了邯郸市以煤炭开采、洗选和炼焦业为核心的生态产业链，见图5－8。

3. 以农副食品加工及食品制造业为核心的生态产业链构建

农副产品加工业指直接以农、林、牧、渔业产品为原料进行的谷物磨制、饲料加工、植物油和制糖加工、屠宰及肉类加工、水产品加工，以及蔬菜、水果和坚果等食品的加工活动。按照《国民经济行业分类》（GB/T 4754—2011），作为行业大类的农副产品加工业，包括谷物磨制、饲料加工、食用植物油加工、制糖、畜禽屠宰、肉制品及副产品加工、水产品冷加工、鱼糜制品及水产品干腌制加工、水产饲料制造、鱼油提取及制品的制造、其他水产品加工、蔬菜、水果和坚果加工、淀粉及淀粉制品制造、豆制品制造、蛋品加工及其他未列明的农副产品加工。

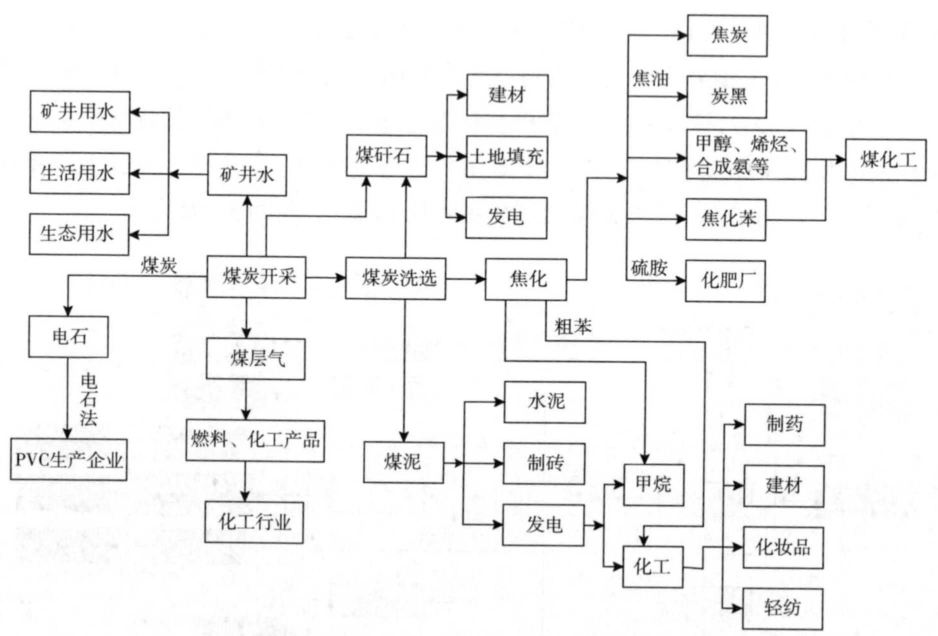

图5-8 邯郸市以煤炭开采、洗选和炼焦业为核心的生态产业链

食品制造业指粮食及饲料加工业、植物油加工业、制糖业、屠宰及肉类蛋类加工业、水产品加工业、食用盐加工业和其他食品加工业。按照《国民经济行业分类》（GB/T 4754—2011），作为行业大类的食品制造业，包括焙烤食品制造，糕点、面包制造，饼干及其他焙烤食品制造，糖果、巧克力及蜜饯制造，糖果、巧克力制造，蜜饯制造，方便食品制造，米、面制品制造，速冻食品制造，方便面及其他方便食品制造，液体乳及乳制品制造，罐头制造，肉、禽类罐头制造，水产品罐头制造，蔬菜、水果罐头制造，其他罐头食品制造，调味品、发酵制品制造，味精制造，酱油、食醋及类似制品的制造，其他调味品、发酵制品制造，其他食品制造，营养、保健品制造，冷冻饮品及食用冰制造，盐加工，食品及饲料添加剂制造以及其他未列明的食品制造。

农副产品加工业和食品制造业是人类的生命产业，是最古老而又永恒不衰的常青产业。尽管新兴产业不断涌现，但食品工业仍然是世界制造业中的第一大产业。食品工业的现代化水平已成为反映人民生活质量高低及国家发展程度的重要标志。邯郸市的农副产品加工业和食品制造业在市场需求的快速增长和科技进步的有力推动下，已发展成为门类比较齐全，具有一定出口竞争能力的产业，为邯郸市国民经济建设发挥着支柱产业的重要作用。

邯郸产业经济基础雄厚，农业综合生产条件优越，是全国确定的小麦、玉米等5种主要农产品优势产区，小麦常年产量达200万吨，素有“北方粮仓”之称，2002—2013年，粮食生产实现“十连增”，率先建成“吨粮市”，单产、总产增幅均居河北省第1位，成功跨入全国百亿斤粮食大市行列，为邯郸市的农副产品加工业和食品制造业的发展奠定了基础。

国务院2013年1月23日颁布的《循环经济发展战略及近期行动计划》（国发〔2013〕5号）第3章的第9节“食品工业”中指出，我国食品工业一要加强节能降耗。加快淘汰落后产能，加快推广节能、节水、节粮工艺技术和装备。优化生产工艺，实现生产过程中水和热的循环梯级利用。大幅度减少食品过度包装。二要推进食品加工副产物和废弃物资源化利用。粮食加工行业重点推进利用稻壳、米糠、麦胚、麸皮等副产物生产稻壳碳、米糠油、米糠蛋白、玉米油、麦胚油、膳食纤维等。肉类、水产品加工行业重点推进利用皮毛、内脏、血液等副产物生产医药、生化产品等。发酵、酿酒行业重点推进利用酒糟、废液等进行无害化处理，将其作为生产饲料、有机肥料、生物质能等原料利用。制糖行业重点推进利用蔗渣发电、造纸、生产建材产品，利用废糖蜜制酒精等。饮料行业重点对果渣、茶渣等进行无害化处理，将其作为生产饲料或肥料的原料利用。加强废水循环利用。加强过期食品、召回食品的无风险资源化利用。三要推动食品行业与上下游产业一体化发展。鼓励食品行业向上下游产业延伸，建立从原料生产到终端消费的全产业链，促进各环节有效衔接。推广以种植、养殖、加工一体化为特征的工农业复合型循环经济发展模式。四要构建食品行业循环经济产业链。构建稻谷加工—稻壳—稻壳碳、生物质能，稻谷加工—米糠—米糠油、米糠蛋白，小麦加工—麦胚、麸皮—麦胚油、膳食纤维，肉类加工—皮毛、内脏、血液—医药、生化产品等，发酵/酿酒—酒糟、残渣—无害化处理—有机肥、饲料，发酵/酿酒—废液—沼气，甘蔗制糖—蔗渣—造纸、建材，蔗渣—发电—灰渣—无害化处理—有机肥，制糖—废糖蜜—酒精，水果蔬菜加工—果渣—饲料，茶叶加工—茶渣—无害化处理—肥料等产业链。力争到2015年，食品行业单位工业增加值能耗、用水量分别比2010年降低16%、30%，食品工业副产品综合利用率提高到80%以上，并给出了食品工业发展循环经济的基本模式，见图5-9。

按照国务院《循环经济发展战略及近期行动计划》的要求，借鉴我国已建成的以农副产品加工业和食品制造业为核心的循环经济模式，结合邯郸市具体情况，初步设计了邯郸市以农副产品加工业和食品制造业为核心的生态产业链，见图 5－10。

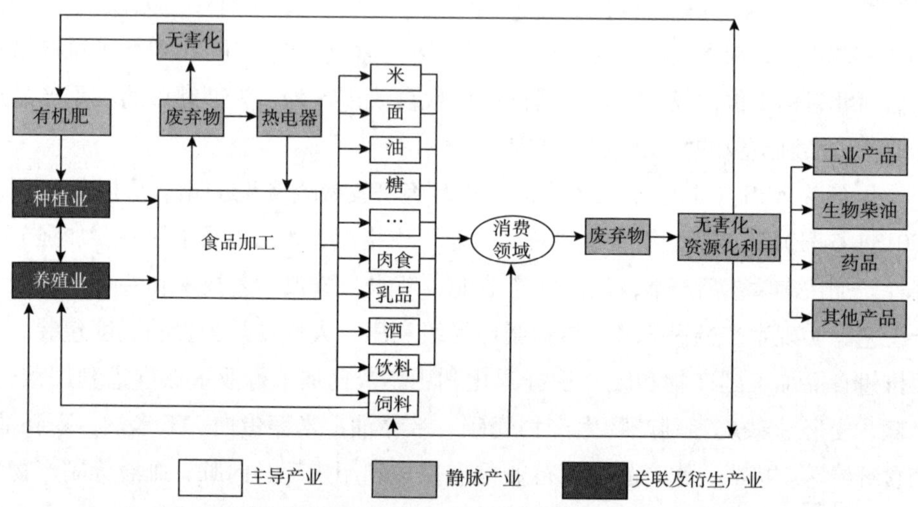

图 5－9　我国食品工业发展循环经济的基本模式

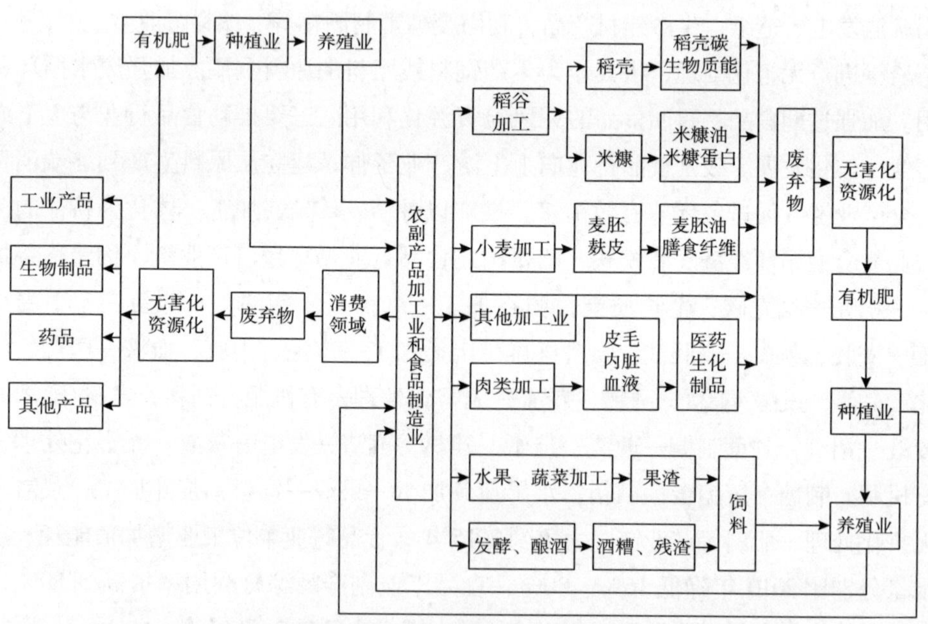

图 5－10　邯郸市以农副产品加工业和食品制造业为核心的生态产业链

4. 以装备制造业为核心的生态产业链构建

装备制造业是为国民经济和国防建设提供生产技术装备的制造业，是制造业的核心组成部分，是国民经济发展特别是工业发展的基础。建立起强大的装备制造业，是提高中国综合国力，实现工业化的根本保证。世界其他国家包括国际组织并没有提出“装备制造业”这个概念。“装备制造业”的概念可以说是中国所独有，它的正式出现见诸1998年中央经济工作会议明确提出的“要大力发展装备制造业”。(中央经济工作会议:《经济日报》，1998年12月10日，第1版。) 制造业的核心是装备制造业。对于装备制造业，人们的认识不尽相同，尚无公认一致的定义和范围界定。通常认为，制造业包括装备制造业和最终消费品制造业。装备制造业是为国民经济进行简单再生产和扩大再生产提供生产技术装备的工业的总称，即“生产机器的机器制造业”。装备制造业又称装备工业，是为满足国民经济各部门发展和国家安全需要而制造各种技术装备的产业总称。按照国民经济行业分类，其产品范围包括机械、电子和兵器工业中的投资类制成品，分属于金属制品业、通用装备制造业、专用设备制造业、交通运输设备制造业、电器装备及器材制造业、电子及通信设备制造业、仪器仪表及文化办公用装备制造业7个大类、185个小类。

《邯郸市国民经济和社会发展第十二个五年规划》立足产业资源基础和构建现代产业体系的产业发展要求，明确提出“十二五”期间要把邯郸建设成全国重要的装备制造基地。邯郸市发展装备制造业的原料充足，目前已形成管、件、机、车、罐五大类拳头产品，新兴铸管产能亚洲第一，永年标准件产能占全国40%。以冀南新区为平台，以发展整机、培育品牌、做大总量为重点，着力推进装备制造业向“全球化、集群化、信息化、服务化”发展，重点推进总投资320亿元的新兴装备材料及物流基地、恒天产业园、中棉国际棉机研发制造基地等重点支撑项目，形成北方最大的重卡及专用车生产基地、亚洲最大的特种管材基地和全球最大的棉机研发制造基地。力争到“十二五”末，装备制造业年销售收入达到1000亿元以上，成为继钢铁之后的第二大工业支柱产业，建成全国重要的装备制造业基地。

按照国务院《循环经济发展战略及近期行动计划》的要求，借鉴我国已建成的以装备制造业为核心的循环经济模式，结合邯郸市具体情况，初步设计了邯郸市以装备制造业为核心的生态产业链，见图5-11。

5. 以纺织业为核心的生态产业链构建

纺织业在我国是一个劳动密集程度高和对外依存度较大的产业。我国是

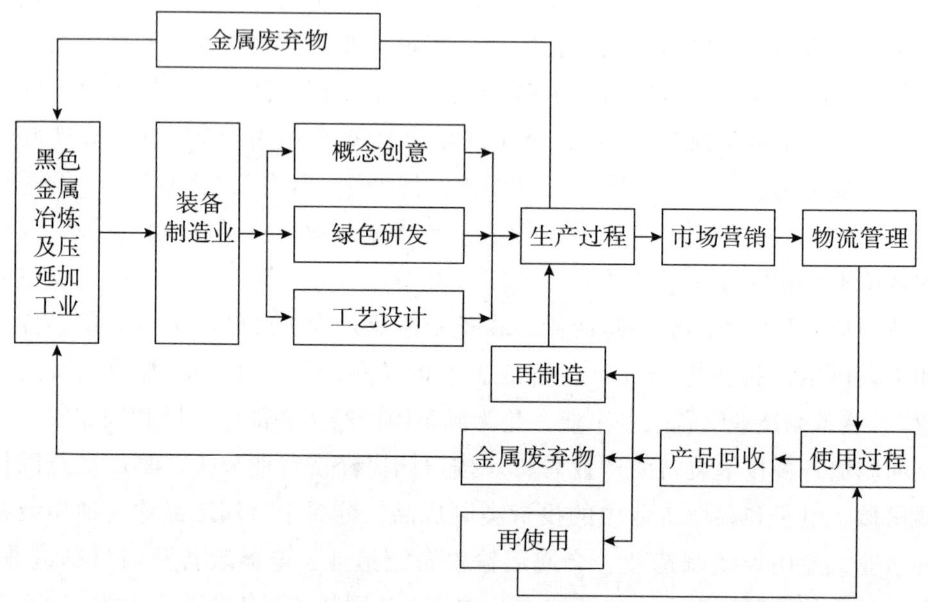

图 5-11　邯郸市以装备制造业为核心的生态产业链

世界上最大的纺织品服装生产和出口国，纺织品服装出口的持续稳定增长对保证我国外汇储备、国际收支平衡、人民币汇率稳定、解决社会就业及纺织业可持续发展至关重要。纺织品的原料主要有棉花、羊绒、羊毛、蚕茧丝、化学纤维、羽毛羽绒等。纺织业的下游产业主要有服装业、家用纺织品、产业用纺织品等。按照《国民经济行业分类》（GB/T 4754—2011），作为行业大类的纺织业，包括棉纺织及印染精加工、毛纺织及染整精加工、麻纺织及染整精加工、丝绢纺织及印染精加工、化纤织造及印染精加工、针织或钩针编织物及其制品制造、家用纺织制成品制造和非家用纺织制成品制造 8 个行业中类。

邯郸产业经济基础雄厚。农业综合生产条件优越，是全国确定的棉花主要农产品优势产区，棉花常年产量达 8 万吨，素有“冀南棉海”之称。为邯郸市纺织业的发展奠定了基础。《邯郸市国民经济和社会发展第十二个五年规划》中提出了城市的发展定位和战略重点。在四大战略重点中将纺织服装业作为邯郸市重点发展的六大特色主导产业之一。

国务院 2013 年 1 月 23 日颁布的《循环经济发展战略及近期行动计划》（国发〔2013〕5 号）第 3 章的第 10 节“纺织工业”中指出，在我国的纺织工业中，一要推进节能降耗。加快淘汰落后产能，加大工艺设备节能节水改造力度。推广应用高效节能电机和空调自动控制技术，优化能源系统。推广使用可生物降解浆料和清洁型气相导热油，从源头减少有毒有害物质的使用。印染行业全面推广高效短流程前处理工艺，以及冷轧堆染色、气流染色、数码喷印等印染加工技术。加快开发替代石油的生物质纺织纤维材料，鼓励利用废聚酯瓶、废旧丙纶等生产高附加值再生纤维，减少原生资源消耗。二要加强废弃物资源化利用。鼓励进行废水循环利用和废水、废气热能回收利用。推动从印染废水中回收染化料、助剂，从印染废碱液中回收碱。鼓励利用化纤生产废气制酸。加强对生产废料、边角料的再利用。三要推动废旧纺织品再生利用规范化发展。以废旧职业装再生利用为突破口，完善社会化废旧纺织品回收再利用体系。选择经济合理的废旧纺织品再生利用技术路线，推动废旧纺织品分类与安全环保加工处理，鼓励利用废旧纺织品生产建筑保温材料等产品。四要构建纺织行业循环经济产业链。构建印染—废液—碱，化纤生产—废气—制酸，纺织—废水、废气—热能—纺织，纺织—边角料—纺织，纺织品—废旧纺织品—再利用产成品—纺织品，纺织品—废旧纺织品—保温材料，废弃聚酯—化纤—纺织品等产业链。到 2015 年，纺织行业单位工业增加值能耗、取水量比 2010 年分别下降 20%、30%，纺织纤维再利用总量达到 800 万吨，并给出了中国纺织工业发展循环经济的基本模式，见图 5－12。

按照国务院《循环经济发展战略及近期行动计划》的要求，借鉴我国已建成的以纺织业为核心的循环经济模式，结合邯郸市具体情况，初步设计了邯郸市以纺织业为核心的生态产业链，见图 5－13。

6. 以非金属矿物制品业为核心的生态产业链构建

一般认为，非金属矿，即非金属矿物材料，是指以非金属矿物和岩石为基本或主要原料，通过深加工或精加工制备的具有一定功能的现代新材料，它是无机非金属材料的一种，如功能填料和颜料、摩擦材料、密封材料、保温隔热材料、电功能材料、吸附催化材料、环保材料、胶凝与流变材料、聚合物/纳米黏土复合材料、建筑装饰材料等。而非金属矿物制品则是这些非金属矿物材料经过进一步加工而形成的产品。例如，我们常见的建筑材料、玻璃、人造金刚石、磨料磨具、石棉制品等。现代非金属矿物制品具有以下主要特征。①原料或主要组分为非金属矿物或经过选矿或初加工的非金属矿物。

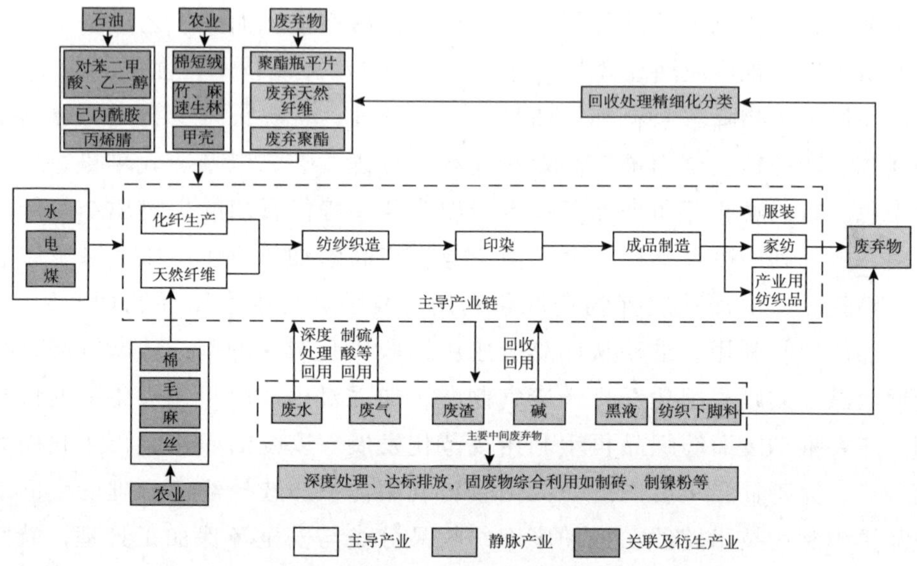

图 5－12 中国纺织工业发展循环经济的基本模式

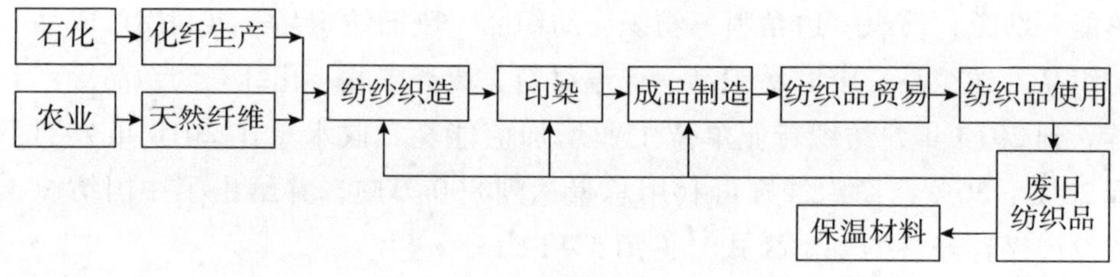

图 5－13 邯郸市以纺织业为核心的生态产业链

②一般来说，与同样用非金属矿物为原料生产的硅酸盐材料（水泥、玻璃、陶瓷等）以及无机化工产品（如硫化钡、氯化钡、碳酸锶、氧化铝等）不同，非金属矿物没有完全改变非金属矿物原料或主要组分的物理、化学特性或结构特征。③非金属矿物制品是通过深加工或精加工制备的功能性制品，因此，非金属矿物制品具有一定的技术含量和明确的用途，不能直接应用的原矿和初加工产品不属于非金属矿物制品的范畴。当然，深加工或精加工是一个相对的概念，随着科学技术的发展和社会的进步，其内涵也将发生变化。按照《国民经济行业分类》（GB/T 4754—2011），作为行业大类的非金属矿物制品业，包括水泥、石灰和石膏的制造，石膏、水泥制品及类似制品制造，砖瓦、石材及其他建筑材料制造，玻璃制造，玻璃制品制造，玻璃纤维和玻璃纤维增强塑料制品制造，陶瓷制品制造，耐火材料制品制造，石墨及其他非金属

矿物制品制造等。

邯郸蕴藏有种类繁多的矿产资源，除拥有丰富的煤、铁资源之外，还有较为丰富的非金属矿资源，如铝矾土、耐火土、硫铁矿、含钾砂页岩、碳石等40种以上矿藏。邯郸工业门类较为齐全，为全国重要的建材、日用陶瓷生产基地。邯郸市依托718所、汉光机械厂等高新技术企业，先后有打印机耗材、特种纤维材料、高纯度氧化铝粉等一批新材料项目建成投产，被科技部命名为“国家新材料产业基地”。非金属矿物产品既有水泥及水泥制品、砖瓦、石材及其他建筑材料、陶瓷制品、耐火材料制品等传统产品，也包括墨粉、碳纤维、高纯度氧化铝粉、玄武岩纤维等新型非金属矿物产品。“十二五”时期是邯郸市加快发展、加快转型的关键时期。《邯郸市国民经济和社会发展第十二个五年规划》明确提出“十二五”期间要把邯郸建设成全国重要的新型材料基地的目标，力争“十二五”末，年销售收入达到600亿元以上，打造成全国重要的新材料基地和国家新型工业化（新材料）示范基地。

国务院2013年1月23日颁布的《循环经济发展战略及近期行动计划》（国发〔2013〕5号）第3章的第7节“建材工业”中指出，在我国的建材工业中，一要加强节能降耗。重点推进窑炉等热工设备节能改造。继续推广大型新型干法水泥生产线，推进水泥粉磨、熟料生产等节能改造。推广纯低温余热发电等窑炉余热梯级利用技术，推进玻璃生产线低温余热发电。加强粉尘回收利用。二要推动利用废建材规模化发展。推进利用矿渣、煤矸石、粉煤灰、尾矿、工业副产石膏、建筑废弃物和废旧路面材料等大宗固体废物生产建材。在大宗固体废物产生量、堆存量大的地区，优先发展高档次、高掺量的利废新型建材产品。推动废玻璃、废玻纤、废陶瓷、废复合材料、废碎石及石粉等回收利用并生产建材产品。培育利废建材行业龙头企业。三要发展绿色建材产品。鼓励发展绿色建材产品。重点加快发展节能玻璃、太阳能玻璃、复合多功能墙体材料、木塑复合材料等新材料。提高高标号水泥及高性能混凝土的应用比例，推进水泥及混凝土用量的减量化。四要推进水泥窑协同资源化处理废弃物。鼓励水泥窑协同资源化处理城市生活垃圾、污水厂污泥、危险废物、废塑料等废弃物，替代部分原料、燃料，推进水泥行业与相关行业、社会系统的循环链接。五要构建建材行业循环经济产业链。构建工业生产—废渣—建材，建筑废弃物、路面材料—建材，水泥、玻璃生产—余热—发电，水泥—粉尘—水泥，玻璃—废玻璃—玻璃，陶瓷—废陶瓷—陶瓷，石材—废碎石、石粉—人造石、砖，复合材料—废复合材料—复合材料等产业链。力争到2015年，水泥熟料综合能耗降到112千克标准煤/吨，平板玻璃综合能耗降到15千克标准煤/重量箱，日用陶瓷综合能耗降到1110千克标准煤/吨，水泥生产线纯低温余热发电比例提高到70%以上，玻璃生产线余热发电比例提高到30%以上，新型墙体材料比重达到65%以上，水泥窑协同资源化处理废弃物生产线比例达10%，并给出了我国建材工业发展循环经济的基本模式，见图5-14。

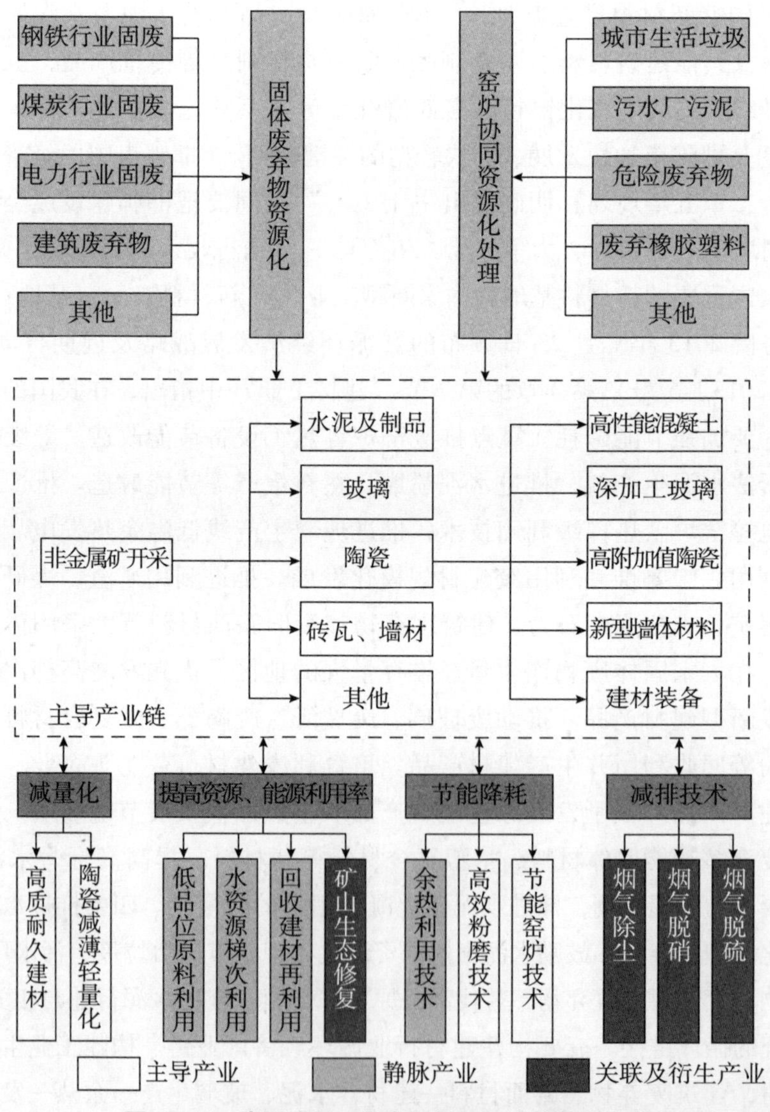

图5-14 我国建材工业发展循环经济的基本模式

按照国务院《循环经济发展战略及近期行动计划》的要求，借鉴我国已建成的以非金属矿物制品业为核心的循环经济模式，结合邯郸市具体情况，初步设计了邯郸市以建材工业为核心的生态产业链，见图5－15。

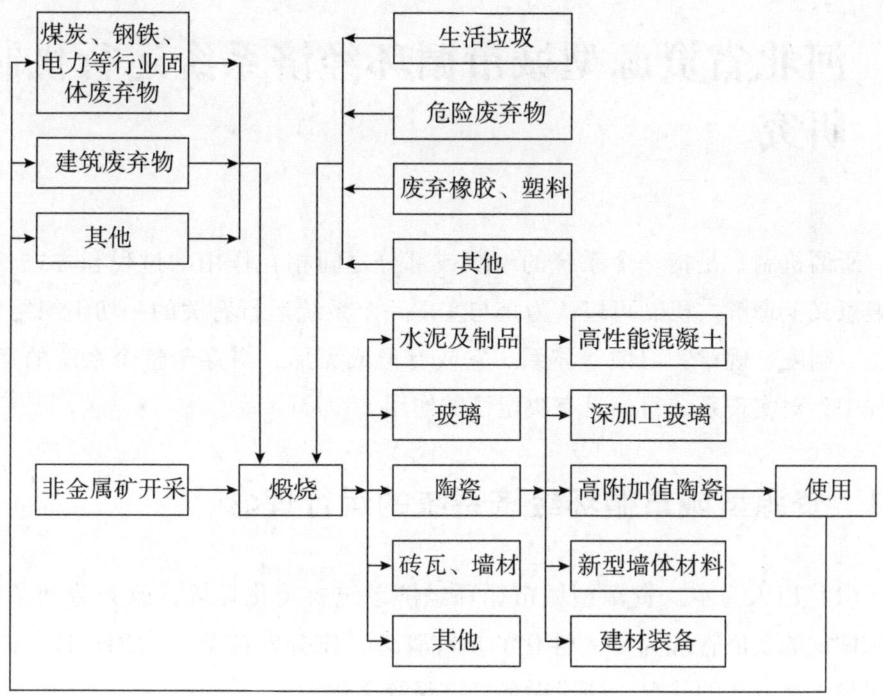

图5－15　邯郸市以建材工业为核心的生态产业链

6 河北省资源型城市循环经济系统运行机制研究

所谓机制，是指一个系统的组织或部分之间相互作用的过程和方式。从一般意义上理解，机制可以认为是与实现一个系统运行有关的一切组织结构、方法、制度、规章、习惯等体系。它或有形或无形，贯穿于整个系统的运行过程中，对实现系统目标具有决定性的作用。

6.1 资源型城市循环经济系统的运行理念

（1）以人为本。资源型城市循环经济系统要美化环境，改善劳动条件，变机械式的条框管理为更人性化的矩阵管理，充分发挥员工的创造性。改变生产与人文分离的状况，建设循环经济系统文化。

（2）与自然和谐。资源型城市循环经济系统要遵循循环经济的“3R”原则；保护、维系、修复系统和周边环境；改变传统经济只追求物质财富和GDP增长的现状，而要追求自然财富和绿色GDP增长。

6.2 资源型城市循环经济系统的运行规律

资源型城市循环经济系统是以生态学理论为指导，按照自然生态系统物质循环、能量流动和信息传递的方式运行的人造系统。相应地，其运行规律应符合自然生态系统的运行规律。资源型城市循环经济系统的运行规律包括以下几个方面。

1. 相互依存与相互制约规律

资源型城市循环经济系统（RCCES）的构成主体包括企业、社会团体、科研院所和政府，系统内各主体之间存在相互依存与相互制约的协调关系，它们是构成 RCCES 的基础。各主体间的这种协调关系主要分为两类。

（1）普遍的依存与制约，亦称“物物相关”规律。系统内各主体占据不同的生态位，系统中不仅同种个体相互依存、相互制约，不同个体之间（系统内各部分）也存在依存与制约的关系，不同群落或系统之间也同样存在依存与制约关系，亦可说彼此影响。

（2）通过“食物”而相互联系与制约的协调关系，亦称“相生相克”规律。RCCES 模仿自然生态系统的食物链和食物网来构建包括工业、农业和服务业在内的生态链网，即每一个个体在食物链或食物网中都占据一定的位置，并具有特定的作用。各个体之间相互依赖、彼此制约、协同进化，使整个系统成为协调的整体。

2. 物质循环与再生规律

RCCES 中，按照各个个体所处的地位和作用的不同，可分为生产者、消费者和还原者，整个 RCCES 借助物质循环和能量流动，一方面不断地从环境中采掘资源，通过冶炼、机械制造等环节生产新的产品；另一方面又随时分解为原来的简单物质，即所谓“再生”，进行着永不停顿的物质循环。

3. 物质能量输入输出的动态平衡规律

物质的输入输出规律又称为协调稳定规律。RCCES 追求的目标应该像一个处于平衡态的自然生态系统那样，整个系统的物质输入和输出处于一个平衡态。这种平衡体现在系统整体的结构、功能和收支等方面。但是，就像自然生态系统遵循热力学第一、第二规律一样，RCCES 同样遵循热力学第一、第二规律。热力学第二定律即“熵在增加”定律。根据这一定律，从一种能向另一种能的任何转换都不是完全有效的，能的消费是不可逆的过程。在能量的转换过程中，总有一些能量失掉了。因此，如果没有新的能量从外部投入，一个封闭系统最终会耗尽其能量。因此，RCCES 在遵循循环经济的减量化、再利用和再循环“3R”原则的同时，应贯彻减量化优先的原则。

4. 相互适应与补偿的协同进化规律

RCCES 与环境之间存在着作用与反作用的过程。或者说，个体给环境以影响，反过来环境也会影响个体。RCCES 与环境遵循相互适应与补偿的协同进化规律。

5. 环境资源的有效极限规律

RCCES中的各种环境资源，在质量、数量、空间和时间等方面，都有其一定的限度，不能无限制地供给。当RCCES超过这一极限时，整个系统就会被损伤、破坏，以致瓦解。

6.3 资源型城市循环经济系统的调控原理

1. 共生原理

共生法则告诉人们：人是大自然的产物，大自然是人类赖以生存的物质基础，人与自然共生是人类生存的基本原理。RCCES要顺应这一原理，并主动用于“发展”的调控，使RCCES走向可持续。

2. 循环原理

循环原理即能量在RCCES的子系统及子系统之间循环做功，直到变成熵为止。大自然服从热力学第二定律。同样，RCCES也服从热力学第二定律。不论将来科学怎样发达，人类都不可能使地球的总熵减少，而只能加速或延缓总熵的增加。循环原理有助于延缓熵值增加的过程，是调控RCCES的一个基本原理。

被认为是可持续性很强的污染防治技术、清洁生产技术和废弃物最小量化技术等，都具有向系统输入负熵流，从而提高系统自组织能力的功能，也是用循环原理调控RCCES的技术手段。

3. 约束原理（自我调节原理）

无论是开放系统还是封闭系统，都具有约束功能。RCCES既是一个开放系统，又是一个封闭系统。说它是开放系统，是因为RCCES的发展需要与外部进行物质流和能量流的交换，需要发展的外部条件。因此，这种开放性便意味着RCCES受外部条件的约束。说RCCES又是封闭系统，是因为系统内的元素乃至系统自身，在一定的发展阶段都存在一定的可行域；在一定的发展阶段，有一定的阈值区间。我们应当善于利用约束原理，使得RCCES向可持续的、协调的方向发展。如果忽视或强行改变约束机制，则很可能会走向系统可持续的反面。例如，消费的奢华过度，对经济增长的刻意追求或忽略资源的枯竭及退化，都将阻碍约束原理有效地发挥调控作用，使RCCES可持续发展的总体目标难以实现。

4. **替代转换原理**

RCCES 的约束原理会使子系统的发展受到数量和速度的制约，而替代转换原理则可使系统的总量得以扩展而且使发展速度具有可控性。例如，当经济发展是 RCCES 的主要矛盾时，应该利用资源，使资源对可持续发展的贡献通过经济增长反映出来；如果环境污染与生态破坏制约 RCCES 发展，则应减低对资源的消耗，使经济对 RCCES 的影响通过资源存量的增量反映出来。

应该注意的是，替代转换关系是有条件的。各子系统之间或各子系统中各组成因子之间的相互替代关系只有在系统满足约束条件下才会成立。如著名的环境库兹涅茨曲线就表明经济增长和环境质量之间的相互替代关系，但这种相互替代只有在环境子系统功能大于或等于其阈值时才会成立，否则生态系统的不可逆性损害将导致 RCCES 的不可持续。

环境库兹涅茨曲线（Environmental Kuznets Curve，EKC）假说认为，经济增长与一些环境质量指标之间的关系不是单纯的正相关或负相关，而是呈倒 U 形曲线的关系，见图 6-1，即环境质量随经济增长先恶化后改善。当经济发展处于低水平时，环境退化的程度也处于较低水平。当经济增长加速时，伴随着农业和其他资源开发力度的加大和大机器工业的崛起，资源消耗速率开始超过再生速率，产生的废弃物的数量和有毒物质迅速增长，环境出现不断恶化的趋势。但当经济发展到更高水平时，经济结构向信息密集的产业和服务业转变，加上人们环境意识的增强、环境法规的执行、更好的技术和更多的环境投资，使环境恶化现象逐渐减缓并逐步消失，环境开始出现改善的趋势。有人将经济增长与环境质量间的这种关系称为“环境库兹涅茨曲线假说”。

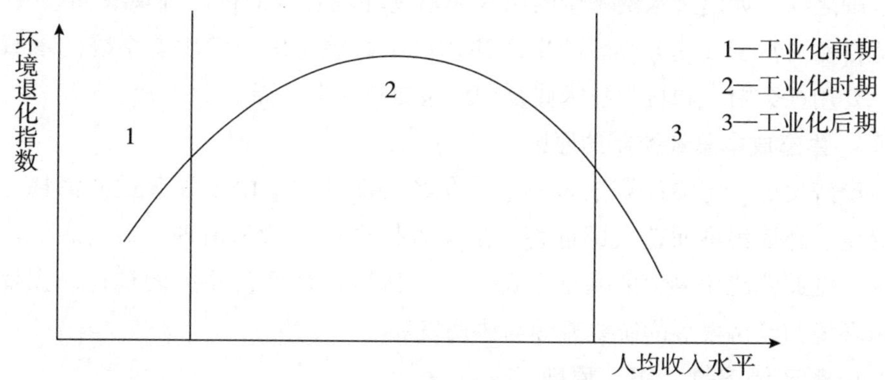

图 6-1　环境库兹涅茨曲线

6.4 资源型城市循环经济系统的运行原则

北京航空航天大学经济管理学院院长吴季松教授指出了企业实施循环经济应该坚持的原则。相应地，城市在构建循环经济系统时也应该坚持以下相应的原则。

1. 大系统分析的原则

循环经济是更全面地分析投入与产出的经济，它是在人口、资源、环境、经济、社会与科学技术的大系统中研究符合客观规律的经济原则。从生态学的角度看，资源型城市循环经济系统与其他的人工生态系统一样，是一个由自然组分和人工组分组成的、具有多层次结构和功能的开放的复杂大系统，除了具备系统的整体性、关联性和环境适应性等一般特征以外，还具备复杂性、开放性、整体性、公平性和循环性等特征。因此，应基于开放的复杂大系统的角度，遵循大系统分析的原则，对其结构、功能和环境进行分析。

2. 生态系统承载力原则

生态系统承载力的概念从自然生态系统的种群承载力到资源承载力、环境承载力，又发展到生态系统承载力。生态系统承载力指的是生态系统维系其自身健康、稳定发展的潜在能力，主要表现为生态系统对可能影响甚至破坏其健康状态的压力产生的防御能力、在压力消失后的恢复能力以及为达到某一适宜目标的发展能力。资源型城市在构建循环经济系统时要考虑城市生态系统的承载力，将城市的发展对当地生态系统的影响限制在生态系统承载力范围之内。如超过水资源量的用水和超过环境容量的排污等现象都应改变，在把自然财富变成社会产品的生产和建设中必须考虑自然生态系统的承载能力，要用社会财富和科学技术修复和维系自然生态系统。

3. 生态成本总量控制的原则

经济发展一定要计算生态成本。在经济活动中，由于资源过度消耗、生态退化、环境污染而造成的危害，必须直接进行补偿和治理，纳入成本核算之中，据此才能用科学的基础数据来支撑区域循环经济系统的构建，实现对生态环境与经济发展的统筹兼顾与协调发展。

4. 循环经济的“3R”原则

循环经济主要遵循三大原则，即减量化（Reducing）、再利用（Reusing）、再循环（Recycling）的原则，简称“3R”原则。

（1）减量化原则。针对的是输入端，旨在减少进入生产和消费过程中的物质和能源流量。换句话说，对废弃物的产生，是通过预防的方式而不是末端治理的方式来加以避免的。

（2）再利用原则。属于过程性方法，目的是延长产品和服务的时间强度。也就是说，尽可能多次或多种方式地使用物品，避免物品过早地成为垃圾。

（3）再循环（或称资源化）原则。再循环是输出端控制方法，通过把废物再次变成资源以减少最终处理量，也就是人们通常所说的废品的回收利用和废物的综合利用。资源化有两种方式：一是原级资源化，即将消费者遗弃的废物资源化后形成与原来相同的新产品；二是次级资源化，即废弃物变成不同类型的新产品。原级资源化在形成产品中可减少20%～90%的原生材料使用量，而次级资源化减少的原生物质使用量最多只有25%。

与资源化过程相适应，消费者应增强购买再生物品的偏好，以促进循环经济的实现。

“3R”原则在循环经济中的重要性并不是并列的，因为循环经济的根本目标是要求在经济流程中系统地避免和减少废物，而废物再生利用和重新循环只是减少最终废物产生的方式之一。

5. 生产中尽可能利用可再生资源原则

可再生资源，又称可更新资源，如植物、微生物、可降解塑料袋、水资源、地热资源和各种自然生物群落、森林、草原、水生生物等。可以再生的非化石能源，主要是指风能、太阳能、水能、地热能和海洋能等自然能源。我国可再生能源资源非常丰富，开发利用的潜力很大。自然界很多资源都是循环再生的，循环经济要求尽可能地利用这类资源替代不可再生资源，以使生产合理地依托在自然生态循环之上。

6. 在生产和工程中尽可能利用高科技原则

尽可能以知识投入来替代物质投入，传统企业应考虑技术改造，如在污水处理时运用生物技术；力争创立新的高技术产业，如传统钢铁企业生产新材料。目前称为高技术的信息技术、生物技术、新材料技术、新能源和可再生能源技术以及管理科学技术等都是以大大减少物质、能量和自然资源投入为基本特征的。

7. 构建生态工业链的原则

不同产业应在国家政策协调下逐步按循环经济的原则构成生态产业链，实现原料和排出废物的循环，并使不同生态产业链间产生耦合效应。例如，炼钢的废渣可以成为水泥厂的原料，这个生态产业链又可以和热电厂能量循环利用链产生耦合。中小企业应填缺补漏，成为这个产业链中积极、活跃、必不可少的一环。

8. 把生态系统建设作为基础设施建设的原则

循环经济认为生态系统建设也是基础设施建设，要通过基础设施的建设来提高生态系统对经济发展的承载能力。各产业和企业根据自己的情况参与修复生态系统，是产业和企业在循环经济中的新任务，就是创造第二财富。要狠抓“退田还湖”、“退耕还林”、“退牧还草”和“退畜还流”等生态系统建设。

生态工程也是工程，它是集工程、经济、生态和科技特征于一身的新型工程，是目前循环经济最为需要的工程。

9. 建立绿色国内生产总值统计与核算体系的原则

从工业增加值中减去测定的与污染总量相当的负工业增加值（这种折算体系并不难建立），原则上负国内生产总值作为排污的补偿税（或费），这样地方政府就不会对建设负工业增加值高的企业有积极性，外商知道了我国的新法规，也就不会投资这类项目了。

10. 建立绿色消费制度的原则

以税收和行政等手段，限制以不可再生资源为原料的一次性产品和豪华包装等的生产与消费，促进一次性产品和包装容器的再利用。目前，已提出对塑料袋加税，企业应该预见、顺应这一新潮流。

以上十大原则只是构建循环经济系统应遵循原则的主要部分，最为重要的是结合实际，因地制宜地应用这些原则。

6.5 资源型城市循环经济系统的运行机制

1. 公众的可持续发展意识

资源型城市循环经济系统的构建、可持续发展战略的实施，不仅需要政府的推动，更需要公众的广泛参与。而公众具备生态环境的价值观和可持续发展的意识，是参与行为的前提。面对我国环境问题比较严峻的现实，我们应该重新审视自己的行为，深刻反思传统的发展观、价值观、环境观和资源观，逐步消除人与自然紧张关系的局面，使人们认识到必须努力寻求一条人口、社会、经济、环境、资源相互协调，既能满足当代人的需求又不对满足后代人需求构成危害的可持续发展的道路。只有不断提高公众的可持续发展意识和生态文明意识，才能使我们赖以生存的环境、资源实现可持续发展。构建城市循环经济系统，实现城市可持续发展的关键之一是鼓励公众参与，但是公众有时并不清楚他们在这方面的权利以及如何使用这些权利。要解决这些问题，一方面是管理机构要充分认识到公众参与的必要性，通过各种渠道使公众能够获取到清晰易懂的信息，形成可持续发展人人参与、社会舆论广泛监督的局面；另一方面是要做好生态文明教育工作。生态文明教育要从小抓起，青少年是国家未来的建设者和接班人，中小学要有计划地增设相关课程和开展相关活动，使青少年从小树立可持续发展的观念。

2. 法律规范企业发展方向

本书在第 4 章分析了邯郸市循环经济系统中的宏观支持体系，指出其由 4 个方面构成：政府、科技、教育和文化。相对于科技、教育和文化的作用来讲，政府的作用更大。由于市场机制固有的缺陷，单纯依靠市场力量很难保证循环经济系统始终沿着最优路径发展，政府在循环经济系统的成长过程中仍将扮演十分重要的角色。政府在循环经济系统构建和实施中的一个重要作用就是制定相关法律法规并严格执行，以此来规范企业的发展方向。德国于 1972 年制定《废弃物处理法》，1986 年制定《废物管理法》，1991 年按照“资源—产品—资源”的循环经济理念制定了《包装条例》，1992 年通过了《限制废车条例》，1996 年实施《循环经济与废弃物管理法》。其中，《循环经济与废弃物管理法》是德国循环经济法律法规体系总的法律，其他法律法规都是在该法律框架下制定和实施的。而日本则是发达国家中循环经济立法最全面的国家，也是国际上较早建立循环经济法律体系的国家之一。在这个体系中，各自独立的法律支持《促进建立循环型社会基本法》，《促进建立循环型社会基本法》为废弃物管理和再生利用政策提供了基本的哲学体系。日本建立循环型社会的相关法规包括《环境基本法》、《促进建立循环型社会基本法》、《固体废物管理法》、《资源有效利用促进法》、《包装容器再生利用法》、《家电再生利用法》、《建筑材料再生利用法》、《食品再生利用法》、《汽车再生利用法》和《绿色采购法》等。

发达国家的经验表明，以立法为先导把循环经济的发展纳入法制化轨道进行全面推进是极为有效的举措。为此，我国政府提出到2010年建立比较完善的循环经济法律法规体系的说法。这一体系的建立需要我们按照循环经济的发展规律和现实要求，有针对性地在各方面特别是在体制、制度等宏观方面进行系统设计和具体规范，以便为循环经济的发展提供切实的法律依据和法律保障。我国目前的循环经济法律体系还不太健全，循环经济相关法律主要有《环境保护法》、《矿产资源法》、《节约能源法》、《清洁生产促进法》、《水法》、《水土保持法》、《土地管理法》、《政府采购法》、《大气污染防治法》、《固体废物污染环境防治法》、《水污染防治法》、《环境影响评价法》、《可再生能源法》、《农业法》、《草原法》、《森林法》、《渔业法》、《电力法》等。其中《固体废物污染环境防治法》、《节约能源法》、《清洁生产促进法》中较多地体现了循环经济的相关要求。

我国发展循环经济的当务之急是在科学发展观的指导下，依照走新型工业化道路的要求，制定一部体现社会主义市场经济要求，反映循环经济发展的宏观规律，以制度安排和体制创新为主要内容的循环经济基本法，并以此统辖和指导各专项法的制定和实施，从而使基本法与专项法、专项法与专项法之间相互促进、良性互动，推动我国的循环经济健康发展。于2009年1月1日起实施的《循环经济促进法》，旨在通过制定一系列财政、税收、金融等政策，激励全社会各行业发展循环经济，实现经济可持续增长。2005年12月，第10届全国人大常委会第40次委员长会议决定将制定《循环经济法》补充列入立法计划，并明确由全国人大环资委提出法律草案。起草领导小组根据反馈意见，不断完善文本，历经几次大的修改，并与国务院主要相关部门进行多次协调，得到广泛认可。2007年6月22日，全国人大环资委第23次全体会议审议通过了《中华人民共和国循环经济法（草案）》。

关于循环经济法律法规与企业发展方向问题，西方发达国家多采取企业自愿的办法，主要是基于企业家和社会公众较高的环境意识和发达的科学技术水平现状。但在广大发展中国家，情况却往往相反，它们通常要更多地采取强制的办法与手段来推行环保政策。在我国发展循环经济，既不宜完全采取自愿的方式，也不可完全采用强制的手段，而应该实行自愿与强制相结合的办法。本书认为循环经济法律法规一方面要指导企业的发展方向，使企业的经营活动符合循环经济的原则；另一方面，当企业的发展不符合循环经济相关要求时，法律可以采取强制作用，来规范企业的发展方向。企业是一个典型的“经济人”，如果企业采用控制污染或节约能源的技术或措施所获得的收益低于其实际支付的成本，那其便会失去发展循环经济的动力，此时就需要循环经济相关法律上作出强制性安排。如《清洁生产法》是我国循环经济立法的重大进展，有人称其“具有里程碑的作用”，然而我国企业的清洁生产状况并不尽如人意，其中的一个重要原因就是《清洁生产法》的大多数规定属于指导性的规范，并不具有强制执行的效力，从而在客观上造成了该法执行、实施力度上的弱化，削弱了其应有的促进循环经济发展的作用。所以，对一些严重污染环境的落后工艺、设备、产品，国家要按照循环经济法律要求坚决淘汰，并逐步提高淘汰标准。另外，对开展循环经济，依照“减量化、再利用、再循环”原则组织生产与服务的企业、工业园、地方政府等，在税收、贷款、出口、奖励等方面予以引导和扶持，并通过提高人们的环境意识，使人们更自觉自愿地支持循环经济的发展。

3. 企业是实施循环经济的主体

企业是实施循环经济的主体，企业实施循环经济不仅对于实现经济、社会和环境的协调发展具有重要意义，而且也是企业自身可持续发展的必然选择。目前，循环经济是实现可持续发展的有效途径这一思想已经成为社会共识，在提高公众的可持续发展意识、健全循环经济立法体系、转变政府职能的同时，循环经济实施主体的利益驱动也是实施循环经济的关键因素。

传统发展模式下，企业仅站在自身角度追求利益最大化，把自然资源和环境看做是一种为人类提供服务的资源，只考虑对其获取和利用，而不考虑补偿和支付，从而导致资源短缺、环境污染等一系列问题。循环经济要求企业按照“3R”的原则合理利用自然资源，减少废弃物的排放，减少对环境的破坏。从经济学上看，实施循环经济的根本就是要实现外部性内部化。从法律规范循环经济中企业的发展方向角度看，只要国家的循环经济立法体系健全并严格执行，企业就只能按照相关法律的要求来组织生产及相关活动。循环经济存在 3 个层面，即企业层面、产业层面、城市或区域层面的循环经济。企业层面的循环经济是循环经济在微观层次的基本表现，其实质是组织内各工艺之间的物料循环，循环型企业通过在企业内部交换物流和能流，建立生态产品链，使得企业内部通过资源利用最大化、环境污染破坏最小化的集约型增长模式使企业获得效益。但单个企业清洁生产和厂内循环具有一定的局限性，因为它可能会形成企业内无法消解的一部分废料和副产品，于是需要在更大的范围内实施产业层面或区域层面的循环。当循环经济相关立法规范了企业发展方向，要求企业将资源消耗和污染物排放等外部现象内部化时，出于自身利益最大化的目的，企业便有积极性融入城市的循环经济系统，成为其中的一个节点，成为城市循环经济系统的主体，从而推动城市循环经济的发展。

4. 政府的作用是严格执法和利益协调

政府职能，是指政府对国家和社会经济的发展应具有的职责和功能，它揭示了政府在社会经济中的基本方向和基本作用。近些年来，为构建城市循环经济系统，促进区域经济发展，各级政府在改善硬环境的同时，也注重软环境建设，但收效不够明显、稳定、持久。陆卫华指出目前在政府职能转变中存在以下3个方面的问题：一是政企不分，集权审批，市场基础性作用难以充分发挥；二是体制不顺，因权设事，“三乱”现象难以全面禁止；三是执法不严，恃权干预，地方保护和行业垄断难以彻底根治。市场经济条件下，政府职能主要包括科学规划、宏观调控、基础设施建设、公共服务和社会保障、社会管理等职能。以下主要基于城市循环经济系统构建的视角，对政府应当承担的科学规划、严格执法和利益协调等职能进行论述。

（1）科学规划。政府的科学规划职能是宏观调控的重要手段，它可以确定城市总体经济发展目标、主导产业选择及产业结构的调整优化导向。国外在构建城市循环经济系统时采取以企业为主体的“三自”原则，即自愿组合、自由加入、自由退出。与此不同，我国在构建城市循环经济系统时多采取以政府规划为主，由政府管理，企业及相关组织可以自愿报名的方式进行。政府及相关部门在构建城市循环经济系统时一定要在充分调查研究和科学论证的基础上进行科学规划，具体内容包括：循环经济系统核心企业选择及主导产业规划、工业生态链网规划、城市功能区规划、生态工业园区规划（包括产业区、管理区、居住区等功能区规划，园区景观生态规划，以及包括工业生态系统结构设计、系统集成和工业生态链网设计等内容的园区工业生态系统规划）等内容。政府及相关部门一定要科学规划，确保城市循环经济系统的效益、效果和效率。

（2）严格执法。执法主要是指保护各类产权和各类合同的执行，保护人民生命财产安全，打击违法犯罪行为，依法征税。法制是发展的基础，坚持严格执法、依法行政是政府的职责。政府要建立行政执法责任制，加强行政执法机构和执法队伍建设，努力提高行政执法人员的业务素质和执法水平。把严格执法、依法行政与提高政府部门服务水平有机结合起来，确保城市循环经济系统的规范、有序进行。

（3）利益协调。城市循环经济系统的构建和运行需要城市政府、企业、科研院所、社会团体和公众等各方的共同参与和大力支持，相应地，也会对参与各方的利益产生影响。做好社会管理和提供公共服务是政府的主要职责，政府作为城市的行政管理者，自当承担起协调之责。如何设计好科学、有效的协调机制，并通过制度化予以保障，是政府必须直接面对的现实课题。政府要当好社会公共利益的代表，要建立健全公共安全体系，加大对公共安全领域、行业、产品的监管力度，确保人民群众生命和财产安全；要加强社会治安防控体系建设，建立社会矛盾协调化解机制，维护社会安全稳定；要建立社会应急管理体制和机制。同时，政府要做好各方利益的协调工作，当城市各方主体之间因利益产生矛盾时，政府应依照相关法律规章及时对此进行协调处理，在保护各方合理利益的同时，使矛盾冲突最小化。

7 河北省资源型城市循环经济支撑技术体系研究

循环经济是一种崭新的经济发展模式，发展循环经济离不开生态—技术体系的支撑。目前，我国已经把发展循环经济当做一项重要的战略目标，但从技术支撑水平看，服务于循环经济实践的产业技术体系尚未形成，技术发展水平距离循环经济的内在要求还相差甚远。为此，本书对河北省的资源型城市循环经济支撑技术体系进行研究，以实现可持续发展为目标，以循环经济为发展模式，基于河北省的实际情况和产业特点，构建具有河北省特色的、符合循环经济“5R”原则的资源型城市循环经济支撑技术体系，提出循环经济模式下河北省资源型城市循环经济技术体系的发展策略。

7.1 循环经济下区域生态—技术体系的概念、特征与构成研究

2009 年，党的第十七届四中全会上首次提出，要加快转变经济发展方式，实现国民经济又好又快发展。基于生态经济的循环经济，是实现可持续发展战略的重要实现方式。发展循环经济，是河北省自集约化模式后采取的第二次经济发展方式转型的战略选择。

7.1.1 传统技术体系与循环经济模式下生态—技术体系的区别

技术体系是支撑经济发展的物质基础。与传统技术体系支撑传统经济发展不同，循环经济的发展需要以多个关键技术为核心的相互联系、相互促进的生态—技术体系作为技术支撑。传统的技术体系和循环经济模式下的技术体系在本质内涵、行为主体、追求目标上有着显著的区别。

（1）在本质内涵上，循环经济模式下的技术体系追求经济、社会的发展与良好生态环境的统一，努力使经济、社会、生态效益实现全面提高；传统技术体系则注重生产要素、生产条件、生产组织的重新组合，以建立效能更好、效果更高的新的生产体系，获得更大经济利润。

（2）在行为主体上，循环经济模式下技术体系的行为主体是企业、科研院所、政府部门和社会团体；传统技术体系的最终行为主体只是企业。

（3）在追求目标上，循环经济模式下的技术体系追求经济目标、社会目标和环境目标三者的协调统一；传统技术体系所追求的最直接、最根本的目标是经济目标。

传统技术体系和循环经济在现实经济社会中存在一定的矛盾和对立。正是由于这些矛盾的作用使得传统技术体系在现实中表现出了双重效应，即传统的技术体系对循环经济既存在有利的一面，又存在消极的一面。所以，为了使技术体系能够满足可持续发展的需要，就必须对其概念和内涵进行必要的整合。为了区别于传统技术体系，我们称整合后的技术体系为生态—技术体系。

7.1.2 循环经济模式下区域生态—技术体系概念的提出

本书作者曾在《面向生态—技术创新的城市生态位扩展评价研究》一文中，通过对有关生态化技术创新和技术创新生态等理论的整理和分析，提出了生态—技术创新的概念，认为生态—技术创新是从可持续发展的角度出发，由政府、企业和公众采用绿色技术及相应的管理手段，追求自然生态平衡、社会生态和谐有序和人的全面发展，将自然技术、社会技术和人文技术成果转化为经济、社会、生态等价值的动态过程。

张鹏辉博士在分析区域创新理论的基础上，提出了城市技术创新体系概念，认为城市技术创新体系是在城市区域内参与技术创新的企业、大学和研究机构、政府部门等行为主体通过一定的机制相互延伸和交融组成的创新网络系统。该概念侧重于技术创新的实施主体。

吉林大学许英博士综合分析了徐嵩龄、吴易明、张立柱、李玉珍、孙育红和王圣宏等学者关于循环经济技术体系的观点，认为循环经济技术体系就是能够承载循环经济发展目标，导向循环经济实践方向，具有低消耗、低污染、高效果特征的绿色技术按照某种自然、经济或社会的内在逻辑结合而成的结构性整体。该概念侧重于技术体系的技术构成要素。

借鉴以上学者的观点，本书将循环经济理论、区域创新理论和技术体系理论相结合，给出了循环经济模式下的区域生态—技术体系的概念：循环经济模式下区域生态—技术体系是在区域内以可持续发展为目标，以循环经济为发展模式，以企业、科研院所、政府部门和社会团体为实施主体，由绿色技术按照自然、经济和社会的内在逻辑结合而成的技术网络整体。

7.1.3 循环经济模式下生态—技术体系的特征

与传统经济下的技术体系不同，循环经济下的生态—技术体系融合了可持续发展理念，具有以下特征。

(1) 生态—技术体系是环境友好型技术体系。发展循环经济、实现可持续发展是用更清洁、更环保的生态—技术替代以往的高污染、强干扰的黑色技术。

(2) 生态—技术体系是资源责任型技术体系。生态—技术体系被用于发掘各种自然资源经济价值的同时，也要在开发和使用中贯彻资源保值和增值的意识。

(3) 生态—技术体系是知识型技术体系。循环经济是一场绿色革命，也是知识经济的延续，循环经济是以“知识”为基础的经济，生态—技术体系是知识型技术体系。

(4) 生态—技术体系是生态效益型技术体系。生态—技术体系是在维系资源环境生态服务价值的前提下，发掘各种潜在的经济价值。“效率”概念在循环经济生态—技术体系发展中不是被弱化，而是在明确了资源和环境约束的前提下被进一步强化。

7.1.4 循环经济模式下区域生态—技术体系的构建原则

根据系统特性，构建循环经济模式下生态—技术体系需遵循以下原则。

(1) 系统性原则。发展循环经济不是仅依靠一个或几个单项技术，而是由相关生态—技术按照内在逻辑结合而成的技术网络整体。从这个意义上看，以系统论统辖的还原性思维是加快循环经济技术体系构建的方法论。

(2) 因地制宜原则。技术的发展或技术体系的构建都是在特定社会经济场景下进行的，应根据各地的优势和特点，客观选择适宜的技术来构建循环经济生态—技术体系。

(3) 重点突出原则。生态—技术体系构建应突出重点，同时应体现区域技术、经济、社会、文化的多重特征。

(4) 动态性原则。生态—技术体系需要随着客观环境的变化进行不断调整。

7.1.5 循环经济模式下区域生态—技术体系的构成

1. 基于循环经济的“3R”视角

根据循环经济的“3R”原则，基于循环经济模式的区域生态—技术体系是以开源化技术、减量化技术、再使用技术、再循环技术和生态环境恢复和治理技术为主体的技术体系。

(1) 开源化技术。以提升矿产资源可持续供给能力和资源安全水平为目的的资源开源化技术。

(2) 减量化技术。减量化即减物质化，属于输入端控制方法。减量化技术要求同时关心生产和消费两大环节。从生产环节看，减量化技术要求生产单位在生产全过程中尽可能减少自然资源投入量和能源消耗量，并积极开展清洁生产，实现污染排放量最小化，从源头注意节约资源、能源，降低环境的污染负荷。从消费环节看，减量化技术体现为在保护消费多元化前提下的企业绿色产品设计、研制和生产，引导社会对安全、环保、节能、节材产品的选择。

(3) 再使用技术。属于过程控制技术，通过物尽其用提高物品的使用效果。从技术创新角度看，再使用要求尽可能多地重复使用物品，延缓其成为“垃圾”的时间，例如，注重使用通用零配件以提高产品的兼容性，提供广泛的消费组合空间，满足多样化的消费；提高产品的耐久性，使产品适宜维护和修理；使产品简洁化，便于拆解、检查和改造。

(4) 再循环技术。属于输出端技术，要求将一道工序或一次使用后产生的废物作为下一道工序或下一次使用的原料，实现废弃物的资源化和再生利用，减少初级资源和能源的投入和垃圾生成。

（5）生态环境恢复和治理技术。以提高资源产业链生态效果为导向的生态环境恢复和治理技术，包括生态环境防护技术、生态环境恢复技术、“三废”无害化处理技术和生态环境治理技术。

2. 基于生态学视角

循环经济是一种遵循生态系统运行规律规划和推动的生态经济。从这个意义上看，支撑循环经济的技术体系也需要将生态规律作为基本的架构规律之一。生态系统的运行是建立在食物链网基础上的一种物质循环与能量流动。从物质循环角度看，生态系统的食物链网可以分为物质生产、物质消费、物质分解（或物质还原）等组成功能。从能量流动看，生态系统完全依靠太阳能源源不断的输入，并严格按照热力学第一、第二定律，通过食物链网承载能量流通与耗散，实现生态系统内的能量收支。模仿生态系统的物质循环，可以将循环经济技术体系也分为生产技术、消费技术、分解技术（或还原技术）三大技术群，并根据能量流动规律来分析这3类技术群的作用机理。

（1）循环经济的生产技术。无论是生态系统，还是经济系统，生产技术都泛指将低能物质转化为高能物质的合成过程。对于人类的经济系统而言，生产技术在工业革命之后的几百年里有了飞速发展。从合成能力看，这种发展要远远高于任何一个自然生态系统。

与生态系统相比，人类的生产技术还有一些特殊之处。一是人类生产所需能量主要是化石燃烧能，非太阳能。化石资源的存量有限，而太阳能供给无限。二是人类生产所需的物质种类远远多于自然生物维持生命所需的物质种类。三是人类生产过程需要能量流和物质流高强度聚集，这使得非均匀分布的高浓度资源更有利于人类的生产。四是人类的生产缺乏自然生态系统中“最大维持产量”的内源性调节机制，只能依靠人类自省控制。

（2）循环经济的消费技术。在生态系统中，消费技术体现为各种类型取食者的生存技能与生存方式。根据取食地位的差异，生态系统中物种可分为顶位种、中位种和基位种三大类，它们共同组成了生态系统的营养结构——食物链和食物网。与之相比，经济系统的消费主体是人，消费方式包括生产消费和生活消费两大类。生产消费是指经济组织在开展生产、流通、服务等经济活动时对各种投入要素的消耗；生活消费是基于“生存发展”目标，对各类生活物资的耗费。生活消费相当于顶位种的生存方式，是生产消费的最终目的和结果。

①循环经济的生产消费。传统经济系统中企业之间的“食物链”一般较短，“营养结构”也比较简单。发展适宜的“链接技术”，可以有效地延长和拓宽生态产业链，延缓各类产品进入“顶级消费”阶段。链接技术是指将上游企业产生的产品、副产品、剩余产品或废弃物转变为下游企业生产原料的处理技术。从实际应用看，那些能够有效延长产业链，或链接相关产业链的深加工技术、再制造技术、能量梯级利用技术、材料替代技术都是循环经济链接技术的重要组成部分。

②循环经济的生活消费。循环经济的生活消费提倡适度消费和节约消费。从技术支撑的角度看，适度消费和节约消费需要加强对节材节能技术、重复使用技术、再生利用技术和绿色化工技术的研发，逐步替代生活消费环节中的一次性产品、耗能产品和有毒材料等。

(3) 循环经济的分解技术。分解技术，即废弃物资源化技术，将生产或消费过程产生的废弃物再次变成有用资源的技术。分解技术是当今人类经济生活中发展最为薄弱的技术类型。目前循环经济模式中的分解技术基本上是在发达国家工业化后期的末端治理技术基础上发展起来的。理想的末端治理技术应以资源化技术和物质还原技术为主，使生产、流通和消费等环节中废弃物通过一系列的物理变化和化学变化成为可再生资源，实现自然—经济—社会复合系统的物质循环。但从实践看，资源化技术的发展还比较滞后。

7.2 河北省资源型城市循环经济支撑技术体系构建

目前，河北省已经把发展循环经济作为一项重要的战略目标。但是，从技术支撑水平看，服务于循环经济实践的产业技术体系尚未形成，技术发展水平距离循环经济的内在要求还相差甚远。为此，本书基于河北省资源型城市循环经济的实际情况和产业特点，对构建具有河北省特色的、符合循环经济“3R”原则的、以减量化技术、再使用技术和再循环技术等生态—技术为主体的技术体系进行研究。考虑到研究的可行性和针对性，初步确定重点研究河北省资源型城市支柱产业和特色产业中的矿产资源采选业、煤炭工业、钢铁工业、建筑材料工业和石油和化学工业，确立以五大产业五类循环经济支撑技术体系和行业技术目录。

基于“3R”原则的“5R”循环经济支撑技术包括如下几个。

（1）以提升矿产资源可持续供给能力和资源安全水平为目的的资源开源化技术。

（2）以减少生产和消费消耗为目的的减量化技术。

（3）以生成排放物质循环利用为目的的再循环技术。

（4）以生产废弃物综合利用为目的的再利用技术。

（5）以提高资源产业链生态效果为导向的生态环境恢复和治理技术，包括生态环境防护技术、生态环境恢复技术、“三废”无害化处理技术和生态环境治理技术。

矿产资源采选业、煤炭工业、钢铁工业、建筑材料工业和石油和化学工业五大产业既是河北省经济社会发展的支柱产业，也是对河北省资源和环境影响最大的重点产业。要想实现五大产业的可持续发展，必须构建循环经济模式下的基于“5R”的五大产业生态—技术体系。五大产业以“资源”为纽带构成一个有机整体，其中矿产资源采选业和煤炭工业以探明的矿产资源为对象，从事矿产资源开采、加工，直接向社会提供矿产品及其初加工产品，属于初端产业，具有很强的后续延展性，矿产资源采选业和煤炭工业的“5R”技术体系以资源开源化技术以及生态环境恢复和治理技术为构成主体，重点强调矿产资源可持续供给能力和生态环境的保护、恢复和治理能力。钢铁工业、建筑材料工业和石油和化学工业作为矿产资源采选业的后续产业，同时也是制造业和建筑业等产业的先导工业，易于与上下游产业建立生态链接，是耦合多种产业、构建生态工业体系中十分活跃的重要产业。钢铁工业、建筑材料工业、石油和化学工业三大产业资源和能源消耗大、污染物排放多，对生态环境影响非常大。三大产业的“5R”技术体系以减量化技术、再循环技术、再利用技术和生态环境恢复及治理技术为构成主体，同时由于三大产业生产中使用各种高温焦炉、高炉、转炉和炉窑，既可充分利用上游矿产资源采选业的尾矿、低品位矿石和其他矿山废渣进行生产，与上游产业建立资源链接以提高矿产资源的综合利用率，拓展原料来源；也可与下游产业制造业和建筑业等共同构建共生和代谢生态—技术体系，消除其他产业产生的固体废弃物以及城市垃圾。

本书作者通过查阅文献、实地考察、座谈访问等方式，对矿产资源采选业、煤炭工业、钢铁工业、建筑材料工业与石油和化学工业五大产业循环经济支撑技术体系进行了筛选和分类，对相互关联的技术进行了有机合并，建立了五大产业循环经济支撑技术体系，为有关部门制定技术体系政策以及有关企业建立循环经济支撑技术体系提供了参考。

7.2.1 矿产资源采选业循环经济支撑技术体系构建

矿产资源是国民经济建设与社会发展的重要物质基础。2010 年我国 92% 以上的能源、80% 以上的工业原料、70% 以上的农业生产资料来源于矿产资源，30% 以上的农业用水和饮用水来自矿产资源范畴的地下水。我国正处在高速工业化发展进程中，需要消耗大量的矿产资源。发达国家在 20 世纪的工业化是以世界上 15% 的人口消耗了世界 75% 的资源为代价的。我国人均资源占有量仅为世界人均的 58%，我们没有条件也不应该重蹈资源高消耗的老路。《河北省矿产资源总体规划（2000—2010)》（以下简称《规划》）指出，截至 1999 年，全省已发现矿产 128 种，其中已探明资源储量的矿产 73 种，矿产地 900 多处。1999 年各类矿石年开采量 3.12 亿吨，采选业年总产值 255 亿元，矿业及以矿产品为加工原料的加工工业产值 1600 亿元。近年来，河北省矿业有了长足发展，在国民经济发展中占有重要地位。但是，当前全省矿产资源勘查、开发利用及其管理中仍存在一些问题：一是矿产资源勘查工作滞后；二是矿产资源开发利用方式粗放，在矿产资源开发中，重开发、轻保护，追求短期利润，乱采滥挖，采富弃贫、采易弃难、采主弃副，采厚弃薄问题依然存在；三是矿业布局与结构不合理；四是矿山环境形势严峻；五是矿产资源宏观调控能力低。同时，《规划》指出，河北省相当一部分大中型矿山进入中晚期，可采储量与产量大幅度衰减，一些矿山将面临资源枯竭，矿产资源开发利用造成的环境污染和生态破坏严重。

在循环经济发展模式中，矿产资源业的变革主要体现在：在生产过程中尽可能减少对生态环境的影响，并及时完成矿山生态修复；注重矿产资源的减量消耗、高效利用和再生循环；努力实现矿业废弃物低排放或零排放，减少环境污染。在此，本书对矿产资源工业循环经济支撑技术进行了筛选和分类，建立了矿产资源工业循环经济支撑技术体系，见表 7 - 1。

表 7－1　　矿产资源工业循环经济支撑技术体系表

序号	技术类型	技术名称	技术描述	技术产权及推广应用
1	开源化技术	无底柱分段崩落法低贫化放矿技术	东北大学研究发现：无底柱分段崩落法的矿石贫化过程主要发生在出矿口附近，是一个可控过程。实际操作中，在有接受条件的放矿口，放矿到见到废石漏斗为止，这样可大幅度降低废石混入率。 该技术可将矿石贫化率降至7%～10%，矿石损失率降至12%以下，在全国推广每年可创造经济效益4亿～5亿元	东北大学拥有技术产权。适用于矿山资源采选业中采用无底柱分段崩落法的矿山
2	开源化技术	大参数多分段并行无（低）贫化矿的无底柱分段崩落法放矿技术	无贫化放矿的基本特征是以矿岩界面正常到达出矿口来控制放矿，其存在问题是在到达正常生产阶段前矿石产量会大幅度波动，该技术采用多分段并行回采方式，可减弱上述问题，并同时实现无（低）贫化放矿目的	东北大学拥有技术产权。适用于矿山资源采选业中采用无底柱分段崩落法的矿山
3	开源化技术	缓倾斜中厚氧化矿体采矿方法参数优化技术	我国许多金属和非金属矿床都属于缓倾斜矿床。该技术引进针对岩土工程复杂特点的程序进行数值模拟分析，优化开采设计，确定合理的采场结构参数、开采顺序和支护结构参数，在保证生产安全的前提下，最大限度减少开采成本，提高生产率和经济效益	昆明理工大学拥有技术产权。 适用于矿产资源采选业中缓倾斜中厚金属矿体的开采
4	开源化技术	陆相水驱油藏剩余油富集区开采技术	该技术研究陆相水驱油藏剩余油富集区的主要控制因素和控油模式，揭示剩余油富集区的定量预测模型，形成剩余油富集区的描述技术系列，有效挖潜剩余油，进一步提高水驱采收率	技术产权属中石化胜利油田有限公司。 适用于矿产资源采选业中陆相催化剂的水驱油藏，特别适合于构造复杂、储层非均质严重、剩余油分布复杂的高含水水驱油藏

续表

序号	技术类型	技术名称	技术描述	技术产权及推广应用
5	开源化技术	铜铅锌锡矿细粒浮选新技术	利用浮选体系中的同类矿粒的粗粒效应与载体作用，在常规粗粒浮选设备条件下，在细粒矿浆中适当进行粗粒级配，改变浮选机中的物理化学水动力条件，提高铜铅锌锡的回收率	该技术由中南大学和深圳市中金岭南有色金属股份有限公司凡口铅锌口共同完成，产权共有。适用于矿产资源采选业中硫化铅锌矿、铜矿、锡矿、钛铁矿等微细粒矿物的浮选
6	开源化技术	复杂难处理富锗硫化氧化混合铅锌矿的选矿技术	北京矿冶研究总院针对云南会泽铅锌矿矿石的特点，制定了先硫化矿后氧化矿—先浮铅后浮锌的技术方案，开发出等可浮—异步选铅—锌硫异步混选—铅锌硫分离—氧化铅锌不脱泥硫化电位控制浮选新技术	专利申请权由北京矿冶研究总院享有，非专利技术成果使用权由北京矿冶研究总院和云南会泽铅锌矿共有，技术转让权归北京矿冶研究总院。适用于矿产资源采选业中处理混合铅锌矿
7	开源化技术	富含铁镍超基性掩体全组分利用技术	该技术首先采用混合浮选法将铜镍硫化矿选出，并进行铜镍分离，得到铜精矿和镍精矿；然后将富含蛇纹石的浮选尾矿采用磁化焙烧—磁选的方法获得镍磷铁精矿，磁选尾矿用于钙镁磷肥生产	技术产权归东北大学和辽宁朝阳北鑫矿业有限公司共有。适用于矿产资源采选业中超基性掩体及与其具有类似性质的矿产资源的利用
8	开源化技术	低品位金矿综合利用技术	该技术提出了碎矿—筛分—洗矿，重选—细泥炭浸—粗矿堆浸的组合工艺，降低了尾矿品位，提高了浸出率，提高了资源利用率，延长了矿山服务年限	紫金矿业集团股份有限公司拥有技术产权。适用于矿产资源采选业中含泥、低品位、应用堆浸为主的矿山

续表

序号	技术类型	技术名称	技术描述	技术产权及推广应用
9	开源化技术	低品位铁矿的综合开发利用技术	该技术包括预选抛废、多碎少磨、细筛和磁团聚提高铁精矿质量、尾矿再选提高铁回收率及全流程成本控制等方面的技术	该技术于2004年获得中国有色金属工业科学技术二等奖。河南舞阳矿业公司拥有技术产权。 适用于矿产资源采选业中低品位铁矿的开发利用
10	开源化技术	细粒嵌布磁铁矿磁筛高效利用技术	该技术通过磁选的铁粗精矿在低于磁选机数十倍的弱的均匀磁场中，利用单体铁矿物与连生体铁矿物的磁性差异，使磁铁矿单体矿物实现有效团聚后，增大了与连生体的尺寸差、比重差，再利用专用筛将已解离但形成磁团聚的磁铁矿单体与连生体矿物实现分离	该技术由中国地质科学院郑州矿产综合利用研究所开发并获得国家专利，其拥有自主知识产权。 适用于矿产资源采选业中不同类型、不同粒度的磁铁矿、钒钛磁铁矿、焙烧磁铁矿的精选
11	开源化技术	中低品位磁铁矿细筛—反浮选高效技术	该技术采用细筛工艺将已经解离的开始分离出来，仅磨连生体；然后对铁矿物和脉石已达单体解离的磁选精矿，采用反浮选工艺，利用磁铁矿和石英的可浮性差异，获得超纯铁精矿	技术产权由长沙矿冶研究院、鞍山钢铁集团共同拥有。 适用于矿产资源采选业中嵌布粒度较细的低品位磁铁矿的提质降杂或铁精矿深加工领域
12	开源化技术	微细粒级钛铁矿选矿技术与选钛设备	该技术通过低浓度、大体积量微细粒矿浆高效浓缩技术、适宜微细粒级钛铁矿分选的强磁选设备、高效无毒微细粒钛铁矿捕收剂、螺旋机组的给矿浓度及矿浆量均匀分配自动控制系统、钛精矿品位自动监测技术等成套设备，解决微细粒级钛铁矿生产难题	攀钢集团公司钛业分公司拥有技术产权。 适用于矿产资源采选业中原生微细粒级钛铁矿回收

续表

序号	技术类型	技术名称	技术描述	技术产权及推广应用
13	开源化技术	铜矿伴生金属综合利用新技术	该技术以单体铜矿物和富连生体铜矿物为捕集目标，首先将单体铜矿物、富连生体铜矿物和贫连生体铜矿物及含硫矿物分离，通过在粗选作业添加选择性强的铜捕收剂，增加铜矿物间的可浮性差异，以实现对粗颗粒体单体铜及富连生体铜的早收	该项技术归北京矿冶研究总院所有。 主要适用于矿产资源采选业中含钼铜硫矿山
14	开源化技术	旋流—静态微泡柱分离方法及应用技术	微泡柱包括3部分：柱浮选位于上部，用于原料预选，可得到高品质精矿；旋流分选位于下部，用于柱浮选的进一步分选，可得到合格尾矿；管流矿化是在引入气体并形成微泡的基础上，用于旋流中矿的进一步分选并与旋流分选相连形成循环	中国矿业大学拥有独立知识产权。 适用于矿产资源采选业中煤泥浮选脱硫降灰、金属矿和非金属矿的粗选、精选、扫选各作业，油水分离及污水处理等
15	开源化技术	低品位钴锰共生矿浆电解技术	矿浆电解是一种湿法冶金新技术，将浸出、溶液净化、电积3个工序合为一体。该技术利用电极过程的阳极氧化反应来浸出硫化矿物，利用阴极的还原反应来实现矿物的还原浸出	该技术为北京矿冶研究总院的发明专利技术。 适用于矿产资源采选业中处理多金属复杂矿及伴生矿等
16	开源化技术	从碳酸盐型富锂卤水中提取锂的技术	碳酸锂结晶具有正温度效应。该技术通过太阳池从碳酸盐型富锂卤水中提取锂盐精矿，是一种有效利用太阳能高效果、无污染提取锂盐的绿色技术	中国地质科学院盐湖与热水资源研究发展中心拥有技术产权。 适用于矿产资源采选业中从碳酸盐型盐湖卤水中提取锂盐

续表

序号	技术类型	技术名称	技术描述	技术产权及推广应用
17	开源化技术	难浸金精矿生物氧化预处理提金技术	该技术利用自然界中的微生物，优选出嗜硫、铁的浸矿菌株，利用这些微生物新陈代谢的直接作用或代谢产物的间接作用，氧化和分解硫化矿基体，将包裹金的矿物—黄铁矿、砷黄铁矿等有害成分破坏，使金充分暴露出来。该技术不会对环境和大气产生污染	该技术归中国黄金集团公司长春黄金研究院所有。 适用于矿产资源采选业中存在大量难处理金矿资源的矿区
18	开源化技术	伟晶岩型钽铌矿伴生非金属矿的回收技术	该技术在选厂磨矿—筛分—分级作业中，根据云母矿物呈片状晶形，长石、石英以粒状为主的特征，采用GL螺旋选矿机和高频细筛预先分离白云母工艺，分选效果明显	该技术由郑州矿产综合利用研究所自主开发。 适用于矿产资源采选业中对矿石组成相同或相近的同类尾矿中的云母、长石和石英矿物回收、分离、提纯或深加工
19	再利用技术	铁矿尾矿综合利用及零排放技术	该技术针对铁矿尾矿部分，通过两次螺旋分级机捞砂后，其溢流经过两次浓缩给入陶瓷过滤机。其中，一次浓缩的溢流经平流池沉淀后作为生产循环水；二次浓缩的溢流则返回一次浓缩中闭路浓缩	技术产权归马钢桃冲矿业公司所有。 适用于矿产资源采选业中铁矿山含铁尾矿的处理
20	再利用技术	铅锌等有色金属冶炼废渣中铟等稀有金属综合利用技术	采用火法与湿法相结合技术，将废料中的铟等元素富集，再经浸取、过滤、沉淀、萃取、反萃取、置换、熔铸等工艺，将有用元素从废料中转入溶液，再经分离、提纯和铸造，获得铟等产品	技术产权归广东省矿产应用研究所拥有。 适用于矿产资源采选业中从冶炼化工厂产出的各种含铟物料及电子工业边角料、废料中回收铟

续表

序号	技术类型	技术名称	技术描述	技术产权及推广应用
21	再利用技术	冶金矿山与钢铁厂废水“电氧化气浮”深度处理技术	该类废水经中和沉淀和过滤等方法简单处理后，通过电氧化装置产生的具有强氧化性能的新生态氧，将废水中剩余的 Fe^{2+}、Mn^{2+} 氧化成 Fe^{3+} 和 Mn^{4+}，并在较低 pH 值下生成 $Fe(OH)_3$ 和 MnO_2 沉淀；在特殊药剂的作用下，CRIMM 电气浮机将 $Fe(OH)_3$ 和 MnO_2 沉淀和油以及部分可溶性有机物与水气分离；另外，电氧化装置和 CRIMM 电气浮机还可还原氧化分解部分有机污染物，产生的氧化剂能杀死细菌和病毒，使冶金矿山与钢铁厂废水经处理后达到回用要求	该项目技术和设备由长沙矿冶研究院自主开发，具有自主知识产权。 适用于冶金、选矿、造纸、印染、石油化工等行业以及城市废水的处理
22	生态恢复和治理技术	盘区机械化细砂水砂充填采矿技术	该技术是一项包括充填材料配比、系统设计与改造、回采工艺、大型无轨设备配套及运行的胶结层面充填体强度设计等充填采矿技术。 该技术可在大幅度降低水泥用量条件下，满足大型无轨设备运行要求，确保采、出、冲主要作业工序平衡	该项目由广东韶关岭南铅锌集团有限公司及北京矿冶研究总院共同研究，技术产权双方共有。 适用于矿产资源采选业中采用机械化向上水平分层的中厚及高品位矿体的开采
23	生态恢复和治理技术	立式砂仓活化全尾砂高浓度连续充填技术	尾砂是矿山最主要的工业废弃物，也是目前大多数矿山主要的充填物。该技术可充分利用废弃物，回填采空区，抑制采空区对地表的影响，避免废弃物对环境的污染	该技术产权由铜陵有色金属股份有限公司冬瓜铜矿及北京矿冶研究总院共有。 适用于矿产资源采选业中用尾砂浓缩及充填作业的所有矿山
24	生态恢复和治理技术	矿山尾矿全尾充填技术	该技术采用可以产生极高底流浓度的浓缩设备——HRC 高效浓密机，产生膏体状态的底流，用于塌陷区尾矿的充填	长沙矿冶研究院拥有技术产权。 适用于全国各类矿山

7.2.2 煤炭工业循环经济支撑技术体系构建

我国是以煤炭为主要能源的国家。煤炭生产和消费在我国一次能源消费结构中占70%左右。但是，大规模地开采和利用煤炭资源，造成了许多生态环境和社会问题。因此，转变煤炭工业增长方式，加快发展循环经济，是煤炭工业可持续发展的必然选择。河北省是国家主产煤省之一，冀中煤炭基地是国家发改委批准的全国重点建设的13个大型煤炭基地之一。河北省煤炭资源品种齐全，以稀缺炼焦煤为主，是中国重要炼焦煤基地。近年来，河北煤炭工业取得了重大进展，但总体上看，全省的煤炭工业依然存在着产业集中度不高、规模经济不尽合理、经营管理粗放、环境代价过大等突出问题。在资源有序开发、集约利用、节能减排和可持续发展等方面还有较大差距。目前国内资源开发整合竞争日趋激烈，河北省如何构建循环经济模式下的煤炭产业循环经济技术支撑体系，推动以煤炭产业为主体的煤焦化产业转型升级，提高资源保障能力，发展循环经济，促进经济社会可持续发展，不仅十分必要，而且十分紧迫。

在此，本书作者对煤炭工业循环经济支撑技术进行了筛选和分类，建立了煤炭工业循环经济支撑技术体系，见表7-2。

表7-2　煤炭工业循环经济支撑技术体系表

序号	技术类型	技术名称	技术描述	技术产权及推广应用
1	开源化技术	煤炭地下气化(UCG)技术	该技术将地下煤炭就地进行有控制的燃烧，通过对煤的化学反应与热作用产生可燃气体输送出来。其以井下无人、无设备，集建井、采煤、气化三大工艺合为一体，被誉为第二代采煤法。 使用该技术可使我国“报废”煤炭50%得到利用	我国自主研发，该技术属于国内领先水平，已获得3项国家专利。 适用于煤炭工业企业煤矿大量的煤柱、建筑物下压煤等呆滞煤的回收利用
2	开源化技术	煤矿矿井水综合利用技术	煤矿矿井水是在煤炭开采过程中涌入、渗透到矿山坑道中的地下水，经处理后的矿井水可作为民用、工业和农业用水。 可实现水资源的开发利用和矿山的可持续发展	国内企业自有技术。 适用于所有煤炭企业

续表

序号	技术类型	技术名称	技术描述	技术产权及推广应用
3	开源化技术	薄煤层螺旋钻机使用技术	采用乌克兰 BSHK－2DM 新型螺旋钻机，沿水平方向布置顺槽，倾斜方向钻进采煤。 与炮采相比，吨煤成本减少 85.27 万元。同时，可提高薄厚煤层配采比例，提高资源回收率，延长矿井服务年限	乌克兰 BSHK－2DM 新型螺旋钻机。 该技术可用于煤炭工业企业有瓦斯和煤尘爆炸危险的薄煤层开采，也可用于不规则煤层和保安煤柱的开采，但不容许在有突出危险和自燃的煤层中应用
4	开源化技术	1.5 米左右煤层高效开采技术	我国薄煤层（1.3 米以下）的可采储量约为 60 亿吨，1.5 米左右煤层所占比重也相当大。1.5 米左右煤层高效开采技术综合应用了综采技术设备、综合开采工艺、安全系统工程等理论，可以解决 1.5 米左右煤层高效开采问题	平煤集团为该技术项目的研发和实施单位，拥有技术产权。 该技术适用于煤层在 1.3～2.0 米，以及煤层群开采上部薄煤层，同时要求矿井水文地质条件中等以下复杂程度，煤层倾角在 30°以下，该技术在我国具有广阔前景
5	开源化技术	短壁综合机械化开采技术	该技术使用大功率、电牵引、摇臂可回转 297°的单滚筒采煤机，采用输送机机尾进刀工艺并配套形成综采成套设备，实现安全、高产、高效综合机械化开采。 该技术最小可在 20～30 米长的工作面开采，月产量可达 7.4 万吨。可提高煤炭资源回收率（达 95% 以上）、减少环境污染、延长矿井服务年限	大同煤矿集团公司与上海天地公司共同开发，处国际领先水平。 适用于煤炭企业开采建筑物下、水体下、铁路下，或急倾斜特厚煤层和大量回采煤柱的开采
6	开源化技术	两硬条件大采高综采技术	该技术采用适应两硬（硬顶板、硬煤层）大采高条件的 ZZ9900/29.5/50 四柱支撑掩护式支架，配套的大功率采煤机更适宜截割硬煤体、大运量工作面运输机满足大采高要求，由采煤机、液压支架、刮板运输机、破碎机、运载机、胶带运输机等组成大采高综采工作面生产系统，可靠程度高。 可实现煤炭资源开采的安全、高产、高效和高资源回收率	本项目由大同煤矿集团公司与中国矿业大学（北京）和煤炭科学研究院太原分院共同完成，属大同煤矿集团公司专有技术。 适用于煤矿企业两硬条件下 5 米厚煤层一次采全高

续表

序号	技术类型	技术名称	技术描述	技术产权及推广应用
7	开源化技术	煤矿低位综放工作面老空区残煤回收技术	我国综放工作面平均回采率约为80%，造成低位综放开采采空区残煤损失的主要原因是工作面后部输送机流槽前移后与采空区煤矸冒落带之间存在死角空间，潞安王庄煤矿在国内首次研制了“采空区残煤回收装置”来解决此问题，回采率提高4%	潞安王庄煤矿的“采空区残煤回收装置（FH装置）”曾获国家专利。 该技术可在全高煤炭企业推广应用
8	再利用技术	煤矸石烧结砖生产技术	煤矸石有一定热值，该技术就是利用了煤矸石热值这一特性，先用外因将窑体内的温度提高到煤矸石燃点，待坯体进入窑体后利用坯体自燃进行烧制，实现了“制坯不用土，烧砖不用煤”的目标。 具有良好的经济、环境和社会效益	设计单位：山东工业陶瓷研究设计院等。 设备制造商：济南砖瓦机械厂等。 适用于煤炭工业企业煤矸石的处理
9	再利用技术	褐煤露天矿全煤矸石空心砖生产技术	该技术利用露天煤矿剥离的固体废弃物——混质煤矸石、砂质煤矸石和伴生劣质夹层煤，科学合理配制原料制作全煤矸石内燃空心砖，解决了东北地区烧结砖的冻溶和泛霜问题	国内成熟技术。 全国露天煤矿均可参考使用该技术发展循环经济
10	再利用技术	戊组动力煤改洗冶炼用肥精煤技术	我国炼焦煤资源严重不足，肥煤最为稀缺。利用煤和矸石的物理、化学性质的差异，通过物理、化学分选的方法使煤和矸石有效分离，可将戊组原料煤加工成质量均匀的肥精煤产品。 具有良好的经济、环境和社会效益	平煤集团拥有技术产权。 适用于煤炭工业戊组煤的洗选

续表

序号	技术类型	技术名称	技术描述	技术产权及推广应用
11	再利用技术	煤矸石发电技术	利用煤矸石在炉内燃烧使水变成过热蒸汽，蒸汽推动汽轮机，汽轮机带动发电机完成发电。 提高煤炭资源利用、节约能源、降低污染、保护环境	设计单位：北京国电华北电力工程有限公司等。 制造厂家：青岛及南京汽轮机厂等、济南生建电机厂等、加配套锅炉。 适用于所有煤炭企业
12	再利用技术	煤矸石在小型火力发电厂的应用	利用来自洗煤厂洗选后的煤矸石，将煤矸石掺和部分洗选中煤燃烧发电，其燃烧后的固体废弃物为粉煤灰，可全部用作生产水泥的掺和剂。 可减少煤矸石的排放，保护环境，利用废弃物，节约能源	我国自有技术。 适用于煤炭工业企业煤矸石的处理
13	再利用技术	井下煤层气利用技术	井下煤层气是甲烷和空气的混合气体，甲烷体积分数一般在40% ~ 50%，含其他气体杂质较多。利用该技术可将少量的井下煤层气用于燃气锅炉取暖，其余的井下煤层气用于天然气发电。 该技术可改善能源结构，同时，保护大气环境，减少温室效应	我国自有技术。 适用于煤炭工业企业
14	生态恢复和治理技术	气动脱硫（AFGD）技术	该技术应用了风洞设计理论和旋涡动力学理论，其脱硫原理为烟气中的 SO_2，在水中被吸收后与碱性介质石灰中和，反应产生中间产物亚硫酸钙，经过强氧化反应，使亚硫酸钙转换成石膏沉淀物。 具有良好的经济、环境和社会效益	该技术与设备属于国内先进水平。 适用于大中型锅炉的脱硫处理

7.2.3 钢铁工业循环经济支撑技术体系构建

钢铁工业是河北省的支柱产业，也是能源资源消耗和污染排放的重点行业。河北省钢铁工业的区域竞争力在于具有良好的工业基础，有很强的产业发展规模和一定的市场赢利能力，这些经济实力成为发展钢铁工业的动力。但是，我省钢铁工业的技术水平和物耗与国际先进水平相比还有很大差距。2009年，全省粗钢产量突破1.3亿吨，占全国粗钢产量的23%，能源消耗占全省总能耗的32.27%、全省工业总能耗的42.85%；新水消耗占全省工业的9.76%；二氧化硫、氮氧化物和烟尘排放量占全省工业的23.38%、22.75%、32.08%。当前，河北省钢铁工业在发展循环经济方面仍面临着以下几个方面的问题。一是能源利用效率仍有差距。二是主要污染物排放控制有待加强。重点大中型企业吨钢烟粉尘、二氧化硫排放量与国外先进钢铁企业相比尚有较大差距；氮氧化物、二噁英等污染物减排尚处于研究探索阶段。三是固体废物综合利用技术水平偏低。虽然在重点钢铁企业中，大宗固废的利用率较高，但利用的技术水平不高，产品的附加值较低，综合利用的水平亟待提高。四是落后产能依然存在。400立方米及以下高炉、30吨及以下转炉等落后装备仍占一定比例，淘汰落后产能工作有待进一步加强。五是先进技术推广力度不够。重点大中型企业高炉干式炉顶压差发电（TRT）、干熄焦、转炉干法除尘配备率低，煤调湿技术尚未得到应用。先进节能减排技术推广应用的激励机制尚未完全建立，技术规范尚不完善，企业能源环保管理水平还有待进一步提升。

目前，河北省钢铁工业目前面临着国内外钢铁业并购加剧、资源短缺、环境容量限制等问题，而发展循环经济可以缓解钢铁工业发展中日益突出的资源、环境制约问题。本书选择循环经济支撑技术体系的原则是最大限度地提高能源、水资源、原材料的利用效果和最大限度提高钢铁产品的使用效果，通过查阅文献、实地考察、座谈访问等方式，对钢铁工业循环经济支撑技术进行了筛选和分类，对相互关联的技术进行了有机合并，建立了钢铁工业循环经济支撑技术体系，见表7-3。

表 7－3 钢铁工业循环经济支撑技术体系表

序号	技术类型	技术名称	技术描述	技术产权及推广应用
1	减量化技术	200 吨/时以上大型干熄焦技术	干法熄焦技术（Coke Dry Quenching，CDQ）起源于 1917 年瑞士 SULIER 公司的研发，前苏联乌克兰将其工业化，21 世纪在我国得到迅速发展。其原理是利用冷的惰性气体（燃烧后的废气）在密闭的干熄炉中与赤红焦交换热量，使焦炭冷却。 干熄焦技术可回收 80% 左右的显热，显热用于发电，可达到节煤、节水的目的	我国华泰公司已经设计出 70～160 吨/时的 CDQ 装置；济钢的干熄焦装置具有 8 项专利，获 2001 国家科技进步二等奖，极具推广价值。 适用于炼焦业新建、改扩建焦炉
2	减量化技术	转炉煤气干法烟气除尘处理、煤气回收及尘泥压块技术	其原理首先对汽化烟道后的高温煤气进行喷雾水冷却，然后采用电除尘法对冷却后的烟气进行除尘处理，将收集的转炉除尘灰回收压块或制成化渣剂回用于转炉生产。 该技术吨钢可节约电耗 2 千瓦时，减少水耗 2.5 立方米，减少污水排放量 0.1 吨	1969 年德国萨尔斯吉特钢厂建成第一套转炉干法除尘系统。我国莱钢采用由鲁奇提供关键技术设备，详细设计和大部分设备由国内制造的方式，于 2004 年建成投产。 适用于大中型炼钢转炉
3	减量化技术	高炉喷煤技术	煤的分解热较低，采用高炉喷煤技术，在高温、富氧条件下，可维持必要的理论燃烧温度，保持高炉顺利运行。 可避免高炉全焦冶炼，节约焦炭，减少炼焦对环境的污染	我国高炉喷煤技术已达到世界先进水平。其中，宝钢高炉喷煤技术最具代表性，可达到 200 千克/吨以上。 适用于各类大中型炼铁锅炉
4	减量化技术	双预热蓄热式燃烧技术	该技术采用蓄热方式（蓄热室），回收利用炉窑废气余热，同时将助燃空气、煤气预热至高温，从而大幅度提高炉窑的热效果。 该技术为节能降耗和清洁能源技术，投资回收期在一年以内，同时排放的废气中有害物质大幅度降低	国内的北京神雾热能技术有限公司、北京北岛能源技术有限公司、首钢设计院工业炉室等 10 多家公司都开发了具有自主知识产权的高效蓄热式工业炉。 适用于轧钢加热炉和其他工业炉窑（包括加热处理炉、均热炉、钢包烘烤器等）

续表

序号	技术类型	技术名称	技术描述	技术产权及推广应用
5	再循环技术	A/O 内循环生物脱氮技术	焦化废水治理是污染治理的难点。A/O 内循环生物脱氮技术原理是硝化与反硝化过程。 对于 100 万吨/年的焦化厂，处理后的蒸氨废水全部利用，可节约新水 58.5 吨/时，运行费用为 5 元/立方米	由中冶焦耐工程技术有限公司开发的 A/O 内循环生物脱氮技术，具有自主知识产权（专利号：ZL00123308.4），已在国内推广运用。 适用于改扩建焦化工程污水处理及其他含高浓度 COD 及氨氮的有机废水处理
6	再循环技术	冷轧含油乳化液回收技术	含油乳化液超滤法分离回收技术的基本原理是对膜施加一定压力，使油类等高分子物质被半透膜所拦截，而溶剂（如水）和其他低分子物质则通过膜以实现分离。 该技术应用可取得资源和环境双重效益：超滤法可将 1% 的乳化液经分离得到 50% 的废油，废油可经再加工成为成品油。另外，其渗透出的水质好，可直接利用	南京凯米科技有限公司可提供乳化油废水管式超滤系统和乳化油废水卷式超滤系统。南京化工大学已具有 12.5 立方米/时的乳化油废水处理装置的运行实践。 适用于钢铁冷轧生产企业的冷轧含油及乳化液废水处理
7	再循环技术	氧化铁皮回收利用技术	钢材轧制过程中，钢坯表面的氧化铁皮含铁高，将其中低 C、低 P 氧化铁皮，采用铁磷用隧道窑直接还原法还原铁粉，收益非常可观。 据估测，我国每年钢铁生产过程中产生的氧化铁有 500 多万吨，相当一部分是还原铁粉和直接还原铁的优质原料。而国内用于生产还原铁粉的氧化铁皮不到 10%	武钢 20 世纪 70 年代建成第一条生产直接还原铁的隧道窑。目前，武钢、莱钢、马钢、鞍钢及太钢都具备氧化铁红制成磁性材料的设备技术。 适用于钢铁企业

续表

序号	技术类型	技术名称	技术描述	技术产权及推广应用
8	再循环技术	污水深度处理脱盐回收技术	此项技术的核心工艺为超滤与反渗漏。通过超滤，完成溶液的净化、分离与浓缩。再加上超低压反渗透膜，可在小于1兆帕的压力下进行脱盐，脱盐率大于98%。 该技术将钢铁企业污水深度处理后，可作为新水补充水，实现钢铁企业无外排水	该技术及装备基本实现国产化，中国蓝星集团公司在太钢实施了3000吨/时污水处理回收工程。邯钢的“UF+RO双膜法污水再利用技术”已申请国家专利。 适用于钢铁企业综合污水处理
9	再循环技术	含铁尘泥综合利用技术	首先对含铁尘泥进行化学成分分析，对于含锌较低的尘泥可返回烧结循环利用。而含锌较高的尘泥要先进行脱锌处理，然后返回烧结循环利用。 我国每年约产生含铁二次资源1000万吨，综合利用潜力非常大	国内的宝钢、鞍钢、武钢、邯钢、新钢和攀钢都有各自的工艺与设备，效果很好。 适用于钢铁企业
10	再利用技术	焦炉高炉处理废塑料技术	该技术利用炼铁、焦化过程中的高温，把废塑料作为还原剂使用，并利用其较高的热值和良好的燃烧性能，可工业化大规模处理废塑料。焦炉高炉处理废塑料技术可减少焦炭消耗，并替代部分炼焦煤炼焦原料和高炉喷吹煤粉。此项技术如果在我国得到推广，每年可减少填埋占用土地5000万平方米，节约炼焦用煤几百万吨，能源和资源利用率可达80%	首钢可提供全套处理技术参数和主要设备，其开发的“利用焦化工艺处理废塑料”专利技术具有我国自主知识产权。 适用于钢铁企业的高炉和焦炉，在推广应用中，可首先在具备干熄焦技术的焦炉采用
11	再利用技术	高炉炉顶煤气干式除尘余压差发电技术	高炉煤气干式除尘技术（BDC）和高炉煤气余压压差发电技术（TRT）相结合，可节约用水，提高高炉综合经济效益。 以容量为1000立方米的高炉为例，吨铁可发电50千瓦时，年可节水20万吨	高炉炉顶煤气干式除尘和余压压差发电技术主要设备包括透平发电机、干式除尘装置、TRT设备和风机等关键设备均已实现国产化。 陕西鼓风机集团公司和成都发动机集团公司均可提供TRT技术和成套设备。 适用于钢铁企业大中型高炉

续表

序号	技术类型	技术名称	技术描述	技术产权及推广应用
12	再利用技术	冷轧盐酸酸洗废液回收技术	高温直接焙烧法是该技术的主导技术。该技术原理是将盐酸废液直接喷入焙烧炉，与高温气体相接触，在高温状态下与水、氧发生化学反应，使废液中的盐酸和氯化亚铁蒸发分解，生成 Fe_2O_3 和 HCl。 盐酸回收率达到 95% 以上，副产品为硫酸亚铁，是污水处理药剂，不产生二次污染	国外奥地利和德国陶瓷化学公司具有独立知识产权的设计与制造。 国内中国京冶公司采用新的硫酸置换，减压蒸发回收盐酸的新技术，投资少，运行成本低。 适用于钢铁企业冷轧厂
13	再利用技术	全烧高炉煤气锅炉发电技术	利用炼铁锅炉产生的低热值煤气，通过分体式高炉煤气热管换热器加热到 180°C 以上，进入双旋流燃烧器进行燃烧产生高温高压蒸汽，可用于发电与供热。 以 130 吨锅炉为例，每小时可消耗高炉煤气 143140 立方，相当于节约标准煤 14.027 吨。解决了能源浪费、环境污染等问题	首钢 220t/h 全烧高炉煤气锅炉获国家专利，于 1996 年投入运行。江西江联能源环保股份有限公司 JG－130/3.82－Q 型锅炉于 1999 年交付唐山钢铁公司使用。 适用于钢铁企业炼铁高炉
14	再利用技术	高炉煤气等低热值煤气燃气—蒸汽联合循环发电技术（CCPP）	高炉煤气进入燃气轮机燃烧室燃烧，进入燃气透平机组膨胀做功，通过汽轮发电机组发电。做功后的高温烟气进入余热锅炉产生蒸汽，进入蒸汽轮机做功，带动发电机组发电，形成煤气—蒸汽联合循环发电系统。 据测算，每套 50MW 的高炉煤气燃气轮发电机组一天可发电 92 万千瓦时。具有显著的环保、节能效益	1945 年瑞士 BBC 公司制造出首台高炉煤气燃气轮机，之后，日本三菱重工开发出了高性能高炉煤气燃气轮机。国内南京汽轮机厂引进了部分高炉煤气燃气轮机技术，逐步形成自主开发能力。 适用于钢铁企业炼铁高炉
15	再利用技术	焦炉煤气脱硫脱氰工艺技术	COG 中 H_2S 和 HCN 的吸收；吸收液的再生；脱硫废液的还原分解；酸气中 HCN 的分解；硫的回收。 具有良好的经济环境效益	安钢核心部分采用日本新日铁 VASC/SCL 技术，新日铁完成基本设计，鞍山焦耐总院承担转化设计，中方施工。2003 年竣工，脱硫效果 90%，脱 HCN 效果 86%。 大部分设备可国产化。 适用于大中型焦化厂

7.2.4　建筑材料工业循环经济支撑技术体系构建

建材工业是中国重要的材料工业。建材产品包括建筑材料及制品、非金属矿及制品、无机非金属新材料三大门类，广泛应用于建筑、军工、环保、高新技术产业和人民生活等领域。目前，中国已经是世界上最大的建筑材料生产国和消费国。主要建材产品水泥、平板玻璃、建筑卫生陶瓷、石材和墙体材料等产量多年居世界第一位。同时，建材产品质量不断提高，能源和原材料消耗逐年下降，各种新型建材不断涌现，建材产品不断升级换代。

河北省是建筑材料生产大省，近年来，河北建材行业深入贯彻落实科学发展观，积极推进产业结构调整，不断增强自主创新能力，广泛开展节能减排工作，全省建材工业保持了良好的发展势头。2011 年，河北省建材工业累计完成总产值 1750 亿元，比 2010 年增长 36.9%；完成工业增加值 512 亿元，比 2010 年增长 22%；实现主营业务收入 1680 亿元，实现利润总额 138 亿元。随着河北省全面建设小康社会步伐的加快，河北省的环境与资源压力在不断地增大，面临着加快发展与实现可持续发展的双重挑战。河北省建材工业作为全省的支柱产业之一，必须落实科学发展观，以循环经济的理念走新型工业化道路，进而推动河北省建材工业持续快速健康发展。

建筑材料工业的原料主要来源于矿产业，生产中使用各种高温炉窑，其产品服务于建筑业和各类土木工程，是国民经济的重要基础产业，为河北省经济发展作出了巨大贡献。但是，建材工业也是资源和能源消耗大、污染物排放多、对生态环境影响大的工业领域。建筑材料工业的上游是矿产资源采选业，下游是建筑业，建筑材料工业易于与上下游产业建立生态链接，是耦合多种产业、构建生态工业体系中十分活跃的重要产业。我们必须充分认识有限的资源和环境对建材工业发展的制约，摒弃单向线性的粗放增长方式，加快向循环经济发展模式转变，走可持续发展之路。在此，本书对建筑材料工业循环经济支撑技术进行了筛选和分类，建立了建筑材料工业循环经济支撑技术体系，见表 7－4。

表 7－4 建筑材料工业循环经济支撑技术体系表

序号	技术类型	技术名称	技术描述	技术产权及推广应用
1	减量化技术	推进水泥厂清洁生产的管理技术	该技术是水泥厂的综合性清洁生产技术，其中包括清洁生产审核技术、清洁生产机会识别技术、清洁生产技术实现途径、管理中的清洁生产技术，既有硬技术，又有软技术，形成了清洁生产技术体系。可实现从源头消减污染、提高资源利用效果和效能的目的	技术成果来源于荷兰政府对中国提供的无偿援助项目，即中国—荷兰清洁生产国际合作项目，由合肥水泥研究设计院实践总结，无产权纠纷。适用于建材业中水泥厂、玻璃陶瓷厂和废灰渣微粉厂
2	减量化技术	节能型隧道窑焙烧技术	该技术以工业废渣、煤矸石或粉煤灰为原料制造砖瓦，在隧道窑上采用“超热焙烧”技术，实现制品焙烧周期由44～55小时，降低为16～24小时，充分利用置换出来的热量，使节能效果达40%	具有自主知识产权。适用于建材业中烧结墙体材料制品的生产
3	减量化技术	浮法玻璃熔窑运行状态的计算机动态模拟	该技术建立了适用于浮法玻璃熔窑的复杂性、综合性较高的三维数学模型，并利用计算机确定不同熔窑结构、不同操作条件下液流的流动状态及温度，进而对熔窑的结构和运行特征给予定量和定性的说明。 使用该技术可达到节能、延长窑龄和提高玻璃质量目的	该技术已在洛阳浮法玻璃集团有限公司应用。适用于建材业中浮法玻璃熔窑
4	再利用技术	煤矸石深加工规模化生产技术	该技术主要包括先磨后烧工艺、综合除杂提纯技术、强化气氛动态煅烧技术和高浓度湿法超细粉碎技术。煅烧后的煤矸石主要用于造纸、塑料、油漆、橡胶、石化和建材等行业	苏州中材非金属矿工业设计研究院拥有自主知识产权。适用于煤矸石资源丰富的矿区

续表

序号	技术类型	技术名称	技术描述	技术产权及推广应用
5	再利用技术	新型加气混凝土砌块技术及装备	加气混凝土是一种适用于内外墙可加工成砌块和板材的新型墙体材料。其原材料为粉煤灰（或砂）、水泥、石灰、石膏、铝粉等，经适当配比，发气反应，切割成各种规格尺寸，最后经预养、蒸压获得强度和其他必要的建筑性能	该技术及装备已成功应用于国内多条生产线。 适用于建材业中加气混凝土砌块生产线
6	再利用技术	高掺量粉煤灰生产烧结空心砖技术与工艺	本技术采用合适的黏结剂，确定原料配比，通过高效破碎和高效混料设备，将粉煤灰的掺量提高到35%左右，然后挤出成形。最后采用先进的干燥节能炉窑，采用内烧和外烧结合的方式，烧制成制品	该技术是国内发展较快的应用技术，不存在产权纠纷。 适用于电厂或钢厂的粉煤灰处理
7	再利用技术	利用石膏尾矿生产胶凝材料及墙体材料	石膏尾矿因含有各种杂质而不能用于煅烧熟石膏，是一种工业废弃物。该技术将石膏尾矿直接磨细，与一定比例的磨细矿渣、粉煤灰混合，在复合激发剂作用下，装备各种新型墙体材料	适用于石膏尾矿利用生产的企业
8	再利用技术	建筑废弃物生产再生混凝土技术	建筑废弃物是一种良好的可再生资源。该技术有两条技术路径：一是将废弃混凝土经分拣、破碎、筛分制成再生集料，然后制成再生混凝土；二是将废弃混凝土热活化后进行骨料砂浆分离，分离出的石子可直接用作混凝土骨料，砂浆与其他组分配合用作胶凝材料	适用于建材业中利用混凝土生产企业
9	再利用技术	石英尾矿综合利用技术	本技术研制了一种耐泥浆性能佳、易溶于水且选择性及耐低温性能均佳的浮选捕收剂，并应用新的无氟浮选技术对石英尾矿进行提纯	适用于硅质原料产地

续表

序号	技术类型	技术名称	技术描述	技术产权及推广应用
10	再利用技术	利用工业固体废弃物制备功能胶凝材料	该项目系统研究了规模化利用矿渣、粉煤灰、煤矸石和磷石膏等工业固体废弃物的活性激发、生产工艺及其应用技术。所制备的高活性混凝土掺合料可以高掺量替代水泥及水泥熟料，改善混凝土工作性和耐久性	适用于建材业中水泥、商品混凝土和墙体材料生产企业
11	再利用技术	高透水性环保陶瓷砖	该技术以工业固体废弃物如建筑垃圾、工业垃圾为骨料，生活垃圾为溶剂，添加少量黏结剂和成孔剂，经过混合、成型、干燥、烧制，制成高透水性环保陶瓷砖	咸阳陶瓷研究设计院自主开发。 适用于建材业中以工业废渣为主要原料的建筑陶瓷企业
12	生态恢复和治理技术	利用新型干法水泥烧成系统处置城市生活垃圾	该技术通过对生活垃圾进行分选、破碎等预处理，剔除生活垃圾中干扰水泥烧成系统正常运行的组分，并将生活垃圾分为不可燃物和可燃物，分别作为水泥生产的替代原料和燃料	该技术由中材国际工程股份有限公司自主开发。 适用于建材业分布在城市周边地区的新型干法水泥厂
13	生态恢复和治理技术	垃圾焚烧尾气—废渣处理一体化技术	该技术利用袋式脱硫除尘器、高温滤料和反应助剂等处理垃圾焚烧尾气和废渣。技术指标达国际先进水平	技术产权属于合肥水泥研究设计院。 适用于烟气 SO_2 和有害气体含量较高的垃圾焚烧行业
14	生态恢复和治理技术	玻璃熔窑烟气脱硫除尘专用技术	该技术采用氧化镁粉脱硫剂，使烟气中的烟尘，借助于雾滴表面化学性质的作用，在紊流状态作用下，尘粒相互碰撞、凝结和凝聚而下沉，并被洗涤液带走而使烟气净化	中国凯盛国际工程公司拥有整套技术及关键设备，具有自主知识产权。 适用于建材业中玻璃、陶瓷、水泥行业以及锅炉的烟气脱硫除尘

7.2.5 石油和化学工业循环经济支撑技术体系构建

石油和化学工业是河北省重要的基础产业，为河北省经济的发展作出了突出贡献。到目前为止，已形成了包括石油化工、盐化工、煤化工、基础化工原料、农用化工、精细化工、生物化工、高分子材料、橡塑制品、化工机械等十几个门类、较为完善的产业体系。2011 年，全省规模以上石油和化工企业完成工业增加值 1347.5 亿元，占全省规模以上工业的 12.82%，占全省 GDP 的 5.56%，居国内同行业第 10 位。主营业务收入和实现利润分别占全省规模以上工业的 11.18% 和 10.97%。由于历史等诸多原因，河北省石油和化学工业虽然取得了较大发展，但与国内先进省市相比，无论在整体规模上还是在技术水平上，均存在明显差距。一是产品结构不尽合理，缺乏上下游一体化的完整产业链。二是大型企业相对较少，中小型企业较多，行业整体水平和抗风险能力不高。三是科研创新能力不足。四是环境保护和“三废”治理任务繁重。石油和化工行业是污染严重的行业，其废水排放量居工业废水排放量第 1 位，废气排放量居第 4 位，废渣排放量居第 5 位，这些问题都严重制约着产业的进步和发展。在资源相对匮乏、生态环境十分脆弱的省情条件下，石油和化学工业必须转变发展方式，加快发展循环经济，加强循环经济支撑技术体系的创新、构建和工业化应用。在此，本书对石油和化学工业循环经济支撑技术进行了筛选和分类，对相互关联的技术进行了有机合并，建立了石油和化学工业循环经济支撑技术体系，见表 7－5。

表 7－5　　石油和化学工业循环经济支撑技术体系表

序号	技术类型	技术名称	技术描述	技术产权及推广应用
1	减量化技术	过程工业的节能与节水集成应用技术	该技术是一种“质量集成技术”，以质量交换网络综合为基础，侧重在这个生产过程中物质流的分配，针对过程中的物质流去考虑废物最小化问题，建立与质量相关的经济权衡，同时也确定了过程所需的热量、冷量和轴功，以实现清洁生产和资源的充分利用。 本技术与同类技术相比，能耗、物耗、水耗可降低 10% ~20%。投资回收期小于一年	2001 年经教育部技术鉴定，“过程能量集成技术”达到国际先进水平。 适用于大型石化企业节能、节水和扩容改造

续表

序号	技术类型	技术名称	技术描述	技术产权及推广应用
2	减量化技术	苯酚丙酮装置分子筛催化剂生产工艺	苯酚丙酮原工艺为美国 UOP 公司固体磷酸催化剂异丙苯生产技术，2001 年改为分子筛催化剂生产工艺。 目前国内同行业先进水平为每吨产品综合能耗 668 千克标油，使用此项技术的能耗为 590.4 千克标油。 经济效益可观，同时，节约能源，减少资源消耗	美国 UOP 公司专利技术。 适用于石油和化工企业的异丙苯法苯酚丙酮生产装置
3	减量化技术	催化裂化 CO 余热锅炉省煤器系统改造技术	通过余热锅炉改造，高效回收催化裂化装置烟气中的 CO 化学能和烟气中的显热，可在减少环境污染的同时降低装置能耗，增加企业效益。 大庆石化炼油厂 140 万吨/年重油催化装置，年增效益 2100 万元，同时，大量减少 CO 排放，环境效益明显	上海 711 研究所拥有技术产权，技术水平达国际先进水平。 应用于石化工业催化裂化余热锅炉和 CO 燃烧锅炉
4	减量化技术	合成氨原料气醇烃化精制新工艺	利用醇醚化、烃化两个反应过程将合成气中的 CO、CO_2清除至 10 毫克/升以下。 可大幅度降低电耗和原材料消耗	湖南安淳高新技术有限公司自主开发，拥有 3 项国家发明专利和数项适用新型专利。 可用于石化工业合成氨工业和制氢行业
5	减量化技术	橡胶防老剂中间体 RT 培司清洁生产工艺	本工艺采用硝基苯法，在缩合催化剂作用下合成 4－硝基二苯氨和 4－亚硝基二苯氨和它们的盐，再催化氢化为 RT 培司。 圣奥化工股份有限公司采用该工艺，年新增利润 3000 万元以上	山东圣奥化工股份有限公司自主开发，拥有 11 项专利。 适用于石化工业橡胶助剂、染料生产企业

续表

序号	技术类型	技术名称	技术描述	技术产权及推广应用
6	再循环技术	氯乙烯尾气净化回收氯乙烯和乙炔技术	利用丰富空结构和吸附选择性的固体吸附剂，在较高的吸附压力条件下选择性吸附氯乙烯尾气中的氯乙烯和乙炔，经吸附后的尾气可直接排放。 经吸附后的尾气达到国家环保排放标准，回收处理工艺无二次污染，具有良好的经济、环境效益	该技术以西南化工设计院为主要研发单位，具有自主知识产权，已申请国家专利。 适用于石化工业乙炔法氯乙烯生产企业和聚氯乙烯生产企业
7	再循环技术	高效节能低排放物料回收循环技术	化工生产过程中，大量涉及溶剂、催化剂和中间产物等物料的循环使用问题。此项技术从物料分离角度，采用高效、节能、低耗的分离工艺和设备来实现资源的最大利用和污染物的最低排放。 可节省大量能耗，一般比常规分离工艺节省30%以上的热量和冷却量	该项技术经中国石化、浙江省教育厅等部门鉴定，达到国内先进水平。 适用于炼油、石化、精细化工和化肥等企业的分离系统
8	再循环技术	催化裂化废催化剂磁分离回收技术	组成FCC催化剂的硅、铝氧化物和分子筛等本来是非磁性的，但在使用过程中，由于吸附较多金属杂质而显示出一定磁性，该技术可将被金属杂质污染的催化剂颗粒，与污染较少的有较高活性和选择性的催化剂颗粒进行分离，而后者可以循环利用。 大港石化公司应用该技术年经济效益4462万元/年，同时减少环境污染	知识产权为中国石油天然气股份有限公司所有。 适用于石化工业分选炼油企业
9	再循环技术	废橡胶动态脱硫生产再生橡胶技术	该技术采用以热载体和电为介质，进行热交换，在高温高压动态下对废橡胶进行脱硫，使废橡胶由原来的网状分子结构转换成非网状断链结构，成为再生橡胶。 该技术可替代油法和水油法生产再生橡胶	我国自主创新技术。 适用于石化工业的废橡胶（含废旧轮胎）生产再生橡胶企业

续表

序号	技术类型	技术名称	技术描述	技术产权及推广应用
10	再循环技术	草甘膦与有机硅生产中的氯元素循环利用技术	草甘膦生产的水解工序中产生氯甲烷，以尾气的形式排出，经回收净化可用于有机硅单体的合成，有机硅单体生产中产生盐酸，经净化后用于草甘膦合成。 总投资1500万元，利润2250万元，并解决了草甘膦生产对大气和水体的污染	浙江新安化工集团股份有限公司自主开发，获得3项国家专利。 适用于石化工业的以亚磷酸酯为主要原料的有机磷农药（草甘膦）行业及有机硅单体行业
11	再利用技术	多元料浆气化制备合成原料气技术（MCSG）	该技术以弱质煤和炼油厂的副产物（如石油焦、沥青）等含碳物质为原料，加入添加剂，制成多元料浆，经加压后喷入气化炉，与纯氧充分燃烧和部分化学反应，生成以$CO+H_2$为主的原料气，气化温度可达1300℃～1450℃，碳转化率为96%，$CO+H_2$的体积分数约为80%。 该技术每年为我国新增产值约22亿元，新增利税约5亿元	该技术设备可全部国产化。西北化工研究院自主开发技术，具有知识产权。 适用于石化工业的现有油气化装置的改造以及新建合成氨、甲醇、燃料气、联合循环发电、煤制油等装置
12	再利用技术	非水介质法DSD酸氧化还原合成新工艺	该方法以硝基甲苯为原料，经发烟硫酸磺化后，通过对硝基甲苯邻磺酸钠，溶于溶剂中进行空气催化氧化缩合得到DNS钠盐，然后采用硒催化一氧化碳还原DNS钠盐制备DSD酸。 该方法优于水介质法，能耗低、收率高、无废水，经济、资源环境效益显著	该项技术属世界领先水平。沈阳化工研究院、辽宁大学掌握其中关键技术并已申请国家专利。 适用于石油和化学工业
13	再利用技术	3000千瓦炭黑尾气发电装置	炭黑尾气是炭黑生产过程中排放的可燃、有害气体，发热量相当于天然气的1/10，该技术将炭黑尾气焚烧去处污染物后，实现供热、发电、热电联产。 经济、资源环境效益显著	我国自主研发的专用炭黑尾气燃烧器和尾气锅炉，达到20世纪90年代国际水平。 适用于石化工业的炭黑企业和其他利用低热值燃料气的企业

续表

序号	技术类型	技术名称	技术描述	技术产权及推广应用
14	再利用技术	2，3－酸生产废水的治理与资源化技术	生产每吨2，3－酸要排出38吨废水，针对该废水特点，用目标化合物结构、性质相匹配的超高交联大孔吸附树脂，将有机化合物分子吸附在树脂上，回收利用，实现废水治理与资源化的统一	南京大学自主开发，属国际首创。江苏南大戈德环保科技有限公司购得该技术所有权。 适用于石化工业中2，3－酸生产过程中的废水治理
15	再利用技术	2－萘酚等生产废水资源化技术	2－萘酚生产废水的治理与资源化技术、树脂法处理DSD酸氧化工序生产废水的治理与资源化技术、氯化苯生产过程中副产盐酸的精制技术、邻甲苯胺和对甲苯氨生产废水的治理与资源化技术等技术，基本原理与上类似	南京大学自主开发，江苏南大戈德环保科技有限公司购得该技术所有权。 适用于石化工业中2－萘酚生产过程中的废水治理和DSD酸氧化工序及其他生产过程的废水治理
16	再利用技术	催化干气蒸汽转换法制氢技术	催化干气中的烃类，在一定温度和压力下，经催化作用，与水蒸气发生化学反应，最终转换为氢气和二氧化碳。氢的体积分数大于99.99%。 经济、资源环境效益显著	西北化工研究所拥有技术产权。 适用于石化工业企业
17	再利用技术	利用催化烟道气生产液态CO_2技术	该技术选择化学吸附法回收CO_2，技术方案采用IST－a MEA法，目前可回收CO_2约2万吨/年。 中原油田石油化工总厂使用该技术，年新增经济效益250万元。同时，资源环境效益显著	四川石油化工设计院拥有技术产权。 适用于石化工业中具有催化裂化装置的炼油厂和石油化工厂

续表

序号	技术类型	技术名称	技术描述	技术产权及推广应用
18	再利用技术	氮肥生产污水零排放技术	该技术以实现氮肥生产污水零排放为目标，其中包括14项子技术，含生产工艺改造，从源头减少污染产生的子项；含闭路循环减少污染物排放的子项；含末端治理回收的子项；含加强管理在线监测的子项	技术产权归中国氮肥工业协会和湖南安淳高新技术有限公司共有。 适用于石化工业中生产合成氨、尿素、碳铵、甲醇的氮肥企业
19	再利用技术	全燃式造气吹风气余热回收系统	该技术采用全燃式燃烧炉，使含少量可燃组分的低温吹空气稳定燃烧，由余热锅炉将烟气的显热转换为适当压力和温度的过热蒸汽供余热发电或供合成氨生产使用。而吹风气中的有害物质经燃烧后转换为热能，实现了有害废弃物的回收利用。 经济、资源、环境效益显著	阜阳市节能化工工程有限公司自主开发，拥有知识产权。 适用于化工行业采用固定层间歇制气工艺生产合成氨、甲醇和城市煤气生产企业的吹风气余热回收
20	再利用技术	用脱硫石膏、磷石膏生产纸面石膏板技术	脱硫石膏、磷石膏含有85%以上的二水硫酸钙和少量杂质，利用二水硫酸钙遇热可变成半水硫酸钙，并在煅烧后遇水产生胶凝性原理制造石膏板。 年生产40万吨石膏板利润1500万元，同时环境效益明显	山东泰和东新股份有限公司拥有技术产权。 适用于燃煤电厂和磷石膏产生地区
21	再利用技术	磷铵副产磷石膏制硫酸联产水泥新技术	该技术将磷铵、硫酸和水泥3套生产装置有机组合为一体，达到国际先进水平。项目总投资96150万元，年利税1.5亿元。同时，环境和社会效益显著	山东鲁北企业集团总公司自主研发，并获得国家专利。 适用于石化行业中的海盐生产盐石膏、磷复肥工业生产磷石膏、天然石膏、脱硫石膏等工业废渣的综合利用

7.3 河北省生态—技术体系支撑区域循环经济发展效果评价

自1957年，索罗在《技术变化和总量生产函数》一文中，用全要素生产率成功测度技术进步对经济增长的贡献率后，技术进步就跃居资本和劳动之上，成为推动经济增长的最重要力量。技术创新测度也因此成为一个极具现实意义的课题。循环经济是一种崭新的经济发展模式，发展循环经济离不开生态—技术体系的支撑。从这个意义上看，研究生态—技术体系对区域循环经济的支撑效果，可为实现区域可持续发展、制定区域技术体系政策提供参考。

7.3.1 生态—技术体系支撑循环经济发展效果评价指标体系构建

由以上分析可知，循环经济是我国经济实现第2次经济发展方式转型的战略选择，而循环经济的发展需要生态—技术体系作为支撑。本书基于循环经济模式和生态—技术体系的视角，采用理论分析法、频度统计法和专家咨询法，遵循科学性、系统性、可行性等原则，构建了生态—技术体系支撑区域循环经济发展效果评价指标体系，见表7-6。

表7-6 生态—技术体系支撑区域循环经济发展效果评价指标体系

<table>
<tr><td rowspan="6"></td><td>准则层</td><td colspan="2">评价指标</td></tr>
<tr><td rowspan="2">投入指标</td><td>人力指标</td><td>每万人科技人员比例 R_{11}；
每万人大专以上人数 R_{12}</td></tr>
<tr><td>财力指标</td><td>R&D经费占GDP比重 R_{21}；
科技活动经费占GDP比重 R_{22}；
环保投资占GDP比重 R_{23}</td></tr>
<tr><td rowspan="3">产出指标</td><td>减量化指标</td><td>单位GDP能耗 R_{31}；
单位GDP水耗 R_{32}</td></tr>
<tr><td>再使用指标</td><td>工业废水排放达标率 R_{41}；
生活用水处理率 R_{42}</td></tr>
<tr><td>再循环指标</td><td>工业固体废弃物综合利用率 R_{51}；
工业用水重复率 R_{52}；
三废产值占GDP比重 R_{53}</td></tr>
</table>

（左栏跨行：生态—技术体系支撑区域循环经济发展效果评价指标体系）

7.3.2 环渤海城市群生态—技术体系支撑循环经济发展效果评价

环渤海经济圈，一般指的是以山东半岛、辽东半岛和京津冀地区为核心的广大区域，包括北京、天津、辽宁、山东、河北在内的2市3省15个城市，是中国北方最大的经济核心区，也是经济实力最强的经济核心区，辐射我国华北、东北和西北。在此，采用因子分析，借用SPSS软件，对环渤海城市群的生态—技术体系支撑区域循环经济发展效果进行综合评价，评价结果见表7-7。其指标数据的获取全部取自《中国城市统计年鉴》(2009年)。

表7-7 环渤海城市群生态—技术体系支撑循环经济发展效果评价表

城市	创新投入	再循环效果	减量化效果	再使用效果	综合评价值
北京	3.40	-0.72	0.14	0.29	1.10
天津	0.69	0.62	0.21	0.48	0.49
青岛	-0.26	0.49	0.69	0.68	0.24
大连	-0.24	0.45	0.88	-0.07	0.18
烟台	-0.69	0.37	0.77	0.89	0.10
济南	-0.38	-0.06	0.63	0.85	0.07
潍坊	-0.08	0.69	-0.38	-0.06	0.06
沈阳	-0.10	0.06	1.23	-1.60	0.025
石家庄	-0.26	0.13	0.24	0.18	0.00
威海	-0.62	-0.14	0.65	0.97	-0.02
淄博	-0.268	0.32	-1.12	0.91	-0.12
保定	-0.08	0.29	-0.41	-1.54	-0.22
秦皇岛	-0.14	0.45	-0.40	-2.20	-0.28
唐山	-0.16	0.44	-2.80	0.38	-0.43
鞍山	-0.81	-3.38	-0.34	-0.16	-1.21

从表7-7可以看出，在对环渤海城市群的15个城市进行因子分析时，共提取了4个公因子，累计方差贡献率达到91%。表7-7显示，基于生态—技术体系支撑区域循环经济发展效果的视角，对环渤海城市群进行综合评价，

北京、天津、青岛、大连和烟台排在前5位，济南、潍坊、沈阳、石家庄和威海处于中间5位，而淄博、保定、秦皇岛、唐山和鞍山处于后5位。石家庄的综合评价值为0，如果以综合评价值为0作为比较基准，评价值大于0表示该区域的生态—技术体系符合生态要求，对区域循环经济发展的支撑作用是正向的；反之，如果评价值小于0，则表示该区域的生态—技术体系不符合生态要求，不能支撑区域循环经济的发展。可见，北京、天津、青岛、大连、烟台、济南、潍坊和沈阳8个城市生态—技术体系对区域循环经济的支撑作用是正向的，只是支撑程度不同；而威海、淄博、保定、秦皇岛、唐山和鞍山6个城市生态—技术体系不符合生态要求，不能支撑区域循环经济的发展。

7.4 循环经济模式下区域生态—技术体系的构建主体研究

技术体系构建主体是指在技术研发活动的数量和强度上具有相对优势的当事者。循环经济模式下生态—技术体系供给主体不是单一的，而是涉及了政府、企业和非营利组织等不同组织，是不同组织的彼此协调、互相协作、各尽其职，共同搭建起了支撑和推动循环经济发展的技术供给体系。

7.4.1 政府在构建循环经济生态—技术体系中的角色定位

（1）设计者角色。在构建循环经济生态—技术体系的过程中，政府要承担起设计者的角色，按照循环经济发展目标的要求，制订适宜的科技发展规划，将分散的科技资源在时间和空间上进行有序整合。

（2）引导者角色。政府通过出台各种法规政策，引导和激励各创新主体面向循环经济开展技术创新。

（3）组织者角色。政府在循环经济生态—技术体系构建中，不仅要完成好制度提供者的角色，引导企业成为绿色技术创新主体，还应从生态—技术的公共物品特性出发，履行技术供给者的部分职责，提高生态—技术的供应量。

7.4.2 企业在构建循环经济生态—技术体系中的角色定位

企业是循环经济建设的主体，同时也是技术创新的主体。企业对循环经济技术创新的积极响应是循环经济生态—技术体系构建的关键。判定一个企业是否确立了技术创新主体地位可从以下几个方面考虑：一是企业是否具备技术创新投入优势；二是企业是否具备技术创新产出优势；三是企业是否成为技术创新风险的主要承担者。

7.4.3 非营利科研机构在构建循环经济生态—技术体系中的作用

在市场经济中，非营利性组织的主要职责是在“政府失灵”和“企业失灵”的公共领域“拾遗补缺”。非营利科研机构在国家科技研发链上主要以基础研究和应用研究为主、试验开发为辅。循环经济的共性技术是关乎循环经济深入、广泛发展的关键技术或通用技术。从制度上说，共性技术处于政府、非营利机构和以企业为代表的营利机构关注的中间地带。产学研合作就是一种有效的制度安排。产学研合作可以实现优势互补、风险共担、收益共享和共同发展，从而达到分散共性技术研发风险、缩短研发周期和提高攻克共性技术能力的目的。

从世界各国的经验看，以产学研合作提高循环经济共性技术的供给应注意以下几个问题。

首先，让企业成为循环经济技术创新的主体。循环经济共性技术研发的需求主要来自企业，由企业自主选择共性技术研发的合作伙伴，自主确定研发项目，自主选择合作形式。大学和研究机构则应转变发展理念，主动地和企业采取多种形式的合作，自觉地承担起为社会、为企业服务的责任。

其次，组建国家（或区域）技术研发机构。如美国的美国标准和技术研究院、日本先进工业技术研究院和韩国生产技术研究院。这些研究机构协调本国的大企业从国家层面解决循环经济共性技术的开发。在管理上，这些技术研发机构的运作按照非营利机构的管理模式进行。

最后，加强各类技术基础设施建设。政府应着重加强基础设施的建设，包括制度基础设施、组织基础设施和技术基础设施，为企业与科研院所的技术合作和信息流动搭建创新平台。

8 河北省城市生态系统健康状况评价系统开发

生态系统健康研究是20世纪90年代出现的一个崭新领域。生态系统健康概念的前提是把生态系统看做是一个完整的有机体，学术界普遍认同“健康”是生态系统最佳状态的一种评价方式，保持城市生态系统健康是发挥城市生态系统正常功能的最基本条件。中国的城市化遭遇了世界上城市化前期和后期产生的所有问题：城市无序蔓延扩张、空气质量恶化、水资源供应短缺、交通拥堵、环境设施落后和资源浪费等问题。中国城市化应当汲取发达国家的沉痛教训，走出一条以人为本的资源节约和环境友好的城市化可持续发展之路。

因此，对河北省各主要城市的生态系统健康状况进行评价、监测、预警并采取相应措施就显得极为重要而且紧迫。基于此，本书以实现城市的可持续发展为目标，在城市社会子系统、经济子系统和自然子系统协同发展的基础上构建城市生态系统健康状况评价指标体系，进一步参考国际上通行标准以及相关文献对城市生态系统健康指标的建议值，对河北省各城市的生态系统健康现状进行评价，对其未来的健康状况进行监测和预警，以期为实现河北省城市的可持续发展提供指导。

8.1 系统可行性分析

1. 技术可行性分析

本系统的开发利用Microsoft SQL Server 2000作为本系统的数据库，它是一个支持多用户的新型数据库，提供基于角色分工的安全保密管理功能，在数据库管理功能、完善性检查、安全性、一致性方面都有良好的表现，且与 Windows XP 等操作系统安全性紧密集成，适用于大中规模的数据量需求。使用 VB 语言作为系统开发的开发语言，它作为一种面向过程的编程语言，可提供完善的指令控制语句、类与对象的支持及丰富的数据类型，给开发高性能系统提供了保障。

2. 经济可行性分析

系统投资费用、开发经费和维护费用都较小。本系统实施后各方人士可以通过此系统了解所居住城市的生态系统健康状况，政府决策者可以通过此系统观测城市生态系统健康状况并加以优化，而且此系统易于进行系统化管理，工作效率高，在经济上是可行的。

3. 指标体系可行性分析

Raport 于 1998 年提出的生态系统健康指标包括生态系统的活力、组织机构、恢复力、生态系统服务功能的维持、管理选择、外部输入减少、对邻近系统的影响以及对人类健康的影响 8 个方面，这主要是针对自然系统提出来的。而城市生态系统作为一个以人为核心的复合生态系统，其健康状况还需要考虑城市中人群健康状况以及城市生态系统为人类提供服务功能的水平。因此，常选择生态系统协同度、活力、组织机构、恢复力、生态系统服务功能、人群健康状况作为城市生态系统健康评价的 6 个要素。

城市生态系统是由社会子系统、经济子系统和自然子系统通过生态流、生态场在一定时空尺度上耦合形成的复合系统。基于此，本书在建立城市生态系统健康评价指标体系时，考虑到各个子指标内涵的独立性和统计数据的可获得性以及可比性，将生态系统恢复力子指标并入活力子指标。同时，在生态系统服务功能子指标中加入了文化卫生二级指标，以反映生态系统对人类的服务功能，最终建立了包括协同度、活力、组织机构和生态系统服务功能等 4 个一级指标、13 个二级指标及 32 个三级指标的生态系统健康状况评价指标体系，见表 8 - 1。

表 8－1　　河北省城市生态系统健康状况评价指标体系

<table>
<tr><th></th><th>一级指标</th><th>二级指标</th><th>三级指标</th></tr>
<tr><td rowspan="11">河北省城市生态系统健康状况评价指标体系</td><td rowspan="4">协同度（0.3）</td><td>经济与社会（0.25）</td><td>职工工资/人均 GDP（%）（0.5）；
人均 GDP 增长/人口增长（%）（0.5）</td></tr>
<tr><td>经济与环境（0.25）</td><td>GDP/废水排放量（元/吨）（0.33）</td></tr>
<tr><td>经济与资源（0.25）</td><td>GDP/全年用电量（元/千瓦时）（0.33）</td></tr>
<tr><td>社会与资源（0.25）</td><td>环境设施投资/职工工资（10^4）（0.33）</td></tr>
<tr><td rowspan="3">活力（0.3）</td><td>经济发展活力（0.3）</td><td>人均 GDP（元/人）（0.25）；
地均 GDP（万元/平方千米）（0.25）；
GDP 增长率（%）（0.25）；
人均实际利用外资（美元/人）（%）（0.25）</td></tr>
<tr><td>社会进步活力（0.3）</td><td>人均科学支出（元/人）（0.5）；
人均教育支出（元/人）（0.5）</td></tr>
<tr><td>环境保护活力（0.4）</td><td>化石能源投入占总能源投入比例（%）（0.125）；
灌溉水占水资源补充的比例（%）（0.125）；
畜禽粪便资源化利用率（%）（0.125）；
水土流失治理面积比例（%）（0.125）；
生活污水处理率（%）（0.125）；
工业废水排放达标率（%）（0.125）；
固体废弃物利用率（%）（0.125）；
环境设施投资占 GDP 比重（%）（0.125）</td></tr>
<tr><td rowspan="3">组织结构（0.2）</td><td>经济结构（0.4）</td><td>三大产业比重（%）</td></tr>
<tr><td>社会结构（0.3）</td><td>人口密度（人/平方千米）（0.5）；
人口自然增长率（‰）（0.5）</td></tr>
<tr><td>自然结构（0.3）</td><td>建成区绿化率（%）（0.3）；
林业重点工程占辖区面积（%）（0.3）；
自然保护区占辖区面积（%）（0.4）</td></tr>
</table>

续表

<table>
<tr><th>河北省城市生态系统健康状况评价指标体系</th><th>一级指标</th><th>二级指标</th><th>三级指标</th></tr>
<tr><td rowspan="3"></td><td rowspan="3">生态系统服务功能（0.2）</td><td>环境质量状况（0.3）</td><td>人均绿地面积（平方米/人）</td></tr>
<tr><td>生活便利程度（0.3）</td><td>人均道路面积（平方米/人）（0.5）；
人均公共汽车（辆/万人）（0.5）</td></tr>
<tr><td>文化卫生状况（0.4）</td><td>高校教师比例（人/万人）（0.25）；
人均图书（册/百人）（0.25）；
互联网用户比例（户/万人）（0.25）；
每万人病床数（张/万人）（0.25）</td></tr>
</table>

4. 评价方法分析

在对河北省城市生态系统健康状况进行综合评价时，表 8－1 中指标数据全部选自《中国城市统计年鉴》。本书采用专家层次分析法确定各指标的权重，采用模糊综合评价法、按照最大隶属度原则对各城市的健康状况进行评价。

在采用模糊综合评价法对各城市的健康状况进行综合评价时，由于目前学术界尚没有统一认可的城市生态系统健康标准，本书参考了北京师范大学环境学院的研究成果，将城市生态系统健康标准划分为 5 级：病态、不健康、亚健康、健康和很健康。以相关文献中对生态城市的建议值作为很健康的标准值，以全国城市的最低值作为病态的限定值，在前者的基础上向下各浮动 20% 作为健康和亚健康的标准值，在后者的基础上向上各浮动 20% 作为不健康和亚健康的标准值，前后两次确定的亚健康的标准相互调整得到亚健康的状态值，见表 8－2。

表 8－2　河北省城市生态系统健康状况评价指标分级标准

三级指标	权重	病态	不健康	亚健康	健康	很健康
职工工资/人均 GDP（%）	0.038	50	60	90	120	150
人均 GDP 增长/人口增长（%）	0.038	80	800	1500	2200	3000
GDP/废水排放量（元/吨）	0.075	600	2000	4000	6000	8000
GDP/全年用电量（元/千瓦时）	0.075	4	8	12	16	20

续表

三级指标	权重	病态	不健康	亚健康	健康	很健康
环境设施投资/职工工资（10^4）	0.075	3	22	33	44	55
人均 GDP（元/人）	0.023	0.7	3	5	10	20
地均 GDP（万元/平方千米）	0.023	500	1500	3000	4500	6000
GDP 增长率（%）	0.023	5	10	15	20	25
人均实际利用外资（美元/人）	0.023	5	150	300	450	600
人均科学支出（元/人）	0.045	2	125	250	375	500
人均教育支出（元/人）	0.045	150	500	1000	1500	2000
化石能源投入占总能源投入比例（%）	0.015	25	15	10	6	1
灌溉水占水资源补充的比例（%）	0.015	50	25	15	8	5
畜禽粪便资源化利用率（%）	0.015	10	35	65	85	100
水土流失治理面积比例（%）	0.015	20	40	60	80	100
生活污水处理率（%）	0.015	30	50	70	90	100
工业废水排放达标率（%）	0.015	70	80	85	90	100
固体废弃物利用率（%）	0.015	30	50	70	90	100
环境设施投资占 GDP 比重（%）	0.015	1	1.5	2	3	5
三大产业比重（%）	0.08	30	40	50	60	80
人口密度（万人/平方千米）	0.03	3	2.5	2	1.5	1.1
人口自然增长率（‰）	0.03	5	4	3	2	1
建成区绿化率（%）	0.018	20	25	30	40	50
林业重点工程占辖区面积（%）	0.018	2	4	8	10	15
自然保护区占辖区面积（%）	0.024	1	3	5	7	9
人均绿地面积（平方米/人）	0.06	4	7	10	16	20
人均道路面积（平方米/人）	0.03	6	10	15	20	28
人均公共汽车（辆/万人）	0.03	3	5	10	15	20
高校教师比例（人/万人）	0.02	1	12	25	37	50
人均图书（册/百人）	0.02	5	85	175	260	350
互联网用户比例（户/万人）	0.02	200	1000	2000	3000	4000
每万人病床数（张/万人）	0.02	20	30	50	70	80

表8－3至表8－14为河北省11个地级城市生态系统健康状况评价结果。表内数据为各三级指标数据对各个健康等级的隶属度，各城市的健康状况按照最大隶属度原则确定。

表8－3　　　　石家庄城市生态系统健康评价

三级指标	原始数据	权重	病态	不健康	亚健康	健康	很健康
职工工资/人均GDP（%）	81.58	0.038	0	0.28	0.72	0	0
人均GDP增长/人口增长（%）	164.76	0.038	0.88	0.12	0	0	0
GDP/废水排放量（元/吨）	833.01	0.075	0.83	0.17	0	0	0
GDP/全年用电量（元/千瓦时）	7.22	0.075	0.2	0.8	0	0	0
环境设施投资/职工工资（10^4）	25.68079	0.075	0	0.67	0.33	0	0
生态系统协同度健康状况	**不健康**		**0.37**	**0.46**	**0.17**	**0**	**0**
人均GDP（元/人）	2.13047	0.023	0.39	0.61	0	0	0
地均GDP（万元/平方千米）	1298.61	0.023	0.2	0.8	0	0	0
GDP增长率（%）	13.43	0.023	0	0.31	0.69	0	0
人均实际利用外资（美元/人）	44.66	0.023	0.73	0.27	0	0	0
人均科学支出（元/人）	14.12	0.045	0.9	0.1	0	0	0
人均教育支出（元/人）	270.64	0.045	0.66	0.34	0	0	0
化石能源投入占总能源投入比例（%）	12.18	0.015	0	0.44	0.56	0	0
灌溉水占水资源补充的比例（%）	10.36	0.015	0	0	0.34	0.66	0
畜禽粪便资源化利用率（%）	50.05	0.015	0	0.50	0.50	0	0
水土流失治理面积比例（%）	75.78	0.015	0	0	0.21	0.79	0
生活污水处理率（%）	61.94	0.015	0	0.4	0.6	0	0
工业废水排放达标率（%）	98.75	0.015	0	0	0	0.13	0.87
固体废弃物利用率（%）	94.35	0.015	0	0	0	0.57	0.43
环境设施投资占GDP比重（%）	3.92	0.015	0	0	0	0.54	0.46

续表

三级指标	原始数据	权重	病态	不健康	亚健康	健康	很健康
生态系统活力健康状况	**病态**		**0.33**	**0.28**	**0.16**	**0.13**	**0.09**
三大产业比重（%）	38.82	0.08	0.12	0.88	0	0	0
人口密度（万人/平方千米）	1.31	0.03	0	0	0	0.53	0.47
人口自然增长率（‰）	8.15	0.03	1	0	0	0	0
建成区绿化率（%）	35.39	0.018	0	0	0.46	0.54	0
林业重点工程占辖区面积（%）	9.12	0.018	0	0	0.44	0.56	0
自然保护区占辖区面积（%）	6.15	0.024	0	0	0.42	0.58	0
生态系统组织机构健康状况	**不健康**		**0.2**	**0.35**	**0.13**	**0.25**	**0.07**
人均绿地面积（平方米/人）	27.44	0.06	0	0	0	0	1
人均道路面积（平方米/人）	9.57	0.03	0.11	0.89	0	0	0
人均公共汽车（辆/万人）	8.91	0.03	0	0.22	0.78	0	0
高校教师比例（人/万人）	18.33	0.02	0	0.51	0.49	0	0
人均图书（册/百人）	42.55	0.02	0.53	0.47	0	0	0
互联网用户比例（户/万人）	1253.22	0.02	0	0.75	0.25	0	0
每万人病床数（张/万人）	27.51	0.02	0.25	0.75	0	0	0
生态系统服务功能健康状况	**不健康**		**0.1**	**0.4**	**0.2**	**0**	**0.3**
石家庄城市生态系统健康状况	**不健康**		**0.25**	**0.37**	**0.17**	**0.09**	**0.12**

表 8-4　　唐山城市生态系统健康评价

三级指标	原始数据	权重	病态	不健康	亚健康	健康	很健康
职工工资/人均 GDP（%）	60.92	0.038	0	0.97	0.03	0	0
人均 GDP 增长/人口增长（%）	259.43	0.038	0.76	0.24	0	0	0
GDP/废水排放量（元/吨）	853.91	0.075	0.48	0.52	0	0	0
GDP/全年用电量（元/千瓦时）	4.32	0.075	0.92	0.08	0	0	0
环境设施投资/职工工资（10^4）	18.2819	0.075	0.2	0.8	0	0	0

续表

三级指标	原始数据	权重	病态	不健康	亚健康	健康	很健康
生态系统协同度健康状况	**不健康**		**0.495**	**0.501**	**0.004**	**0**	**0**
人均 GDP（元/人）	3.27333	0.023	0	0.86	0.14	0	0
地均 GDP（万元/平方千米）	1773.85	0.023	0	0.82	0.18	0	0
GDP 增长率（%）	14.9	0.023	0	0	1	0	0
人均实际利用外资（美元/人）	76.59	0.023	0.51	0.49	0	0	0
人均科学支出（元/人）	16.09	0.045	0.89	0.11	0	0	0
人均教育支出（元/人）	321.45	0.045	0.51	0.49	0	0	0
化石能源投入占总能源投入比例（%）	12.365	0.015	0	0.47	0.53	0	0
灌溉水占水资源补充的比例（%）	25.052	0.015	0	1.0	0	0	0
畜禽粪便资源化利用率（%）	34.964	0.015	0	1.0	0	0	0
水土流失治理面积比例（%）	50.562	0.015	0	0.47	0.53	0	0
生活污水处理率（%）	82	0.015	0	0	0.4	0.6	0
工业废水排放达标率（%）	96.46	0.015	0	0	0	0.35	0.65
固体废弃物利用率（%）	59.02	0.015	0	0.55	0.45	0	0
环境设施投资占 GDP 比重（%）	4.49	0.015	0	0	0	0.26	0.74
生态系统活力健康状况	**不健康**		**0.25**	**0.43**	**0.20**	**0.06**	**0.07**
三大产业比重（%）	31.48	0.08	0.85	0.15	0	0	0
人口密度（万人/平方千米）	1.47	0.03	0	0	0	0.93	0.07
人口自然增长率（‰）	5.74	0.03	1	0	0	0	0
建成区绿化率（%）	43.17	0.018	0	0	0	0.68	0.32
林业重点工程占辖区面积（%）	4.32	0.018	0	0.92	0.08	0	0
自然保护区占辖区面积（%）	3.59	0.024	0	0.7	0.3	0	0

续表

三级指标	原始数据	权重	病态	不健康	亚健康	健康	很健康
生态系统组织机构健康状况	**病态**		**0.49**	**0.23**	**0.04**	**0.2**	**0.04**
人均绿地面积（平方米/人）	25.4	0.06	0	0	0	0	1
人均道路面积（平方米/人）	7.65	0.03	0.59	0.41	0	0	0
人均公共汽车（辆/万人）	7.68	0.03	0	0.46	0.54	0	0
高校教师比例（人/万人）	5.83	0.02	0.56	0.44	0	0	0
人均图书（册/百人）	21.13	0.02	0.8	0.2	0	0	0
互联网用户比例（户/万人）	440.09	0.02	0.7	0.3	0	0	0
每万人病床数（张/万人）	33.72	0.02	0	0.81	0.19	0	0
生态系统服务功能健康状况	**不健康**		**0.3**	**0.3**	**0.1**	**0**	**0.3**
唐山城市生态系统健康状况	**病态**		**0.38**	**0.37**	**0.08**	**0.07**	**0.1**

表 8－5　秦皇岛城市生态系统健康评价

三级指标	原始数据	权重	病态	不健康	亚健康	健康	很健康
职工工资/人均 GDP（%）	99.6	0.038	0	0	0.68	0.32	0
人均 GDP 增长/人口增长（%）	242.52	0.038	0.77	0.23	0	0	0
GDP/废水排放量（元/吨）	1030.05	0.075	0.69	0.31	0	0	0
GDP/全年用电量（元/千瓦时）	5.76	0.075	0.56	0.44	0	0	0
环境设施投资/职工工资（10^4）	12.47783	0.075	0.5	0.5	0	0	0
生态系统协同度健康状况	**病态**		**0.53**	**0.34**	**0.09**	**0.04**	**0**
人均 GDP（元/人）	2.0082	0.023	0.43	0.57	0	0	0
地均 GDP（万元/平方千米）	765.11	0.023	0.74	0.26	0	0	0
GDP 增长率（%）	12.7	0.023	0	0.46	0.54	0	0
人均实际利用外资（美元/人）	100.09	0.023	0.34	0.66	0	0	0
人均科学支出（元/人）	7.73	0.045	0.95	0.05	0	0	0
人均教育支出（元/人）	286.72	0.045	0.61	0.39	0	0	0
化石能源投入占总能源投入比例（%）	9.24	0.015	0	0	0.81	0.19	0

续表

三级指标	原始数据	权重	病态	不健康	亚健康	健康	很健康
灌溉水占水资源补充的比例（%）	12.47	0.015	0	0	0.64	0.36	0
畜禽粪便资源化利用率（%）	55.36	0.015	0	0.32	0.68	0	0
水土流失治理面积比例（%）	64.35	0.015	0	0	0.78	0.22	0
生活污水处理率（%）	86.68	0.015	0	0	0.17	0.83	0
工业废水排放达标率（%）	94.92	0.015	0	0	0	0.51	0.49
固体废弃物利用率（%）	86.08	0.015	0	0	0.2	0.8	0
环境设施投资占 GDP 比重（%）	11.9	0.015	0	0	0	0	1
生态系统活力健康状况	**病态**		**0.35**	**0.23**	**0.2**	**0.15**	**0.07**
三大产业比重（%）	50.74	0.08	0	0	0.09	0.91	0
人口密度（万人/平方千米）	0.94	0.03	0	0	0	0	1
人口自然增长率（‰）	5.24	0.03	1	0	0	0	0
建成区绿化率（%）	42.54	0.018	0	0	0	0.08	0.92
林业重点工程占辖区面积（%）	8.26	0.018	0	0	0.87	0.13	0
自然保护区占辖区面积（%）	6.52	0.024	0	0	0.24	0.76	0
生态系统组织机构健康状况	**健康**		**0.15**	**0**	**0.14**	**0.48**	**0.23**
人均绿地面积（平方米/人）	44.94	0.06	0	0	0	0	1
人均道路面积（平方米/人）	15.37	0.03	0	0	0.93	0.07	0
人均公共汽车（辆/万人）	9.95	0.03	0	0.01	0.99	0	0
高校教师比例（人/万人）	15.01	0.02	0	0.77	0.23	0	0
人均图书（册/百人）	29.5	0.02	0.69	0.31	0	0	0
互联网用户比例（户/万人）	906.72	0.02	0.12	0.88	0	0	0
每万人病床数（张/万人）	25.94	0.02	0.04	0.96	0	0	0
生态系统服务功能健康状况	**亚健康**		**0.085**	**0.294**	**0.311**	**0.011**	**0.3**
秦皇岛城市生态系统健康状况	**病态**		**0.279**	**0.216**	**0.185**	**0.17**	**0.15**

表 8－6 邯郸城市生态系统健康评价

三级指标	原始数据	权重	病态	不健康	亚健康	健康	很健康
职工工资/人均 GDP（%）	99.77	0.038	0	0	0.67	0.33	0
人均 GDP 增长/人口增长（%）	197.16	0.038	0.84	0.16	0	0	0
GDP/废水排放量（元/吨）	1118.31	0.075	0.63	0.37	0	0	0
GDP/全年用电量（元/千瓦时）	5.54	0.075	0.62	0.38	0	0	0
环境设施投资/职工工资（10^4）	14.36251	0.075	0.4	0.6	0	0	0
生态系统协同度健康状况	**病态**		**0.52**	**0.36**	**0.08**	**0.04**	**0**
人均 GDP（元/人）	1.58193	0.023	0.62	0.38	0	0	0
地均 GDP（万元/平方千米）	1139.91	0.023	0.36	0.64	0	0	0
GDP 增长率（%）	15.3	0.023	0	0	0.94	0.06	0
人均实际利用外资（美元/人）	18.56	0.023	0.91	0.09	0	0	0
人均科学支出（元/人）	7.12	0.045	0.96	0.04	0	0	0
人均教育支出（元/人）	204.55	0.045	0.84	0.16	0	0	0
化石能源投入占总能源投入比例（%）	16.36	0.015	0.14	0.86	0	0	0
灌溉水占水资源补充的比例（%）	18.17	0.015	0	0.32	0.68	0	0
畜禽粪便资源化利用率（%）	33.45	0.015	0.06	0.94	0	0	0
水土流失治理面积比例（%）	52.37	0.015	0	0.38	0.62	0	0
生活污水处理率（%）	61.29	0.015	0	0.44	0.56	0	0
工业废水排放达标率（%）	97.95	0.015	0	0	0	0.21	0.79
固体废弃物利用率（%）	80.45	0.015	0	0	0.48	0.52	0
环境设施投资占 GDP 比重（%）	3.59	0.015	0	0	0	0.71	0.29
生态系统活力健康状况	**病态**		**0.42**	**0.26**	**0.19**	**0.08**	**0.05**
三大产业比重（%）	35.22	0.08	0.48	0.52	0	0	0
人口密度（万人/平方千米）	1.4	0.03	0	0	0	0.75	0.25

续表

三级指标	原始数据	权重	病态	不健康	亚健康	健康	很健康
人口自然增长率（‰）	7.76	0.03	1	0	0	0	0
建成区绿化率（%）	43.28	0.018	0	0	0	0.67	0.33
林业重点工程占辖区面积（%）	6.15	0.018	0	0.46	0.54	0	0
自然保护区占辖区面积（%）	4.14	0.024	0	0.43	0.57	0	0
生态系统组织机构健康状况	**病态**		**0.34**	**0.30**	**0.12**	**0.17**	**0.07**
人均绿地面积（平方米/人）	28.23	0.06	0	0	0	0	1
人均道路面积（平方米/人）	12.63	0.03	0	0.47	0.53	0	0
人均公共汽车（辆/万人）	9.97	0.03	0	0.01	0.99	0	0
高校教师比例（人/万人）	3.21	0.02	0.8	0.2	0	0	0
人均图书（册/百人）	12.88	0.02	0.9	0.1	0	0	0
互联网用户比例（户/万人）	896.67	0.02	0.13	0.87	0	0	0
每万人病床数（张/万人）	23.8	0.02	0.62	0.38	0	0	0
生态系统服务功能健康状况	**很健康**		**0.245**	**0.227**	**0.228**	**0**	**0.3**
邯郸城市生态系统健康状况	**病态**		**0.38**	**0.29**	**0.15**	**0.07**	**0.11**

表8－7　　邢台城市生态系统健康评价

三级指标	原始数据	权重	病态	不健康	亚健康	健康	很健康
职工工资/人均 GDP（%）	135.49	0.038	0	0	0	0.48	0.52
人均 GDP 增长/人口增长（%）	140.04	0.038	0.92	0.08	0	0	0
GDP/废水排放量（元/吨）	850.38	0.075	0.82	0.18	0	0	0
GDP/全年用电量（元/千瓦时）	3.68	0.075	1	0	0	0	0
环境设施投资/职工工资（10^4）	9.373631	0.075	0.67	0.33	0	0	0
生态系统协同度健康状况	**病态**		**0.74**	**0.14**	**0**	**0.06**	**0.06**
人均 GDP（元/人）	1.1539	0.023	0.8	0.2	0	0	0
地均 GDP（万元/平方千米）	630.69	0.023	0.87	0.13	0	0	0

续表

三级指标	原始数据	权重	病态	不健康	亚健康	健康	很健康
GDP 增长率（%）	13	0.023	0	0.4	0.6	0	0
人均实际利用外资（美元/人）	22.21	0.023	0.88	0.12	0	0	0
人均科学支出（元/人）	3.46	0.045	0.99	0.01	0	0	0
人均教育支出（元/人）	170.67	0.045	0.94	0.06	0	0	0
化石能源投入占总能源投入比例（%）	18.38	0.015	0.34	0.66	0	0	0
灌溉水占水资源补充的比例（%）	29.35	0.015	0.17	0.83	0	0	0
畜禽粪便资源化利用率（%）	36.25	0.015	0	0.96	0.04	0	0
水土流失治理面积比例（%）	46.29	0.015	0	0.69	0.31	0	0
生活污水处理率（%）	72.85	0.015	0	0	0.86	0.14	0
工业废水排放达标率（%）	95.03	0.015	0	0	0	0.5	0.5
固体废弃物利用率（%）	66.7	0.015	0	0.17	0.83	0	0
环境设施投资占 GDP 比重（%）	3.44	0.015	0	0	0	0.8	0.2
生态系统活力健康状况	**病态**		**0.51**	**0.24**	**0.15**	**0.07**	**0.03**
三大产业比重（%）	25.54	0.08	1	0	0	0	0
人口密度（万人/平方千米）	1.01	0.03	0	0	0	0	1
人口自然增长率（‰）	9.28	0.03	1	0	0	0	0
建成区绿化率（%）	35.24	0.018	0	0	0.5	0.5	0
林业重点工程占辖区面积（%）	6.19	0.018	0	0.45	0.55	0	0
自然保护区占辖区面积（%）	4.36	0.024	0	0.32	0.68	0	0
生态系统组织机构健康状况	**病态**		**0.55**	**0.08**	**0.18**	**0.04**	**0.15**
人均绿地面积（平方米/人）	54.86	0.06	0	0	0	0	1
人均道路面积（平方米/人）	14.45	0.03	0	0.11	0.89	0	0

续表

三级指标	原始数据	权重	病态	不健康	亚健康	健康	很健康
人均公共汽车（辆/万人）	10.25	0.03	0	0	0.95	0.05	0
高校教师比例（人/万人）	2.93	0.02	0.83	0.17	0	0	0
人均图书（册/百人）	10.82	0.02	0.93	0.07	0	0	0
互联网用户比例（户/万人）	224.06	0.02	0.97	0.03	0	0	0
每万人病床数（张/万人）	22.49	0.02	0.75	0.25	0	0	0
生态系统服务功能健康状况	**病态**		**0.348**	**0.069**	**0.276**	**0.008**	**0.3**
邢台城市生态系统健康状况	**病态**		**0.54**	**0.13**	**0.15**	**0.04**	**0.14**

表 8-8　　保定城市生态系统健康评价

三级指标	原始数据	权重	病态	不健康	亚健康	健康	很健康
职工工资/人均 GDP（%）	136.24	0.038	0	0	0	0.46	0.54
人均 GDP 增长/人口增长（%）	123	0.038	0.94	0.06	0	0	0
GDP/废水排放量（元/吨）	813.71	0.075	0.85	0.15	0	0	0
GDP/全年用电量（元/千瓦时）	5.66	0.075	0.59	0.41	0	0	0
环境设施投资/职工工资（10^4）	11.4542	0.075	0.56	0.44	0	0	0
生态系统协同度健康状况	**病态**		**0.62**	**0.25**	**0**	**0.06**	**0.07**
人均 GDP（元/人）	1.12897	0.023	0.81	0.19	0	0	0
地均 GDP（万元/平方千米）	590.63	0.023	0.91	0.09	0	0	0
GDP 增长率（%）	11.77	0.023	0	0.65	0.35	0	0
人均实际利用外资（美元/人）	14.48	0.023	0.94	0.06	0	0	0
人均科学支出（元/人）	2.47	0.045	1	0	0	0	0
人均教育支出（元/人）	155.33	0.045	0.99	0.01	0	0	0
化石能源投入占总能源投入比例（%）	8.96	0.015	0	0	0.74	0.26	0
灌溉水占水资源补充的比例（%）	13.86	0.015	0	0	0.84	0.16	0
畜禽粪便资源化利用率（%）	40.15	0.015	0	0.83	0.17	0	0

续表

三级指标	原始数据	权重	病态	不健康	亚健康	健康	很健康
水土流失治理面积比例（%）	59.18	0.015	0	0.04	0.96	0	0
生活污水处理率（%）	67.59	0.015	0	0.12	0.88	0	0
工业废水排放达标率（%）	85.84	0.015	0	0	0.28	0.72	0
固体废弃物利用率（%）	75.25	0.015	0	0	0.74	0.26	0
环境设施投资占 GDP 比重（%）	2.95	0.015	0	0	0.05	0.95	0
生态系统活力健康状况	**病态**		**0.50**	**0.13**	**0.26**	**0.12**	**0**
三大产业比重（%）	33.76	0.08	0.62	0.38	0	0	0
人口密度（万人/平方千米）	1.04	0.03	0	0	0	0	1
人口自然增长率（‰）	9.57	0.03	1	0	0	0	0
建成区绿化率（%）	36.5	0.018	0	0	0.35	0.65	0
林业重点工程占辖区面积（%）	7.16	0.018	0	0.21	0.79	0	0
自然保护区占辖区面积（%）	3.37	0.024	0	0.81	0.19	0	0
生态系统组织机构健康状况	**病态**		**0.4**	**0.27**	**0.13**	**0.06**	**0.15**
人均绿地面积（平方米/人）	30.34	0.06	0	0	0	0	1
人均道路面积（平方米/人）	12.17	0.03	0	0.57	0.43	0	0
人均公共汽车（辆/万人）	6	0.03	0	0.8	0.2	0	0
高校教师比例（人/万人）	6.8	0.02	0.47	0.53	0	0	0
人均图书（册/百人）	14.61	0.02	0.88	0.12	0	0	0
互联网用户比例（户/万人）	328.75	0.02	0.84	0.16	0	0	0
每万人病床数（张/万人）	18.37	0.02	1	0	0	0	0
生态系统服务功能健康状况	**不健康**		**0.19**	**0.58**	**0.05**	**0**	**0.18**
保定城市生态系统健康状况	**病态**		**0.43**	**0.31**	**0.11**	**0.06**	**0.10**

表 8 -9　　张家口城市生态系统健康评价

三级指标	原始数据	权重	病态	不健康	亚健康	健康	很健康
职工工资/人均 GDP（%）	136.27	0.038	0	0	0	0.46	0.54
人均 GDP 增长/人口增长（%）	221.4	0.038	0.8	0.2	0	0	0
GDP/废水排放量（元/吨）	730.58	0.075	0.91	0.09	0	0	0
GDP/全年用电量（元/千瓦时）	4.05	0.075	0.99	0.01	0	0	0
环境设施投资/职工工资（10^4）	11.31696	0.075	0.56	0.44	0	0	0
生态系统协同度健康状况	**病态**		**0.71**	**0.16**	**0**	**0.06**	**0.07**
人均 GDP（元/人）	1.16823	0.023	0.8	0.2	0	0	0
地均 GDP（万元/平方千米）	132.55	0.023	1	0	0	0	0
GDP 增长率（%）	13.03	0.023	0	0.39	0.61	0	0
人均实际利用外资（美元/人）	9.36	0.023	0.97	0.03	0	0	0
人均科学支出（元/人）	5.5	0.045	0.97	0.03	0	0	0
人均教育支出（元/人）	217.36	0.045	0.81	0.19	0	0	0
化石能源投入占总能源投入比例（%）	20.13	0.015	0.51	0.49	0	0	0
灌溉水占水资源补充的比例（%）	14.27	0.015	0	0	0.9	0.1	0
畜禽粪便资源化利用率（%）	63.18	0.015	0	0.06	0.94	0	0
水土流失治理面积比例（%）	57.37	0.015	0	0.13	0.87	0	0
生活污水处理率（%）	58.42	0.015	0	0.58	0.42	0	0
工业废水排放达标率（%）	77.96	0.015	0.2	0.8	0	0	0
固体废弃物利用率（%）	30.97	0.015	0.95	0.05	0	0	0
环境设施投资占 GDP 比重（%）	7.93	0.015	0	0	0	0	1
生态系统活力健康状况	**病态**		**0.56**	**0.18**	**0.2**	**0.005**	**0.05**
三大产业比重（%）	39.4	0.08	0.06	0.94	0	0	0
人口密度（万人/平方千米）	1.14	0.03	0	0	0	0.1	0.9

续表

三级指标	原始数据	权重	病态	不健康	亚健康	健康	很健康
人口自然增长率（‰）	5.89	0.03	1	0	0	0	0
建成区绿化率（%）	34.71	0.018	0	0	0.53	0.47	0
林业重点工程占辖区面积（%）	7.17	0.018	0	0.21	0.79	0	0
自然保护区占辖区面积（%）	5.28	0.024	0	0	0.86	0.14	0
生态系统组织机构健康状况	**不健康**		**0.17**	**0.39**	**0.22**	**0.07**	**0.14**
人均绿地面积（平方米/人）	27.27	0.06	0	0	0	0	1
人均道路面积（平方米/人）	9.51	0.03	0.12	0.88	0	0	0
人均公共汽车（辆/万人）	7.17	0.03	0	0.57	0.43	0	0
高校教师比例（人/万人）	4.01	0.02	0.73	0.27	0	0	0
人均图书（册/百人）	24	0.02	0.76	0.24	0	0	0
互联网用户比例（户/万人）	406.71	0.02	0.74	0.26	0	0	0
每万人病床数（张/万人）	24.76	0.02	0.52	0.48	0	0	0
生态系统服务功能健康状况	**不健康**		**0.29**	**0.34**	**0.06**	**0**	**0.3**
张家口城市生态系统健康状况	**病态**		**0.43**	**0.27**	**0.12**	**0.03**	**0.14**

表 8-10　　承德城市生态系统健康评价

三级指标	原始数据	权重	病态	不健康	亚健康	健康	很健康
职工工资/人均 GDP（%）	120.21	0.038	0	0	0	0.99	0.01
人均 GDP 增长/人口增长（%）	221.6	0.038	0.8	0.2	0	0	0
GDP/废水排放量（元/吨）	635.67	0.075	0.98	0.02	0	0	0
GDP/全年用电量（元/千瓦时）	3.96	0.075	1	0	0	0	0
环境设施投资/职工工资（10^4）	7.272844	0.075	0.78	0.22	0	0	0
生态系统协同度健康状况	**病态**		**0.79**	**0.09**	**0**	**0.12**	**0.001**
人均 GDP（元/人）	1.32627	0.023	0.73	0.27	0	0	0
地均 GDP（万元/平方千米）	113.1	0.023	1	0	0	0	0

续表

三级指标	原始数据	权重	病态	不健康	亚健康	健康	很健康
GDP 增长率（%）	17.03	0.023	0	0	0.59	0.41	0
人均实际利用外资（美元/人）	12.18	0.023	0.95	0.05	0	0	0
人均科学支出（元/人）	8.14	0.045	0.95	0.05	0	0	0
人均教育支出（元/人）	295.2	0.045	0.95	0.05	0	0	0
化石能源投入占总能源投入比例（%）	13.71	0.015	0	0.74	0.26	0	0
灌溉水占水资源补充的比例（%）	13.98	0.015	0	0	0.85	0.15	0
畜禽粪便资源化利用率（%）	55.76	0.015	0	0.31	0.69	0	0
水土流失治理面积比例（%）	52.12	0.015	0	0.39	0.61	0	0
生活污水处理率（%）	63	0.015	0	0.35	0.65	0	0
工业废水排放达标率（%）	97.16	0.015	0	0	0	0.28	0.72
固体废弃物利用率（%）	26.28	0.015	1	0	0	0	0
环境设施投资占 GDP 比重（%）	4.83	0.015	0	0	0	0.09	0.91
生态系统活力健康状况	**病态**		**0.54**	**0.13**	**0.2**	**0.06**	**0.08**
三大产业比重（%）	29.23	0.08	1	0	0	0	0
人口密度（万人/平方千米）	0.67	0.03	0	0	0	0	1
人口自然增长率（‰）	7.69	0.03	1	0	0	0	0
建成区绿化率（%）	30.39	0.018	0	0	0.96	0.04	0
林业重点工程占辖区面积（%）	8.15	0.018	0	0	0.92	0.08	0
自然保护区占辖区面积（%）	5.11	0.024	0	0	0.94	0.06	0
生态系统组织机构健康状况	**病态**		**0.55**	**0**	**0.28**	**0.02**	**0.15**
人均绿地面积（平方米/人）	39.77	0.06	0	0	0	0	1
人均道路面积（平方米/人）	8.32	0.03	0.42	0.56	0	0	0

续表

三级指标	原始数据	权重	病态	不健康	亚健康	健康	很健康
人均公共汽车（辆/万人）	7.68	0.03	0	0.46	0.54	0	0
高校教师比例（人/万人）	4.4	0.02	0.69	0.31	0	0	0
人均图书（册/百人）	20.1	0.02	0.81	0.19	0	0	0
互联网用户比例（户/万人）	330.11	0.02	0.84	0.16	0	0	0
每万人病床数（张/万人）	26.16	0.02	0.38	0.62	0	0	0
生态系统服务功能健康状况	**病态**		**0.34**	**0.28**	**0.08**	**0**	**0.3**
承德城市生态系统健康状况	**病态**		**0.55**	**0.12**	**0.14**	**0.05**	**0.13**

表 8-11 沧州城市生态系统健康评价

三级指标	原始数据	权重	病态	不健康	亚健康	健康	很健康
职工工资/人均 GDP（%）	92.42	0.038	0	0	0.92	0.08	0
人均 GDP 增长/人口增长（%）	161.05	0.038	0.89	0.11	0	0	0
GDP/废水排放量（元/吨）	1803.73	0.075	0.14	0.86	0	0	0
GDP/全年用电量（元/千瓦时）	9.61	0.075	0	0.6	0.4	0	0
环境设施投资/职工工资（10^4）	4.533267	0.075	0.92	0.08	0	0	0
生态系统协同度健康状况	**不健康**		**0.376**	**0.398**	**0.216**	**0.01**	**0**
人均 GDP（元/人）	1.88147	0.023	0.49	0.51	0	0	0
地均 GDP（万元/平方千米）	919.82	0.023	0.58	0.42	0	0	0
GDP 增长率（%）	15.3	0.023	0	0	0.94	0.06	0
人均实际利用外资（美元/人）	21.03	0.023	0.89	0.11	0	0	0
人均科学支出（元/人）	5.73	0.045	0.97	0.03	0	0	0
人均教育支出（元/人）	232.87	0.045	0.76	0.24	0	0	0
化石能源投入占总能源投入比例（%）	11.36	0.015	0	0.27	0.73	0	0
灌溉水占水资源补充的比例（%）	16.27	0.015	0	0.13	0.87	0	0

续表

三级指标	原始数据	权重	病态	不健康	亚健康	健康	很健康
畜禽粪便资源化利用率（%）	59.16	0.015	0	0.19	0.81	0	0
水土流失治理面积比例（%）	51.09	0.015	0	0.45	0.55	0	0
生活污水处理率（%）	62	0.015	0	0.4	0.6	0	0
工业废水排放达标率（%）	96.59	0.015	0	0	0	0.34	0.66
固体废弃物利用率（%）	98.39	0.015	0	0	0	0.16	0.84
环境设施投资占 GDP 比重（%）	1.65	0.015	0	0.7	0.3	0	0
生态系统活力健康状况	**病态**		**0.41**	**0.23**	**0.26**	**0.03**	**0.07**
三大产业比重（%）	35.52	0.08	0.45	0.55	0	0	0
人口密度（万人/平方千米）	1.19	0.03	0	0	0	0.23	0.77
人口自然增长率（‰）	9.5	0.03	1	0	0	0	0
建成区绿化率（%）	31.43	0.018	0	0	0.86	0.14	0
林业重点工程占辖区面积（%）	7.71	0.018	0	0.07	0.93	0	0
自然保护区占辖区面积（%）	3.97	0.024	0	0.51	0.49	0	0
生态系统组织机构健康状况	**病态**		**0.33**	**0.29**	**0.22**	**0.05**	**0.11**
人均绿地面积（平方米/人）	21.38	0.06	0	0	0	0	1
人均道路面积（平方米/人）	14.83	0.03	0	0.03	0.97	0	0
人均公共汽车（辆/万人）	7.84	0.03	0	0.43	0.57	0	0
高校教师比例（人/万人）	2.3	0.02	0.88	0.12	0	0	0
人均图书（册/百人）	11.18	0.02	0.92	0.08	0	0	0
互联网用户比例（户/万人）	255.07	0.02	0.93	0.07	0	0	0
每万人病床数（张/万人）	19.78	0.02	1	0	0	0	0
生态系统服务功能健康状况	**病态**		**0.37**	**0.1**	**0.23**	**0**	**0.3**
沧州城市生态系统健康状况	**病态**		**0.37**	**0.25**	**0.23**	**0.02**	**0.12**

表 8 -12　　　　廊坊城市生态系统健康评价

三级指标	原始数据	权重	病态	不健康	亚健康	健康	很健康
职工工资/人均 GDP（%）	97.17	0.038	0	0	0.76	0.24	0
人均 GDP 增长/人口增长（%）	217.92	0.038	0.81	0.19	0	0	0
GDP/废水排放量（元/吨）	1413.86	0.075	0.42	0.58	0	0	0
GDP/全年用电量（元/千瓦时）	9.17	0.075	0	0.71	0.29	0	0
环境设施投资/职工工资（10^4）	9.386621	0.075	0.66	0.34	0	0	0
生态系统协同度健康状况	**不健康**		**0.37**	**0.43**	**0.17**	**0.03**	**0**
人均 GDP（元/人）	1.8657	0.023	0.49	0.51	0	0	0
地均 GDP（万元/平方千米）	1158.83	0.023	0.34	0.66	0	0	0
GDP 增长率（%）	14.43	0.023	0	0.11	0.89	0	0
人均实际利用外资（美元/人）	77.92	0.023	0	0.5	0.5	0	0
人均科学支出（元/人）	14.33	0.045	0.9	0.1	0	0	0
人均教育支出（元/人）	291.94	0.045	0.59	0.41	0	0	0
化石能源投入占总能源投入比例（%）	10.07	0.015	0	0	1	0	0
灌溉水占水资源补充的比例（%）	17.16	0.015	0	0.22	0.78	0	0
畜禽粪便资源化利用率（%）	67.19	0.015	0	0	0.89	0.11	0
水土流失治理面积比例（%）	53.04	0.015	0	0.35	0.65	0	0
生活污水处理率（%）	74.67	0.015	0	0	0.77	0.23	0
工业废水排放达标率（%）	99.44	0.015	0	0	0	0.06	0.94
固体废弃物利用率（%）	94.91	0.015	0	0	0	0.51	0.49
环境设施投资占 GDP 比重（%）	3.43	0.015	0	0	0	0.79	0.21
生态系统活力健康状况	**亚健康**		**0.29**	**0.24**	**0.31**	**0.08**	**0.08**
三大产业比重（%）	29.77	0.08	1	0	0	0	0
人口密度（万人/平方千米）	1.49	0.03	0	0	0	0.98	0.02

续表

三级指标	原始数据	权重	病态	不健康	亚健康	健康	很健康
人口自然增长率（‰）	6.62	0.03	1	0	0	0	0
建成区绿化率（%）	44.99	0.018	0	0	0	0.5	0.5
林业重点工程占辖区面积（%）	6.11	0.018	0	0.47	0.53	0	0
自然保护区占辖区面积（%）	5.06	0.024	0	0	0.97	0.03	0
生态系统组织机构健康状况	**病态**		**0.55**	**0.04**	**0.16**	**0.2**	**0.05**
人均绿地面积（平方米/人）	49.05	0.06	0	0	0	0	1
人均道路面积（平方米/人）	8.29	0.03	0.43	0.57	0	0	0
人均公共汽车（辆/万人）	3.43	0.03	0.79	0.21	0	0	0
高校教师比例（人/万人）	10.28	0.02	0.16	0.84	0	0	0
人均图书（册/百人）	24.19	0.02	0.76	0.24	0	0	0
互联网用户比例（户/万人）	463.72	0.02	0.67	0.33	0	0	0
每万人病床数（张/万人）	23.51	0.02	0.65	0.35	0	0	0
生态系统服务功能健康状况	**病态**		**0.41**	**0.29**	**0**	**0**	**0.3**
廊坊城市生态系统健康状况	**病态**		**0.4**	**0.25**	**0.11**	**0.1**	**0.13**

表8－13 衡水城市生态系统健康评价

三级指标	原始数据	权重	病态	不健康	亚健康	健康	很健康
职工工资/人均GDP（%）	107.44	0.038	0	0	0.42	0.58	0
人均GDP增长/人口增长（%）	82.25	0.038	1	0	0	0	0
GDP/废水排放量（元/吨）	1042.04	0.075	0.68	0.32	0	0	0
GDP/全年用电量（元/千瓦时）	6.82	0.075	0.3	0.7	0	0	0
环境设施投资/职工工资（10^4）	7.902464	0.075	0.74	0.26	0	0	0
生态系统协同度健康状况	**病态**		**0.55**	**0.32**	**0.05**	**0.07**	**0**
人均GDP（元/人）	1.28067	0.023	0.75	0.25	0	0	0
地均GDP（万元/平方千米）	614.51	0.023	0.89	0.11	0	0	0

续表

三级指标	原始数据	权重	病态	不健康	亚健康	健康	很健康
GDP 增长率（%）	8.43	0.023	0.31	0.69	0	0	0
人均实际利用外资（美元/人）	20.08	0.023	0.9	0.1	0	0	0
人均科学支出（元/人）	4.44	0.045	0.98	0.02	0	0	0
人均教育支出（元/人）	189.03	0.045	0.89	0.11	0	0	0
化石能源投入占总能源投入比例（%）	9.97	0.015	0	0	1	0	0
灌溉水占水资源补充的比例（%）	19.05	0.015	0	0.41	0.59	0	0
畜禽粪便资源化利用率（%）	50.03	0.015	0	0.5	0.5	0	0
水土流失治理面积比例（%）	60.97	0.015	0	0	0.95	0.05	0
生活污水处理率（%）	66.96	0.015	0	0.15	0.85	0	0
工业废水排放达标率（%）	76.87	0.015	0.31	0.69	0	0	0
固体废弃物利用率（%）	99.92	0.015	0	0	0	0.01	0.99
环境设施投资占 GDP 比重（%）	4.16	0.015	0	0	0	0.42	0.58
生态系统活力健康状况	**病态**		**0.51**	**0.19**	**0.19**	**0.02**	**0.08**
三大产业比重（%）	30.89	0.08	0.91	0.09	0	0	0
人口密度（万人/平方千米）	1.12	0.03	0	0	0	0.05	0.95
人口自然增长率（‰）	10.25	0.03	1	0	0	0	0
建成区绿化率（%）	26.62	0.018	0	0.68	0.32	0	0
林业重点工程占辖区面积（%）	8.02	0.018	0	0	1	0	0
自然保护区占辖区面积（%）	6.74	0.024	0	0	0.13	0.87	0
生态系统组织机构健康状况	**病态**		**0.51**	**0.1**	**0.13**	**0.11**	**0.14**
人均绿地面积（平方米/人）	18.21	0.06	0	0	0	0.45	0.55
人均道路面积（平方米/人）	12.22	0.03	0	0.56	0.44	0	0

续表

三级指标	原始数据	权重	病态	不健康	亚健康	健康	很健康
人均公共汽车（辆/万人）	8.3	0.03	0	0.34	0.66	0	0
高校教师比例（人/万人）	1.8	0.02	0.93	0.07	0	0	0
人均图书（册/百人）	7.02	0.02	0.98	0.02	0	0	0
互联网用户比例（户/万人）	315.16	0.02	0.86	0.14	0	0	0
每万人病床数（张/万人）	19.25	0.02	1	0	0	0	0
生态系统服务功能健康状况	**病态**		**0.377**	**0.158**	**0.165**	**0.135**	**0.165**
衡水城市生态系统健康状况	**病态**		**0.49**	**0.19**	**0.14**	**0.09**	**0.1**

表8-14　按最大隶属度原则确定的各城市生态系统健康状况一览表

城市（隶属度）	病态	不健康	亚健康	健康	很健康	健康状况
石家庄	0.25	0.37	0.17	0.09	0.12	不健康
唐山	0.38	0.37	0.08	0.07	0.1	病态
秦皇岛	0.279	0.216	0.185	0.17	0.15	病态
邯郸	0.38	0.29	0.15	0.07	0.11	病态
邢台	0.54	0.13	0.15	0.04	0.14	病态
保定	0.43	0.31	0.11	0.06	0.1	病态
张家口	0.43	0.27	0.12	0.03	0.14	病态
承德	0.55	0.12	0.14	0.05	0.13	病态
沧州	0.37	0.25	0.23	0.02	0.12	病态
廊坊	0.4	0.25	0.11	0.1	0.13	病态
衡水	0.49	0.19	0.14	0.09	0.1	病态

8.2　系统功能分析

根据系统的开发目标，确定系统的总体任务，其主要功能包括以下几个。

（1）数据存储。数据存储包含数据自动提取、数据录入以及数据查询共

3个子功能。数据自动提取用于与相关部门数据系统连接，实时提取这些系统中产生的城市生态实时数据；数据录入用于人工输入相关数据，不具实时性；数据查询可以通过授权方便地查看相关的数据。

（2）数据处理。该子系统主要包括数据统计、数据辨伪、数据分类、指标构造以及指标提取，主要对收集并存储的各条数据进行分类、统计与辨伪，以便进行风险分析与判别。

（3）分析评价。当城市生态系统健康状况评价系统录入基础数据后，根据已建立的数学模型和相关指标体系，系统可以对城市生态系统的健康状况进行综合分析和评价。

（4）查询。系统每次测评的数据都会自动存储到系统数据库中，当对历史数据进行查询时，系统会自动调用Excel，将历史数据存入表格并形成预测图线。

（5）城市生态系统健康状况预警建议。该子系统的作用是输出预警建议及对策提示。在子系统做出预警判别后，执行预警指令输出作用，同时从对策库中调出相关预控对策供管理者参考。系统的功能结构见图8－1。

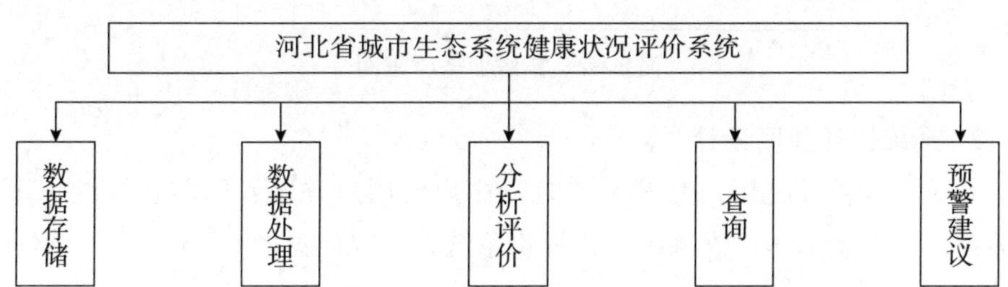

图8－1 河北省城市生态系统健康状况评价系统功能结构图

8.3 系统设计

该系统的开发，遵循以下指导原则。

（1）良好的人机界面，易于操作。

（2）进入主界面时，必须有登录权限的检查，以规范系统使用。

（3）子程序的每项功能必须与用户权限一一对应，明确功能界限。

（4）子界面的调用在设计上尽量具有层次性，独立调用相应的功能模块，保证良好的交互性。

1. **系统模块设计**

本系统从功能上可以划分为登录模块、评价模块、导出数据模块、与历史数据比对模块等。其中，评价模块、与历史数据比对模块为系统重点模块。我们已确定的系统业务流程见图 8－2。

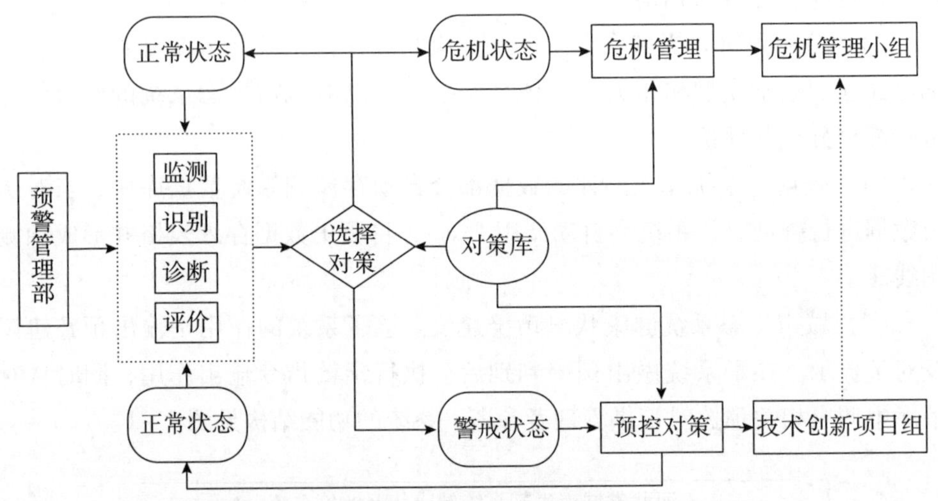

图 8－2　系统业务流程图

2. **系统打开界面设计**

系统打开界面是用户打开系统时，在弹出用户登录界面前系统的一个缓冲界面。河北省城市生态系统健康评价系统打开界面见图 8－3。

图 8－3　系统打开界面图

3. **登录界面设计**

通过登录，以实现用户和管理员不同的权限控制，根据输入的用户名和密码，判断登录的合法性以及可使用的功能模块。河北省城市生态系统健康评价系统普通用户登录界面见图 8－4，管理员登录界面见图 8－5。

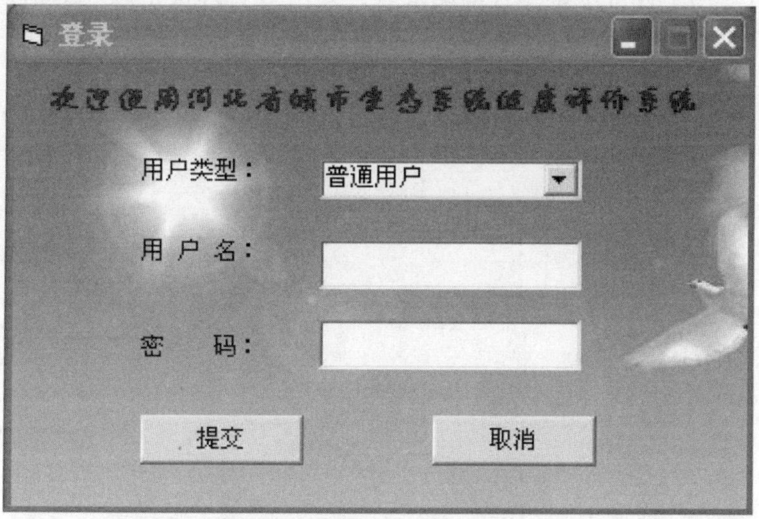

图 8－4　用户登录界面图

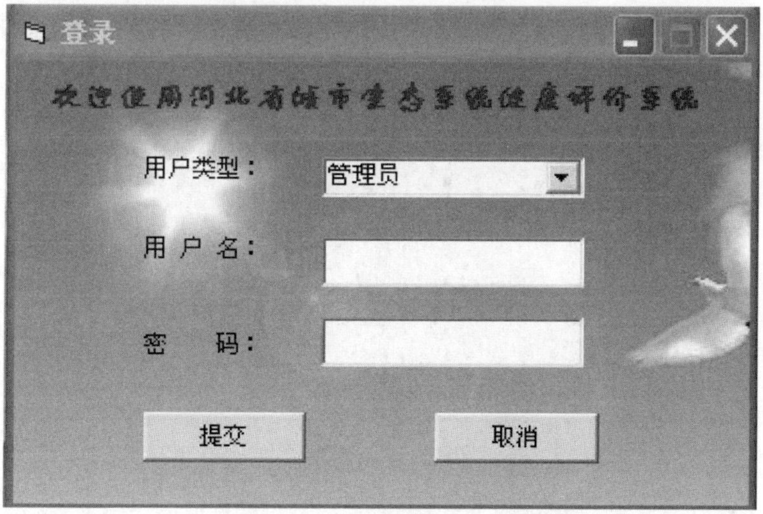

图 8－5　管理员登录界面图

4. 主窗体界面设计

进入主窗体界面后，用户单击一级指标，自上而下依次选择指标，进行数据输入操作。历史评价记录查询只有管理员才有权限进行登录查询。

主窗体界面见图 8－6。

单击“历史评价按钮”查询记录时，弹出“管理员密码”对话框，见图 8－7。

图 8－6　主窗体界面图

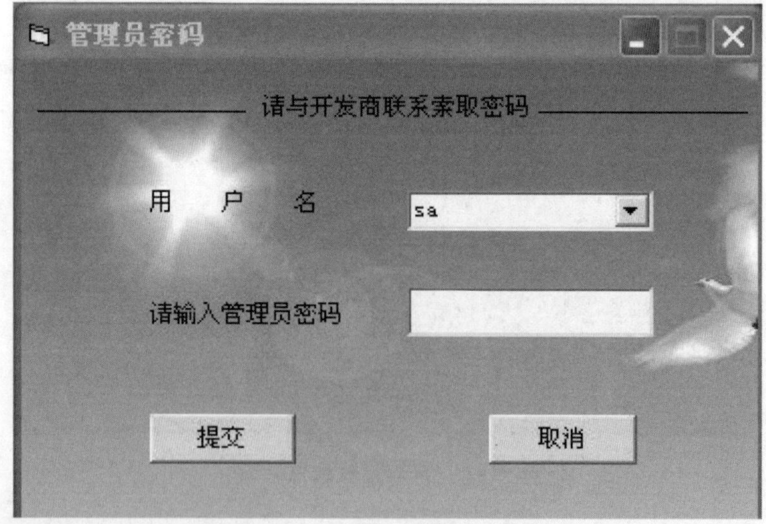

图 8－7　“管理员密码”对话框

未录入相应数据时的窗体界面见图 8－8 至图 8－11。

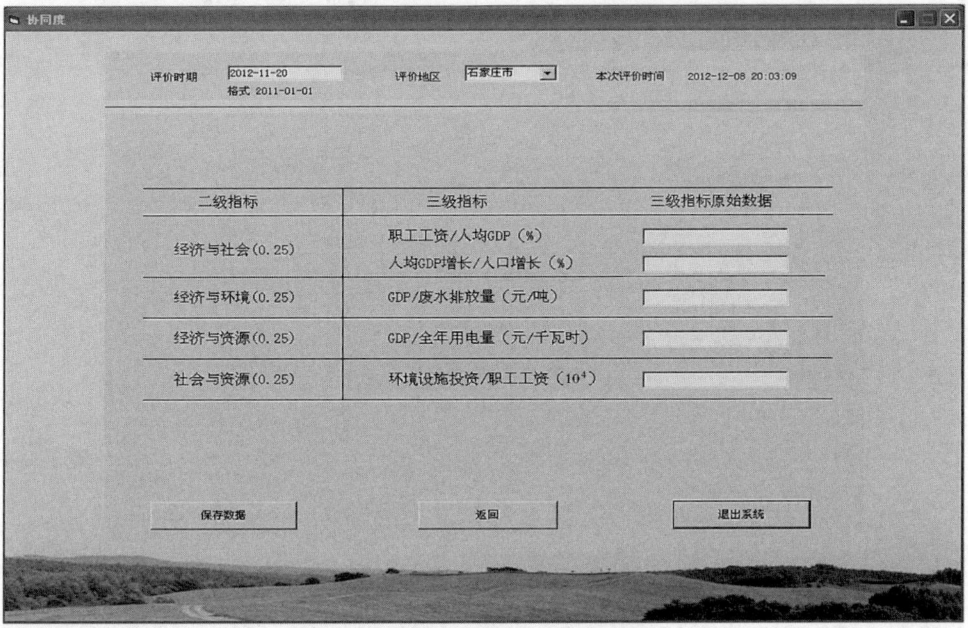

协同度

评价时期 2012-11-20 格式 2011-01-01　评价地区 石家庄市　本次评价时间 2012-12-08 20:03:09

二级指标	三级指标	三级指标原始数据
经济与社会(0.25)	职工工资/人均GDP（%）	
	人均GDP增长/人口增长（%）	
经济与环境(0.25)	GDP/废水排放量（元/吨）	
经济与资源(0.25)	GDP/全年用电量（元/千瓦时）	
社会与资源(0.25)	环境设施投资/职工工资（10^4）	

保存数据　返回　退出系统

图 8－8　未录入数据窗体界面图 1

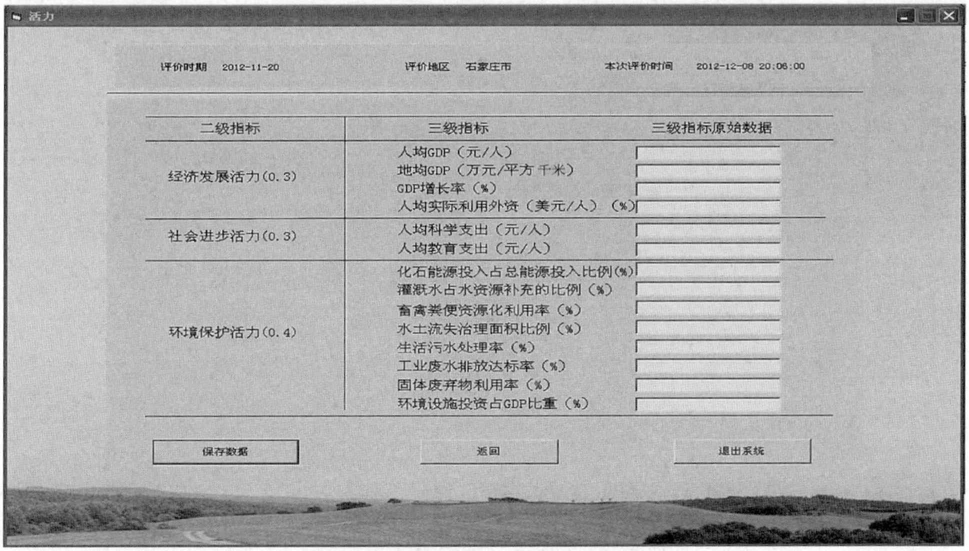

活力

评价时期 2012-11-20　评价地区 石家庄市　本次评价时间 2012-12-08 20:06:00

二级指标	三级指标	三级指标原始数据
经济发展活力(0.3)	人均GDP（元/人）	
	地均GDP（万元/平方千米）	
	GDP增长率（%）	
	人均实际利用外资（美元/人）（%）	
社会进步活力(0.3)	人均科学支出（元/人）	
	人均教育支出（元/人）	
环境保护活力(0.4)	化石能源投入占总能源投入比例(%)	
	灌溉水占水资源补充的比例（%）	
	畜禽粪便资源化利用率（%）	
	水土流失治理面积比例（%）	
	生活污水处理率（%）	
	工业废水排放达标率（%）	
	固体废弃物利用率（%）	
	环境设施投资占GDP比重（%）	

保存数据　返回　退出系统

图 8－9　未录入数据窗体界面图 2

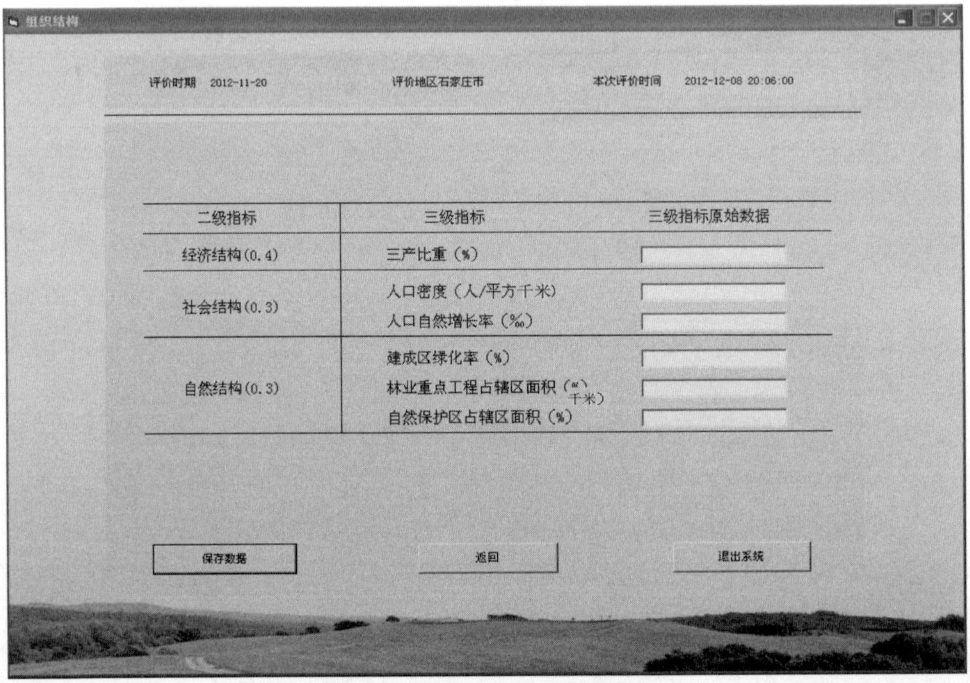

组织结构

评价时期 2012-11-20 评价地区石家庄市 本次评价时间 2012-12-08 20:06:00

二级指标	三级指标	三级指标原始数据
经济结构(0.4)	三产比重（%）	
社会结构(0.3)	人口密度（人/平方千米）	
	人口自然增长率（‰）	
自然结构(0.3)	建成区绿化率（%）	
	林业重点工程占辖区面积（㎡千米）	
	自然保护区占辖区面积（%）	

保存数据 返回 退出系统

图 8－10　未录入数据窗体界面图 3

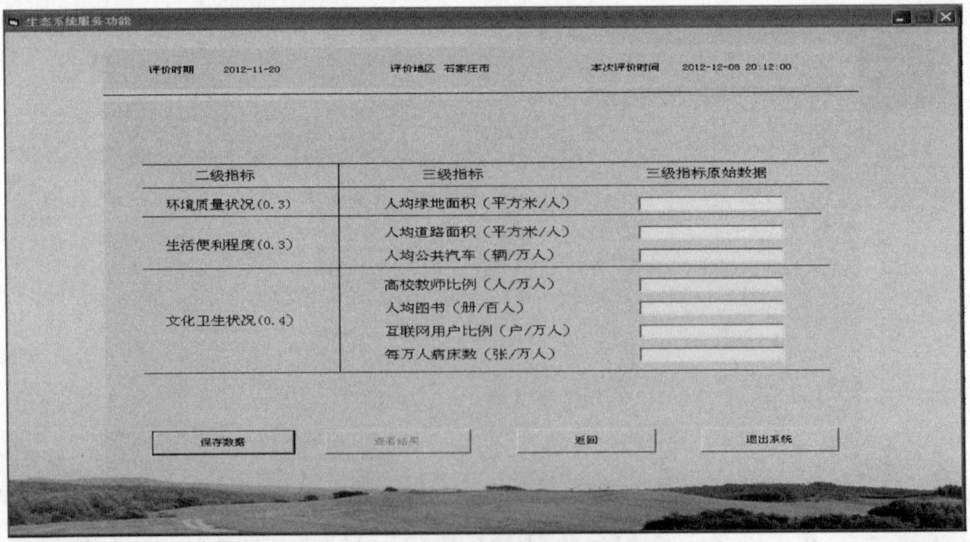

生态系统服务功能

评价时期 2012-11-20 评价地区 石家庄市 本次评价时间 2012-12-08 20:12:00

二级指标	三级指标	三级指标原始数据
环境质量状况(0.3)	人均绿地面积（平方米/人）	
生活便利程度(0.3)	人均道路面积（平方米/人）	
	人均公共汽车（辆/万人）	
文化卫生状况(0.4)	高校教师比例（人/万人）	
	人均图书（册/百人）	
	互联网用户比例（户/万人）	
	每万人病床数（张/万人）	

保存数据 查看结果 返回 退出系统

图 8－11　未录入数据窗体界面图 4

录入相应数据后的窗体界面见图 8－12 至图 8－15。

协同度

评价时期 2012-11-20 格式 2011-01-01　评价地区 石家庄市　本次评价时间 2012-12-08 21:23:17

二级指标	三级指标	三级指标原始数据
经济与社会(0.25)	职工工资/人均GDP（%）	82.68
	人均GDP增长/人口增长（%）	165.76
经济与环境(0.25)	GDP/废水排放量（元/吨）	834.12
经济与资源(0.25)	GDP/全年用电量（元/千瓦时）	7.32
社会与资源(0.25)	环境设施投资/职工工资（10^4）	24.98

保存数据　返回　退出系统

图 8－12　录入数据后窗体界面图 1

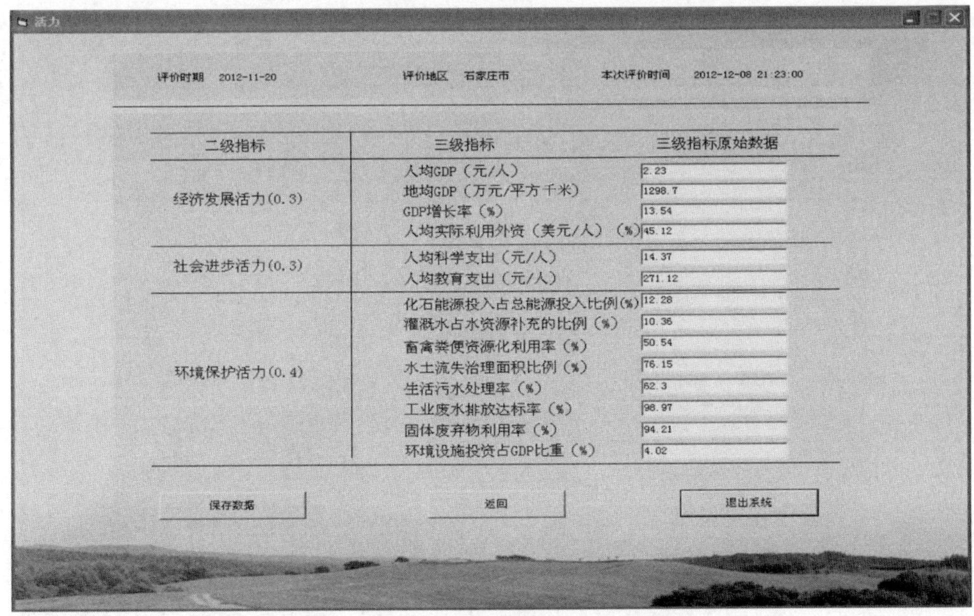

活力

评价时期 2012-11-20　评价地区 石家庄市　本次评价时间 2012-12-08 21:23:00

二级指标	三级指标	三级指标原始数据
经济发展活力(0.3)	人均GDP（元/人）	2.23
	地均GDP（万元/平方千米）	1298.7
	GDP增长率（%）	13.54
	人均实际利用外资（美元/人）（%）	45.12
社会进步活力(0.3)	人均科学支出（元/人）	14.37
	人均教育支出（元/人）	271.12
环境保护活力(0.4)	化石能源投入占总能源投入比例(%)	12.28
	灌溉水占水资源补充的比例（%）	10.36
	畜禽粪便资源化利用率（%）	50.54
	水土流失治理面积比例（%）	76.15
	生活污水处理率（%）	62.3
	工业废水排放达标率（%）	98.97
	固体废弃物利用率（%）	94.21
	环境设施投资占GDP比重（%）	4.02

保存数据　返回　退出系统

图 8－13　录入数据后窗体界面图 2

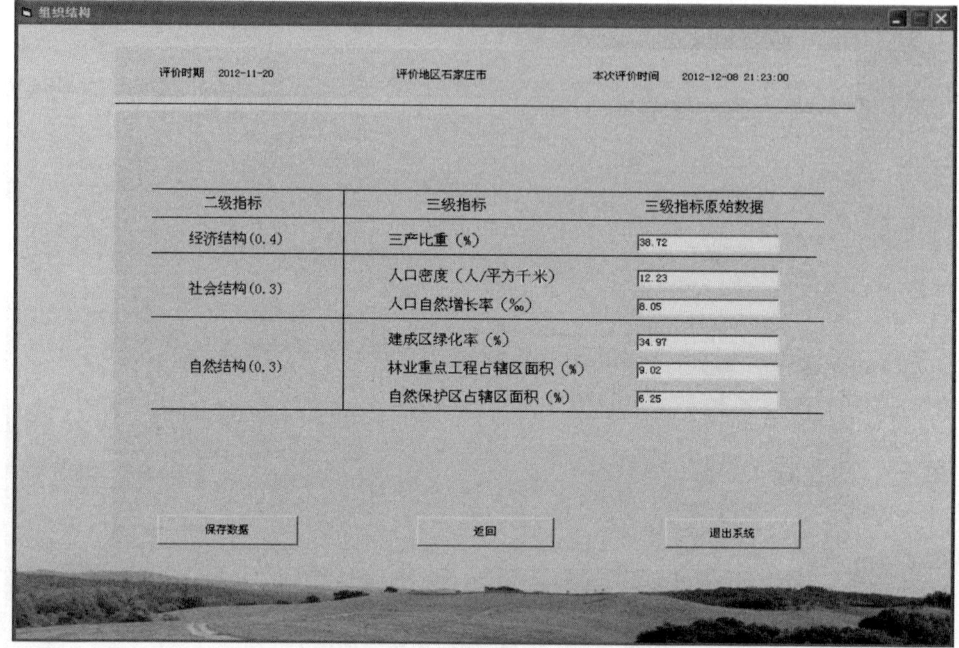

图 8－14 录入数据后窗体界面图 3

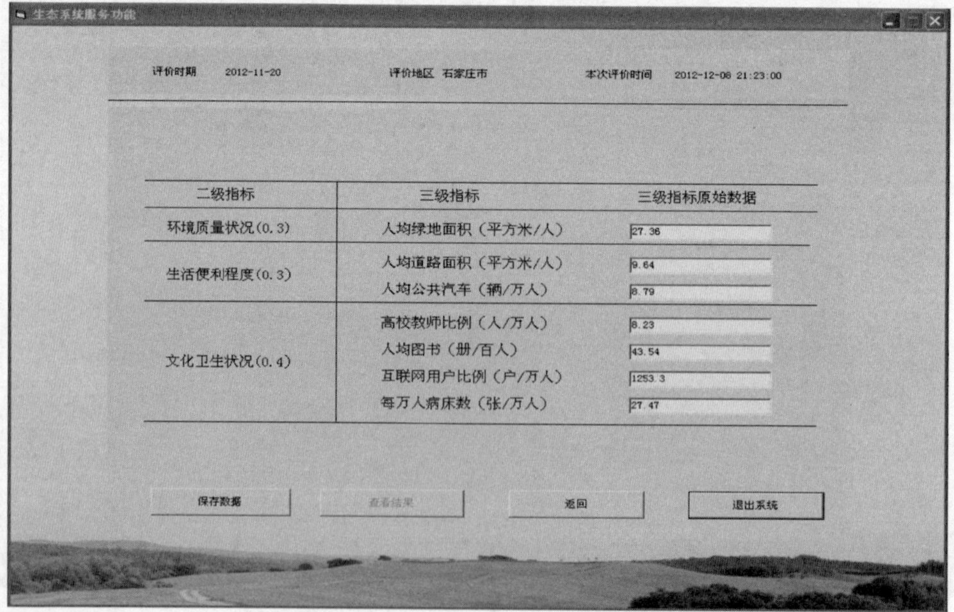

图 8－15 录入数据后窗体界面图 4

保存数据时的窗体界面见图 8－16 至图 8－17。

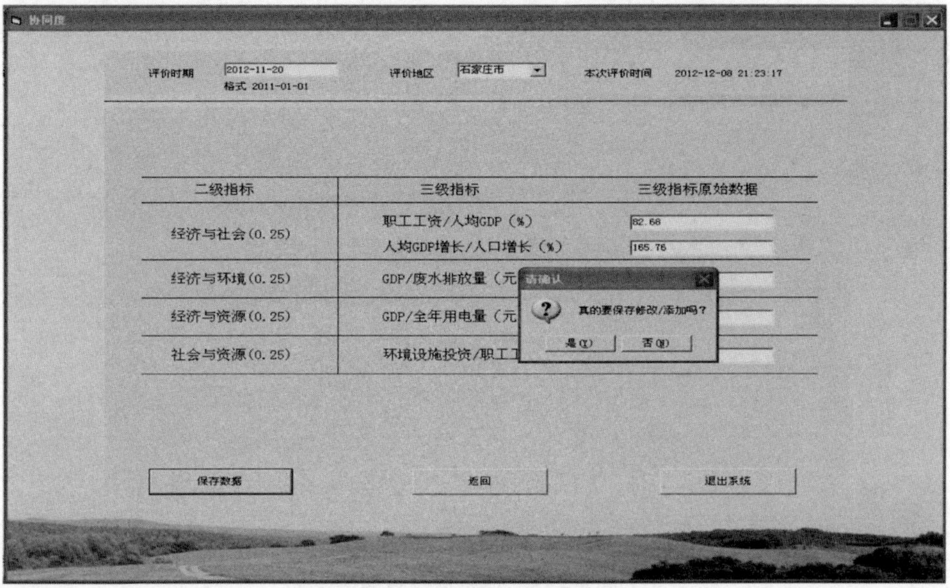

图 8－16　保存数据窗体界面图 1

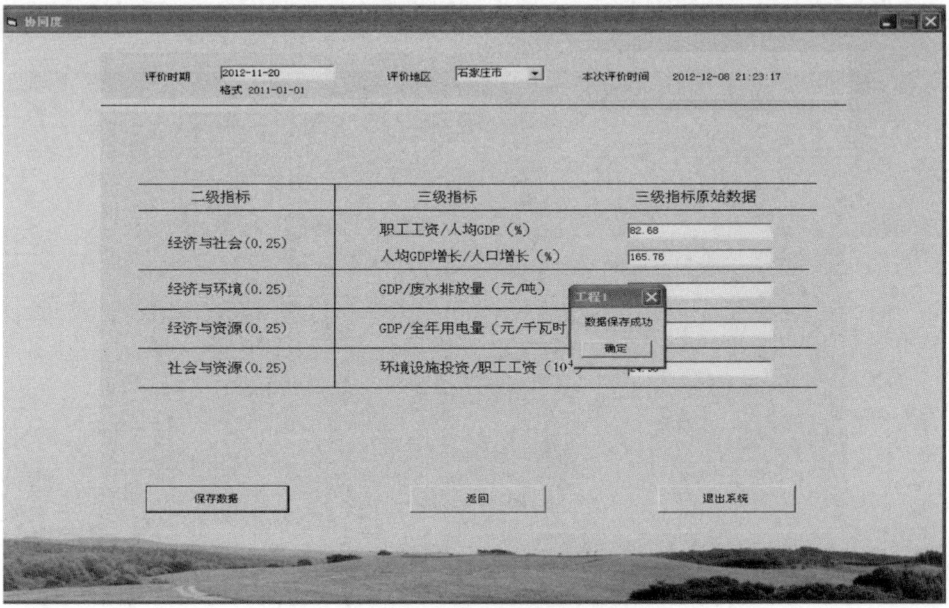

图 8－17　保存数据窗体界面图 2

保存数据后即可进行评价，评价窗体界面见 8－18。

图 8－18 评价窗体界面图

接下来用户可以有以下两种选择。

（1）导出评价结果到 Excel 文档中。相关操作界面见图 8－19 和图 8－20。

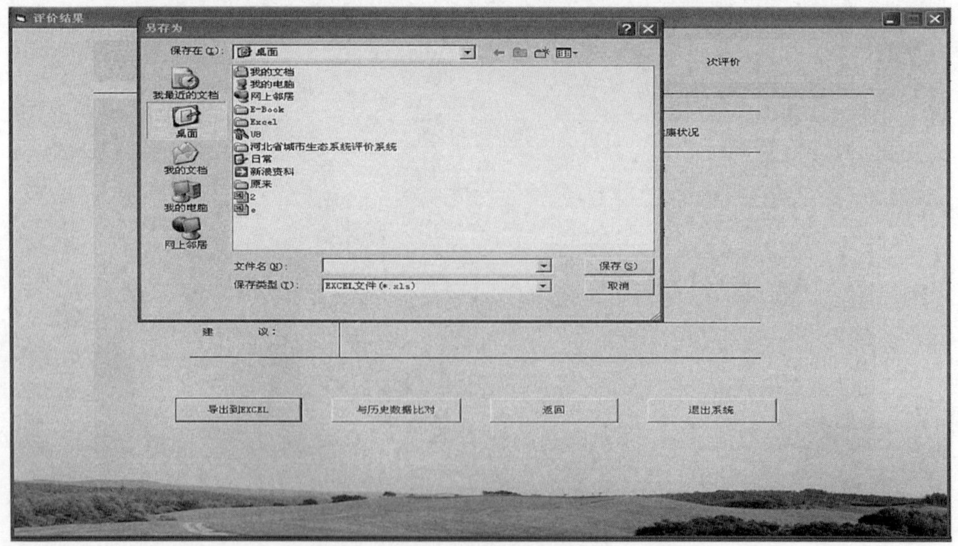

图 8－19 评价结果保存窗体界面图 1

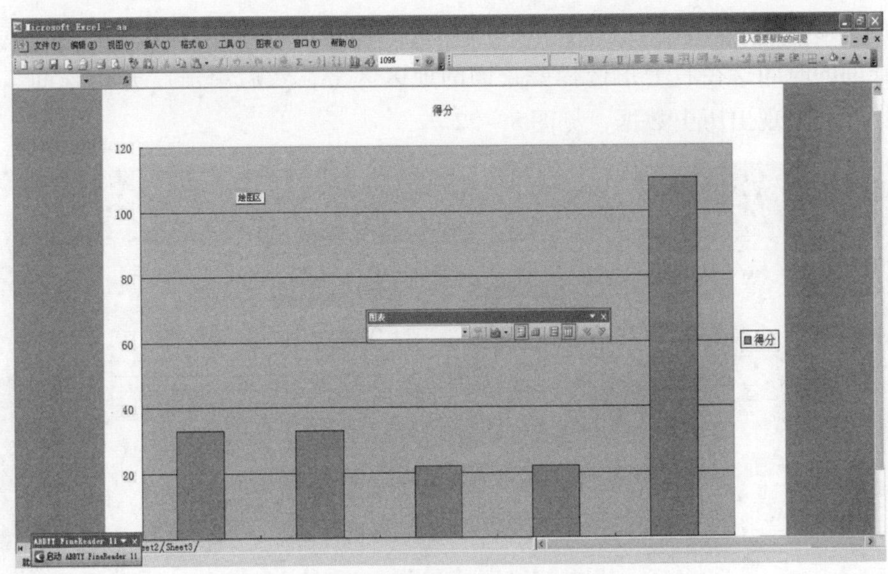

图 8－20 评价结果保存窗体界面图 2

（2）与历史数据比对。

当单击“与历史数据比对”选项时，就会涉及访问权限问题，此时用户的用户名和密码就需要向开发商购买了，见图 8－21。

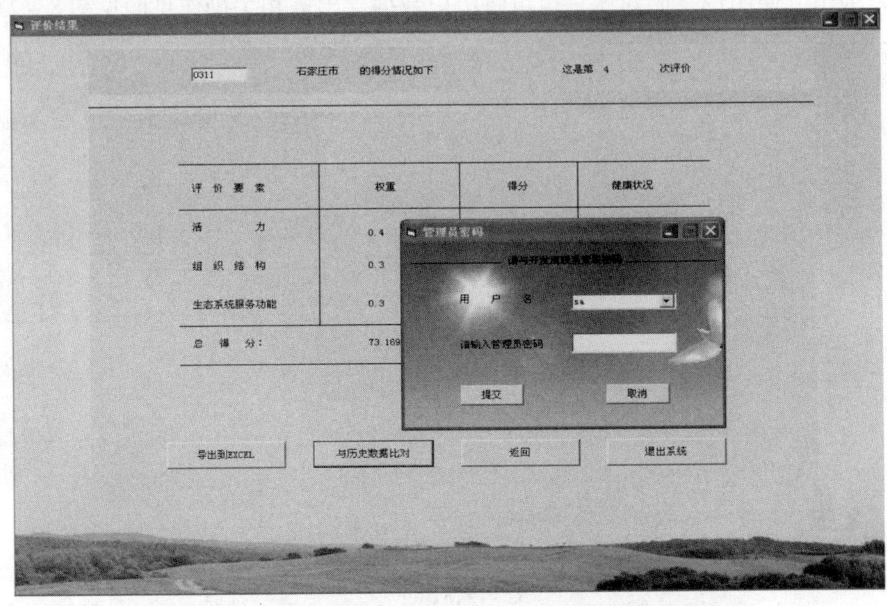

图 8－21 评价结果与历史数据比对登录窗体界面图

当输入购买到的用户名和密码时，会弹出相应界面。在左上角一栏选择要查询的时间，在右上角选择要查询的地区区号，然后单击“开始查询”按钮，就会呈现出历史数据，见图 8－22。

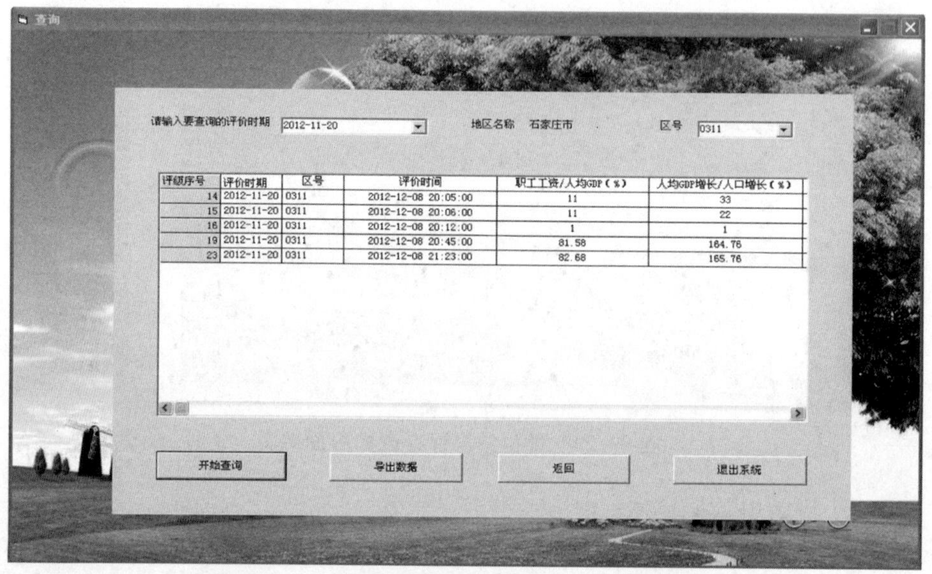

图 8－22　评价结果与历史数据比对窗体界面图

为了方便用户参照对比，也可将历史数据导出。相关操作见面见图 8－23。

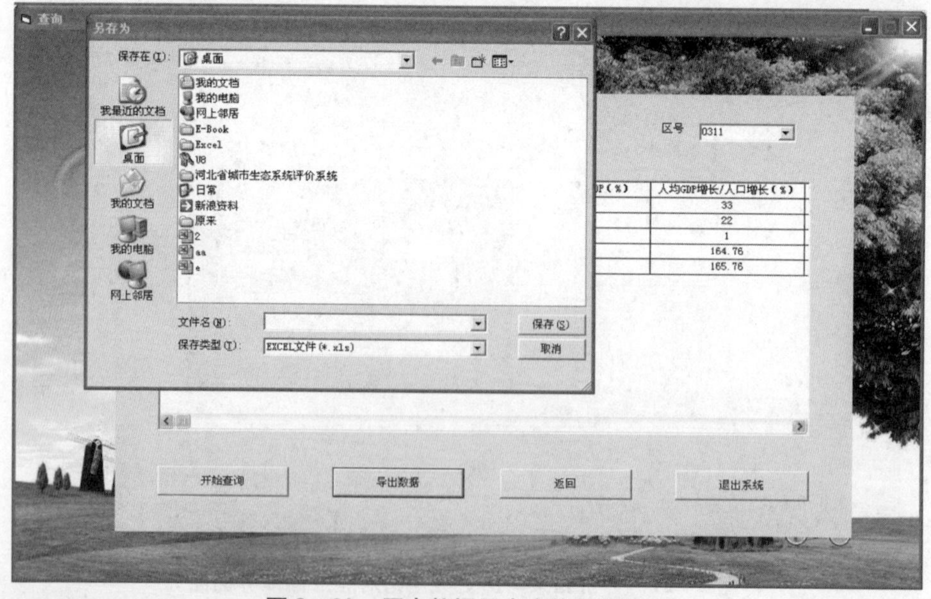

图 8－23　历史数据导出窗体界面图 1

导出 Excel 表格，见图 8－24。

评级序号	评价时期	区号	评价时间	职工工资/	人均GDP增	GDP/废水	GDP/全年	环境设施	人均GDP（	地均GDP（	GDP增长率
14	2012-11-20	311	2012-12-8 20:05	11	33	44	55	32	-1	-1	-1
15	2012-11-20	311	2012-12-8 20:06	11	22	33	44	55	11	22	11
16	2012-11-20	311	2012-12-8 20:12	1	1	1	1	1	-1	-1	-1
19	2012-11-20	311	2012-12-8 20:45	81.58	164.76	833.01	7.22	25.68079	2.13047	1298.61	13.43
23	2012-11-20	311	2012-12-8 21:23	82.68	165.76	834.12	7.32	24.98	2.23	1298.7	13.54

图 8－24 历史数据导出窗体界面图 2

8.4 系统实施

8.4.1 开发工具

1. 软件开发工具

在 VB、VFP、C＋＋和 JAVA 中，我们选择了 Visual Basic 6.0 作为开发城市生态系统健康状况评价系统的开发工具。Visual Basic 6.0 是一种可视化的、面向对象的事件驱动方式的结构化高级程序开发语言，可用于开发 Windows 环境下的应用程序，且这种专业化的开发语言和环境简单易学，功能强大，效率高。Visual Basic 6.0 提供了可视化设计工具，把 Windows 界面设计的复杂性“封装”起来，使我们不必为界面设计而编写大量程序代码，只需要按照设计要求的屏幕布局，用系统提供的工具，在屏幕上画出各种“印件”即图形对象，并设置这些图形对象的属性，而且，Visual Basic 6.0 能自动产生界面设计代码，程序员不用编写太多代码，只需要编写实现程序功能的部分代码就可以完成一个简单的程序，从而大大提高了程序设计的效率。

Visual Basic 具有强大的数据库管理功能，利用数据控件和数据库管理窗口，就可以直接建立或处理 SQL 2000 格式的数据库，并提供了强大的数据存储和检索功能。此外，Visual Basic 还提供开放式数据链接，即 ODBC 功能，可通过直接访问或建立链接的方式使用并操作后台大型网络数据库，如 SQL Sever、Oracle 等。在应用程序中，可以使用结构化查询语言 SQL 数据标准，直接访问服务器上的数据库，并提供了简单的面向对象的库操作指令和多用户数据库访问的加锁机制和网络数据库 SQL 的编程技术，为单机上运行的数据库提供了 SQL 网络接口，以便在分布式环境中快速而有效地实现客户/服务器方案。

考虑到本系统的数据量很大，需要用大型数据库来开发，为了使系统易于使用，且保持较好的移植性，我们选择了 SQL 2000 作为后台数据库。

2. 软件开发平台的选择

基于 Visual Basic 6.0 对运行环境的要求，并根据目前城市生态系统健康状况评价系统硬件设备的实际情况，我们选择了 Windows XP 中文版本作为系统开发、测试和运行的平台。

8.4.2　系统界面实施

此系统有两种用户类型，所以有两个子系统，用户通过选择用户类型进入不同的操作界面，部分代码如下。

```
//登录界面和打开数据库关键代码//
Private Sub Command1_Click( )
'用来存放 SQL 语句
Dim txtsql As String
'用来存放记录集对象
Dim mrc As ADODB. Recordset
'用来存放返回信息
Dim MsgText As String
If Combo1. Text = "普通用户" Then
评价界面. Show
登录. Hide
ElseIf Combo1. Text = "管理员" Then
用户名 = ""
```

```
'判断输入的用户名是否为空
If VBA.Trim(Text1.Text = "") Then
MsgBox "没有这个用户,请重新输入用户名!", vbOKOnly + vbExclamation, "警告"
Text1.SetFocus
Else
'查询指定用户名的记录
txtsql = "select * from psd where 用户名 = " & "'" & VBA.Trim(Text1.Text) & "'"
'执行查询语句
Set mrc = ExecuteSQL(txtsql, MsgText)
If mrc.EOF = True Then
MsgBox "没有这个用户,请重新输入用户名!", vbOKOnly + vbExclamation, "警告"
Text1.SetFocus
Else
'判断密码是否正确
If VBA.Trim(mrc.Fields(1)) = VBA.Trim(Text2.Text) Then
OK = True
mrc.Close
Me.Hide
用户名 = VBA.Trim(Text1.Text)
loginok = True
评价界面.Show
Unload Me
Else
MsgBox "输入密码不正确,请重新输入!", vbOKOnly + vbExclamation, "警告"
Text2.SetFocus
Text2.Text = ""
End If
```

```
End If
End If
'查询指定用户名的记录
txtsql = "select * from psd where 用户名 = " & "'" & VBA.Trim(Text1.Text) & "'"
'执行查询语句
Set mrc = ExecuteSQL(txtsql, MsgText)
If mrc.EOF = True Then
MsgBox "没有这个用户,请重新输入用户名!", vbOKOnly + vbExclamation, "警告"
Text1.SetFocus
Else
'判断密码是否正确
If VBA.Trim(mrc.Fields(1)) = VBA.Trim(Text2.Text) Then
OK = True
mrc.Close
Me.Hide
用户名 = VBA.Trim(Text1.Text)
loginok = True
评价界面.Show
Unload Me
Else
MsgBox "输入密码不正确,请重新输入!", vbOKOnly + vbExclamation, "警告"
Text2.SetFocus
Text2.Text = ""
End If
End If
End If
'记载输入密码次数
miCount = miCount + 1
```

```
If miCount = 3 Then
Me. Hide
End If
Exit Sub
End If
MsgBox "请输入用户名和密码"
End If
SQL = "SELECT * FROM yonghu WHERE 用户名 ='" & Text1. Text & "'
AND 密码 ='" & Text2. Text & "'"
Set rs = Selectsql(SQL)
If rs. RecordCount > 0 Then
评价界面. Show
Unload Me
Else
MsgBox "用户名或密码不对,请重新输入!"
Text1. SetFocus
End If
End Sub
Private Sub Command2_Click()
Unload Me
End Sub
Private Sub Form_Load()
If Combo1. Text = "普通用户" Then
Text2. Locked = True
Text1. Locked = True
End If
End Sub
//调用各辅助软件的模块关键代码//
Public loginok As Boolean
Dim xlApp As Excel. Application
Dim xlwork As Excel. Workbook
```

```
Dim xlSheet As Excel. Worksheet
Public UserName As String
'当前用户名
Public block_num As Integer
'定义变量用来存储已设置的分数段的数量
Public low(10)
Public high(10) As Single
'定义数组用来存储上下界
Public tj_type As Integer
'定义变量用来区分成绩统计种类
Public MsgText As String
Dim Conn As New ADODB. Connection
Dim rs As New ADODB. Recordset
Dim sql As String
Public Function ConnectString( ) As String
returns a DB ConnectString
ConnectString = "Provider = SQLOLEDB. 1; Persist Security Info = False; User
ID = sa; PWD = 1234; Initial
Catalog = hbscsstxtjkpjxt; Data Source = PC - 201111101134\SQLEXPRESS"
Conn. Open Str
rs. CursorType = adOpenKeyset
rs. LockType = adLockOptimistic
End Function
Public Function ExecuteSQL( By Val sql As String, MsgString As String) As
ADODB. Recordset
'传递参数:SQL 传递查询语句,MsgString 传递查询信息
'定义链接
Dim cnn As ADODB. Connection
'自身以一个数据集对象的形式返回
Dim rst As ADODB. Recordset
'定义字符串
```

```
Dim sTokens( ) As String
'异常处理
On Error GoTo ExecuteSQL_Error
'用 Split 函数产生一个包含各个子串的数组
sTokens = Split( sql)
'创建链接
Set cnn = New ADODB. Connection
'打开链接
cnn. Open ConnectString
'判断字符串中是否含有指定内容
If InStr ( "INSERT,DELETE, UPDATE, EXECUTE" , VBA. UCase $ ( sTo-
kens(0) ) Then
cnn. Execute ( sql)
'执行查询语句
MsgString = sTokens(0) & "查询成功"
Else
Set rst = New ADODB. Recordset
'创建数据集对象
rst. Open VBA. Trim $ ( sql) , cnn, adOpenKeyset, adLockOptimistic
Set ExecuteSQL = rst
'返回记录集对象
MsgString = "查询到" & rst. RecordCount & "条记录 "
End If
ExecuteSQL_Exit:
Set rst = Nothing
'清空数据集对象
Set cnn = Nothing
'中断链接
Exit Function
ExecuteSQL_Error:
'错误类型判断
```

```
MsgString = "查询错误:" & Err.Description
Resume ExecuteSQL_Exit
End Function
```

其他部分代码由于保密原因欠奉。

8.5 系统调试与测试

8.5.1 系统调试

1. 分调

本系统共由5个功能模块组成,单个功能模块调试完成之后,需要进行分调,即一个功能内所有程序按次序串联起来进行调试。例如,在菜单调用测试中,因为两种用户类型所能使用的菜单不同,需要通过反复论证测试,以最终保证模块内部程序间正确的控制关系。

2. 总调

在功能模块和程序控制调试完成后,结合系统的可行性分析,对系统功能进行连编和整体测试,以此验证系统功能是否符合系统设计的要求,并实现系统开发的目标。

8.5.2 系统测试

1. 代码测试

为了保证每一个窗体都能够正确地实现系统设计的功能,我们设计了一些城市生态系统健康状况评价系统的基础数据。按照不同的管理模块输入系统中,测试数据有3种,数据类型如下。

(1)正常数据测试。在各个界面中输入完整的数据记录,进行添加、修改、删除等操作,以测试各个按钮的功能。

(2)异常数据测试。例如,输入空数据记录,人均GDP(元/人)不能为空,否则会弹出出错信息。

(3)错误数据测试。试验程序对错误的处理能力,当输入错误数据、不合理数据,甚至操作失误时,都能及时查出错误并发表警告信息,并允许改正错误。

2. 功能模块测试

为了测试系统的各个功能模块,实现给不同用户类型分配不同的权限,我们设计了普通用户组和管理员组,通过增加用户名、修改权限等功能,反复验证,跟踪菜单项,最后保证了系统登录模块等各个功能模块的正确实现。

8.6 系统运行与维护

8.6.1 系统运行环境

1. 系统运行软件环境

操作系统:Windows XP 中文版及以上。

数据库:SQL 2000。

2. 系统运行硬件环境

内　容	基本配置	建议配置
CPU	PⅢ/500	PⅣ/2.8 GHz
内　存	128 MB	256 MB
硬　盘	20 G	40 G
显示器	VGA 以上	
打印机	Windows XP 以上支持的各类打印机	

8.6.2 系统操作步骤

(1)打开计算机,启动 Windows。

(2)用鼠标双击“河北省城市生态系统健康状况评价系统”图标。

(3)屏幕出现系统封面,几秒钟后,跳出开启服务器界面,开启服务器后单击“进入系统”按钮,进入系统登录界面,选择“用户类型”,输入用户名和密码,单击“提交”按钮后进入系统主表单。

(4)用鼠标单击各命令按钮选择要执行的功能。

8.6.3 系统维护

社会经济的发展和企业管理水平的不断提高,反映到管理信息系统中,就要求对系统进行不断完善和优化。软件运行过程中出现的各种问题,也要求对系统进行维护,以使系统处于最新的正确状态。系统维护将成为一项经常性的活动,现有经验表明,在整个系统生命周期中,维护是最重要、最费时的工作,维护工作要贯穿系统的整个生命周期,不断重复出现,直到系统过时和报废。应当指出,随着软件规模的扩大和复杂性的增加,加之硬件价格的下降,维护费用在系统开发总投资中的比例越来越高。所以,易维护性已成为衡量软件质量的重要标准。

城市生态系统健康状况评价系统的系统维护一般包括以下 4 个方面的内容。

(1)软件维护。软件维护是根据实际需要,修改部分程序和有关的文件资料。软件维护一般要用到原来的旧程序,在原有基础上进行必要的修改、更正。

(2)数据文件维护。由于社会和经济业务发生变化,需对数据文件的结构和内容进行增加、合并、修改和删除等各项操作。

(3)编码的维护。当业务数据编码满足不了需要或不完善时,要修改或建立新的编码系统并加以执行。

(4)硬件维护。对计算机及其他设备进行的检修、保养和修复工作,以保证设备处于良好的运行状态。

系统投入使用并不意味着工作的结束,系统维护将是一项长期而艰苦的任务。目前,许多单位对于这项工作还没引起足够的重视,等意识到问题的严重性时将会付出很高的代价。所以,在城市生态系统健康状况评价系统开始设计阶段就应该考虑到今后的维护工作,采用软件工程方法,严格区分工作阶段,不要过早进入编码阶段。

8.7 系统评价

城市生态系统健康状况评价系统使用一段时间后,必须由系统分析人员、设计人员和各级管理人员对系统进行评价,以积累经验,总结教训,为今后进一步的开发做好准备。

系统的评价包括两个方面的内容。其一是对系统性能进行评价，包括系统是否达到了预期目标，系统提供的信息服务质量如何，对城市生态系统健康状况监测预警带来哪些好处，哪些方面还需进一步改进，今后的努力方向如何等。其二是对系统开发过程的评价，包括开发进度和费用是否按计划进行，各阶段分工是否明确，开发的组织管理工作是否科学有效等。管理信息系统是城市生态系统健康状况评价系统发展的必由之路，但是，计算机只是为管理现代化提供了必要的技术保障，要实现这种可能性，还需要经过许多人的艰苦努力。在开发前进行可行性分析，在系统完成后应进行必要的评价和总结，避免一哄而起走形式，而应扎扎实实地做好这项工作。

参考文献

[1]邵孝侯,朱亮,姜谋余．生态学导论[M].南京:河海大学出版社,2005.

[2]赵西三,王中亚．我国资源型城市经济转型与发展研究综述[J].中国国土资源经济,2011(9):28－31.

[3]许英．循环经济模式下区域技术体系构建研究[D].长春:吉林大学,2010.

[4]王崇锋．生态城市产业集聚问题研究[M].北京:人民出版社,2009.

[5]诸大建．生态文明:需要深入勘探的学术疆域[J].探索与争鸣,2008(6):5－11.

[6]闫军印,史宝娟,等．矿业城市循环经济系统设计与优化[M].北京:中国地质出版社,2009.

[7]张米尔,武春友．资源型城市产业转型障碍与对策研究[J].经济理论与经济管理,2001(2):35－36.

[8]张秀生,陈先勇．论中国资源型城市产业发展的现状、困境与对策[J].经济评论,2001(6):96.

[9]周长庆．浅论资源型城市属性、结构及成长中的协调发展[J].经济体制改革,1994(5):23－24.

[10]郑伯红．资源型城市的可持续发展优化及案例研究[J].云南地理环境研究,1999(1):51.

[11]邱松．东北地区资源枯竭型城市经济转型效果研究[D].长春:吉林大学,2011.

[12]诸大建．从可持续发展到循环型经济[J].世界环境,2000(3):6－12.

[13]吴季松．循环经济[M].北京:北京出版社,2005(3).

[14]韩玉堂．我国循环经济理论研究综述[J].经济纵横,2008(16):122－124.

[15]国家计委宏观经济研究院课题组．我国资源型城市的界定与分类

[J]. 宏观经济研究,2002(11):37 - 39.

[16]邹玲芳,贾文学. 河北省资源型城市与城市转型[J]. 经济论坛,2005(14):14 - 15.

[17]诸大建. 循环经济理论与实践[M]. 北京:中国环境科学出版社,2003.

[18]付涛. 中国的环境 NGO:在参与中成长[M]//中国环境与发展评论(第二卷). 北京:社会科学文献出版社,2004.

[19]杜栋. 现代综合评价方法与案例精选[M]. 2 版. 北京:清华大学出版社,2008.

[20]徐玖平,胡知能,黄钢,等. 循环经济系统规划理论与方法及实践[M]. 北京:科学出版社,2008.

[21]蔡守秋. 论循环经济立法[J]. 南阳师范学院学报:社科版,2005(1).

[22]王灿发,李俊红. 我国循环经济立法现状及相关问题探讨[J]. 中国发展观察,2007(8).

[23]RAPPORT D J, BOHM G, BUCKINGHAM D, et al. Ecosystem health: the concept, the ISEH, and the important tasks ahead[J]. Ecosystem Health, 1999(5): 82 - 90.

[24]郭秀锐,杨居荣,毛显强. 2002 城市生态系统健康评价初探[J]. 中国环境科学,2002,22(6):525 - 529.

[25]杨志峰,徐琳瑜. 城市生态规划学[M]. 北京:北京师范大学出版社,2008.

[26]田野. 城市生态系统健康评价初探[M]. 北京:中国建筑工业出版社,2010:76 - 93.

[27]王如松. 高效和谐——乡镇生态系统健康指标评价研究[M]. 长沙:湖南教育出版社,1988.

[28]李育冬. 城市和城市规划[D]. 乌鲁木齐:新疆大学,2006.

[29]黎亦众. 城市生态调控原则和方法[J]. 南方建筑,2006:16 - 19.

[30]PETER HALL. 京津冀协同发展研究[M]. 邹德慈,等,译. 北京:中国建筑工业出版社,1985.

[31]汪应洛. 系统工程[M]. 北京:机械工业出版社,2011:56 - 78.

[32]吴忠,朱君璇．信息系统分析与设计[M].北京:清华大学出版社,2011:47－63.

[33]张鹏辉,石嘉兴．面向知识经济时代的城市技术创新体系[M].北京:中国金融出版社,2004.

[34]国家统计局城市社会经济调查司．中国城市统计年鉴(2009)[Z].北京:中国统计出版社,2010.

[35]邯郸市统计局．邯郸市统计年鉴2007[Z].北京:中国统计出版社,2007.

[36]邯郸市统计局．邯郸市统计年鉴2008[Z].北京:中国统计出版社,2008.

[37]邯郸市统计局．邯郸市统计年鉴2009[Z].北京:中国统计出版社,2009.

[38]邯郸市统计局．邯郸市统计年鉴2010[Z].北京:中国统计出版社,2010.

[39]邯郸市统计局．邯郸市统计年鉴2011[Z].北京:中国统计出版社,2011.

[40]邯郸市统计局．邯郸市统计年鉴2012[Z].北京:中国统计出版社,2012.

[41]河北省国土资源厅．河北省矿产资源总规划(2000—2010)[EB/OL].http://www.hebgt.gov.cn,2011－06－10.

[42]邯郸市政府．邯郸市国民经济和社会发展第十二个五年规划[EB/OL].http://www.hebgt.gov.cn,2011－08－05.

[43]GRINNELL J. The Niche－relationships of the California Thrasher[J]. Auk,1917(34):427－433.

[44]H. HAKEN. Synergetic:An Introduction[M]. Berlin:Springer,1997.

[45]PETER HALL. 城市和区域规划[M].邹德慈,等,译．北京:中国建筑工业出版社,1985.

[46]索贵彬,田亚明．面向生态—技术创新的城市生态位扩展评价研究[J].科技管理研究,2010(2):45－49.

[47]索贵彬．环渤海经济圈城市生态位评价研究[J].生态经济,2010(2):138－140.

[48]索贵彬,聂雅. 面向生态—技术创新的环渤海城市群生态位扩展评价研究[J],科技管理研究,2010(8):67－68.

[49]索贵彬. 循环经济模式下区域农业科技资源配置效率评价[J]. 中国科技资源导刊,2012(4):46－49.